Ludwig Erhard
Gedanken, Reden und Schriften

Ludwig Erhard
Gedanken, Reden und Schriften

ausgewählt
und herausgegeben
von Karl Hohmann

ECON Verlag
Düsseldorf · Wien · New York

Sonderdruck aus Erhard, Ludwig: Gedanken aus fünf Jahrzehnten: Reden u. Schriften,
Hrsg. von Karl Hohmann
Copyright © 1988 by ECON Verlag GmbH, Düsseldorf, Wien und New York
Gesetzt aus der Walbaum Standard
Satz: Dörlemann-Satz, Lemförde
Papier: Papierfabrik Schleipen GmbH, Bad Dürkheim
Druck und Bindearbeiten: Pustet, Regensburg
Printed in Germany
ISBN 3-430-12539-1

Inhalt

Vorwort

Ludwig Erhard:»*Die Soziale Marktwirtschaft ist noch nicht zu Ende geführt. Es gilt, auf ihrer Grundlage eine moderne freiheitliche Gesellschaftspolitik zu entwickeln.*«

Dieser Sonderdruck aus dem Buch »Ludwig Erhard. Gedanken aus fünf Jahrzehnten« (Econ 1988, S. 69–215) enthält Artikel und Reden Ludwig Erhards, die zwischen dem 14. Oktober 1946 und dem 29. Juli 1949 veröffentlicht wurden. Ergänzt wird diese Sammlung um eine Studie Ludwig Erhards zum Thema »Wirtschaftliche Probleme der Wiedervereinigung« vom 12. September 1953, die in demselben Band erschienen ist.

Der 20. Juni 1948 gehört zu den wichtigsten Daten in der deutschen Nachkriegsgeschichte. An diesem Tag fand in Westdeutschland die Währungsreform statt. Die inflationierte Reichsmark wurde unter der Verantwortung der Alliierten durch die neu geschaffene D-Mark ersetzt. Bestimmend für den Erfolg dieser Reform sollte aber ein anderes Ereignis werden: die Wirtschaftsreform Ludwig Erhards, des damaligen Direktors der Verwaltung für Wirtschaft. Die seit 1936 bestehende Planwirtschaft mit Produktionsauflagen, Warenbewirtschaftung und Preiskontrollen wurde Schritt für Schritt abgelöst. Die Soziale Marktwirtschaft begann ihren Siegeslauf, der von harten und langwährenden Auseinandersetzungen in der Öffentlichkeit, in den Parlamenten und in der Wissenschaft über den besten Weg der deutschen Wirtschaftspolitik begleitet wurde.

Erhard versuchte nicht, wie es in den meisten anderen Ländern geschah, die untauglichen Rezepte einer Mischung von Sozialismus und Kapitalismus anzuwenden, um mit ihnen den schweren Problemen, die der Krieg hinterlassen hatte, zu begegnen. Erhard vertraute vielmehr auf die Kraft und den Willen der Deutschen, ihr Leben selbstverantwortlich neu zu gestalten. Dieses Vertrauen entsprang seiner tiefen Überzeugung vom Wert der Freiheit für den Menschen: »Für mich ist die Freiheit ein Ganzes und ein Unteilbares. In meinem Blickfeld stellen politische Freiheit, wirtschaftliche und menschliche Freiheit eine komplexe Einheit dar. Es ist nicht möglich, hier einen Teil herauszureißen, ohne nicht das Ganze zusammenstürzen zu lassen.« Die Zuversicht, die Erhard ausstrahlte, übertrug sich auf die Menschen. Sie bejahten das Glück des freien Schaffens und Wirtschaftens und schufen damit eine neue deutsche Wirklichkeit.

Nicht alle Erfahrungen des Wiederaufbaus im Westen, die vor der Gründung und in den ersten Jahren des Bestehens der Bundesrepublik Deutschland gesammelt wurden, können ohne weiteres auf die Lösung der wirtschaftlichen und sozialen Probleme der Deutschen Demokratischen Republik übertragen werden.

Vierzig Jahre praktizierte sozialistische Kommandowirtschaft in der DDR haben nicht nur ihre Spuren in der technischen Ausstattung der Betriebe und ihrem Modernitätsgrad und im Zustand der Städte und Dörfer und der Umwelt hinterlassen. Die technologische Lücke zur Bundesrepublik Deutschland ist groß. Aber noch schlimmer ist ihre Auswirkung auf die Motivation der Menschen und ihre Einstellung zur Arbeit. Wenn der Wille zu verantwortungsbewußtem Handeln erlahmt, verkümmert gleichzeitig einer der wichtigsten Impulse des wirtschaftlichen Fortschritts. Kundige Beobachter der inneren Verhältnisse in der DDR sehen in diesem Phänomen eine der Hauptursachen für die Misere der DDR.

Im Gegensatz hierzu war die Motivation der Menschen im Westen in den Jahren nach dem Krieg hoch entwickelt, nicht zuletzt deshalb, weil es Ludwig Erhard gelang, die überwiegende Mehrheit der Bürger von der Richtigkeit des Weges der Sozialen Marktwirtschaft zu überzeugen, einer Wirtschaftsordnung, die den Menschen ein hohes Maß an Freiheit gewährt und gleichzeitig Verantwortung einfordert.

Wiederholt erklärte Erhard in diesen Jahren: »Das ist die menschlichste und zugleich beste Ordnung, in der dem einzelnen ein Höchstmaß an Freiheit, aber dazu dann auch an Verantwortung anheim gegeben ist. Freiheit in der sittlichen Bindung und in der Verantwortung vor Gott und den Menschen, das sind und bleiben die unantastbaren Grundlagen unserer Politik.«

Der beispiellose Aufbau, die Aufnahme der Bundesrepublik in die Gemeinschaft der Völker waren nicht selbstverständlich. Alle Schichten des Volkes leisteten ihren Beitrag zur wirtschaftlichen Gesundung. Fleiß und Erfindungsreichtum, Opferbereitschaft und Gemeinsinn des ganzen Volkes haben sie ermöglicht. Daß die Bürger der DDR, die nicht weniger fleißig und opferbereit waren als die im Westen, nicht in den vollen Genuß ihrer Leistungen kamen, hängt mit der sozialistischen Gesamtordnung zusammen, die die Verhältnisse in der DDR bestimmte. Der Kommunismus ist unfähig, den Bürgern ein menschenwürdiges Dasein zu bieten. Der Marxismus/Leninismus hat überall dort versagt, wo man ihn in der Praxis anwandte.

Daß der westliche Teil Deutschlands, die spätere Bundesrepublik, in Ludwig Erhard einen Mann fand, der dem zerstörten Land nach dem Zweiten Weltkrieg mit Millionen Flüchtlingen und hungernden Menschen ohne Heimstatt eine neue Hoffnung gab, indem er die Botschaft von der Freiheit des Menschen und seiner Verantwortung verkündete und in konkrete Politik umzusetzen verstand, war ein Glücksfall, der dem Geist der damaligen Zeit zuwiderlief. Der Zeitgeist schien zunächst dem Sozialismus günstig zu sein.

Deutschland war zu einem Drittel an Polen und die Sowjetunion abgetreten, der verbliebene Rest war von den vier Siegermächten besetzt, die gleichzeitig die oberste Gewalt darstellten. Für drei Jahre, vom Frühjahr 1945 bis zum Juni 1948, gehörten die Deutschen zu den ärmsten Völkern der Welt.

Mit der Reform von Währung und Wirtschaft hat Ludwig Erhard 1948 den Grundstein für die freiheitliche und damals kaum voraussehbare Entwicklung der Bundesrepublik Deutschland gelegt, die längst darüber hinaus eine Hoffnung für viele andere Länder geworden ist – vor allem auch für die Deutsche Demokratische Republik.

Für Erhard stand im Mittelpunkt der Sozialen Marktwirtschaft nicht das »Kapital« oder der »Profit«, sondern der Mensch, und zwar als mündiger, freiheitsfähiger Mensch in seiner unveräußerlichen Würde. Ihm hat die Wirtschaft ebenso zu dienen wie jede andere Institution der Gesellschaft. Am 28. August 1948 stellte er in seiner ersten Rede vor einem größeren Gremium der CDU öffentlich klar: »Nicht die freie Marktwirtschaft des liberalistischen Freibeutertums einer vergangenen Ära, auch nicht das ›freie Spiel der Kräfte‹ und dergleichen Phrasen, mit denen man hausieren geht, sondern die sozial verpflichtete Marktwirtschaft, die das einzelne Individuum wieder zur Geltung kommen läßt, die den Wert der Persönlichkeit obenan stellt und der Leistung dann aber auch den verdienten Erfolg zugute kommen läßt, das ist die Marktwirtschaft moderner Prägung«. Es ging ihm keineswegs nur um eine effiziente, sondern vor allem um eine menschenwürdige Wirtschaftsordnung, die sich den Anforderungen unserer modernen, freien und offenen Gesellschaft gewachsen zeigt.

Es gab für Erhard keinen Zweifel daran, daß in einer solchen freiheitlich-demokratisch verfaßten Gesellschaft eine obrigkeitlich über Planhierarchien abgewickelte Wirtschaft anachronistisch wäre. Sowohl unter dem Gesichtspunkt optimaler Entfaltungschancen des einzelnen wie unter dem Gesichtspunkt größtmöglicher Effektivität hielt er, dem Zeitgeist der zweiten Hälfte der vierziger Jahre durchaus entgegen, die einer Wettbewerbsordnung unterworfene, freie und Soziale Marktwirtschaft jedem planwirtschaftlich-bürokratischen Wirtschafts- und Sozialsystem für weit überlegen, weil sie die Ideen und Initiativen unzähliger einzelner, die im jeweils eigenen Interesse handeln, zur Geltung kommen läßt und nutzbar macht. Kein moderner Staat kann auf den breit gestreuten Sachverstand seiner Bürger verzichten; er braucht ihre verantwortliche Mitwirkung, um erfolgreich zu sein. Nur wenn Verantwortungsfreude und Kreativität auf allen Ebenen freigesetzt werden, erwächst daraus die gesamtgesellschaftliche Problemlösungskapazität, die das Kennzeichen der Sozialen Marktwirtschaft in der Bundesrepublik Deutschland ist.

In einer modernen, arbeitsteiligen Gesellschaft kommt es darauf an, daß die Verbraucher, die Nachfrager, über den Markt bestimmen, was produziert und wie die Produktion verteilt wird. Flexible, wettbewerbliche Preise messen und bewerten die Güter und Leistungen zutreffend und sind für die Marktteilnehmer das entscheidende Orientierungsmittel. Ein sparsamer, ökonomischer Umgang mit knappen Ressourcen wird in der Marktwirtschaft belohnt, ihre Vergeudung bestraft.

Nach Erhard ist es »der unumstrittene Zweck jeder Wirtschaft, Mittel für den Verbrauch zu bereiten«. Mit dieser Einsicht bei einer Neuordnung der Wirtschaft Ernst zu machen, bedeutete für ihn, zum Ausgangspunkt der Überlegungen den Wirtschaftsbürger als souveränen, keiner Manipulation unterliegenden, letztlich nie vollständig berechenbaren, durch keinen Plan hinreichend zu erfassenden Verbraucher zu nehmen. Er sollte die Maßstäbe für Inhalt und Richtung des Wirtschaftsgeschehens setzen; alles andere waren für Erhard nur abgeleitete Funktionen.

Nur ein freier Markt, auf dem die Anbieter von Gütern und Leistungen um die Verbrauchergunst konkurrieren müssen, entwickelt die Flexibilität und Leistungsfähigkeit, um diesen Anforderungen gerecht zu werden. Und eben weil »sich im Markte einer hochentfalteten Wirtschaft nicht nur ökonomische Gegebenheiten manifestieren, sondern gleichermaßen auch geistig-seelische und gesellschaftliche Strömungen kreuzen«, kann die Marktordnung »nur im System einer sozialen Ordnung gedacht werden«, wie Erhard schon 1942 feststellte. Gesellschaft, Staat und Wirtschaft bilden in der Sozialen Marktwirtschaft Ludwig Erhards ein nicht zu trennendes Ganzes, in dessen Mittelpunkt der freie und selbstverantwortliche Mensch steht.

Die Leistungen des Marktes sind dort, wo er, wie in der Bundesrepublik Deutschland, im Sinne der Sozialen Marktwirtschaft in eine übergreifende Ordnung eingebunden ist, nicht zu übersehen. »Wer die These ›Wohlstand für Alle‹ bejaht, muß Marktwirtschaft wollen!« konnte Ludwig Erhard 1957 im Blick auf die weithin sichtbaren deutschen Wirtschafts- und Wohlstandserfolge – den international längst eingebürgerten Ausdruck »Deutsches Wirtschaftswunder« lehnte er ab – glaubwürdig verkünden. Während die planwirtschaftlichen Systeme daran scheitern, die Fähigkeiten der Bürger zur allgemeinen Wohlstandsmehrung zu mobilisieren und zu nutzen, gelingt es der Marktwirtschaft, schöpferische Phantasie, Initiative und Fleiß in größtem Umfang freizusetzen, weil sich Leistung lohnt. Das individuelle Eigeninteresse bewährt sich, wie

schon Adam Smith (1723–1790) entdeckt hat, als Motor der Wohlstands-
dynamik.

Die »produktive Kraft der Freiheit« (Eugen Gerstenmaier), die sie im
Bereich der Wirtschaft optimal entfaltet, macht die Soziale Marktwirtschaft zu der einer freiheitlichen Demokratie ideal angemessenen Wirtschaftsordnung. Zur »offenen Gesellschaft« (Karl Popper), die eine Bedin-
gung persönlicher Freiheit ist, gehört der freie Markt.

Erhard stand für ein Konzept der Einheit von Wirtschafts- und Sozialpolitik in der Sozialen Marktwirtschaft; darin werden wesentliche soziale
Ziele durch Ordnungspolitik, nicht durch direkte sozialpolitische Interven-
tionen angestrebt.

Das Wort »sozial« verstand Erhard nicht, wie überwiegend die Sozial-
politiker, in erster Linie im Sinne von Umverteilung. Im Grunde hatte er
als ein gesellschaftspolitisches Ziel das weitestmögliche Überflüssigwerden
von Sozialpolitik als Umverteilungspolitik vor Augen. Nach seiner Überzeugung hätte in einer an freiheitlichen Idealen ausgerichteten Sozialpolitik
wachsender Wohlstand die Zunahme eigenverantwortlicher Selbstvorsor-
ge nach sich ziehen müssen. Er hielt es für »notwendig, daß das Subsidiari-
tätsprinzip als eines der wichtigsten Ordnungsprinzipien für die soziale
Sicherung anerkannt und der Selbsthilfe und Eigenverantwortung so weit
wie möglich der Vorrang eingeräumt wird«, wie er 1957 formulierte.

Soziales Handeln in der Sozialen Marktwirtschaft hatte für ihn immer den mündigen Bürger im Blick, der in seinem Willen, Freiheit,
Selbstverantwortung und Solidarität mit den Schwachen zu verwirklichen,
gestärkt werden muß. Erhards Ideal war, mit Helmut Schelsky (1976), der
»selbständige«, nicht der »betreute Mensch«; auf den ersteren ist eine
freiheitliche Ordnung in der Tat angewiesen. Ihm den Weg zu ebnen, war
für Erhard ein der Wirtschaftsordnung der Sozialen Marktwirtschaft im-
manentes soziales Ziel.

Vor Schaffung der Einheit Deutschlands hat Ludwig Erhard im September 1953 seiner optimistischen Überzeugung mit dem Satz Ausdruck
gegeben: »In politischer, wirtschaftlicher und menschlicher Beziehung
wird die Wiedervereinigung Deutschlands Kräfte freimachen, von deren
Stärke und Macht sich die Schulweisheit der Planwirtschaftler nichts träumen läßt.« Den Versuch, die wirtschaftlichen Prozesse, die bei der Schaffung der Einheit Deutschlands ablaufen werden, exakt vorher zu bestimmen und rechnerisch erfassen zu wollen, hielt Ludwig Erhard für abwegig.
Er könne der Dynamik des Geschehens bei der Bildung des großen deutschen Marktes im europäischen Verbund nicht gerecht werden.

Freie Wirtschaft und Planwirtschaft

Die Neue Zeitung, 14. Oktober 1946

Wahlen in den westdeutschen Ländern bestätigen den Willen zum Leben und zur Abkehr von Verzweiflung, Nationalismus und Kommunismus. Neben den Kriegszerstörungen, den Demontagen und der Aufteilung des Reiches standen die Folgen langjähriger Zwangswirtschaft sowie die Vorstellungen alliierter und deutscher Experten über die Notwendigkeit eines Verbleibens bei der Lenkungswirtschaft jedem Rettungsversuch im Wege. Die Menschen arbeiteten verbissen, von Hunger, Zonengrenzen, Korruption und Schwarzhandel gequält. Ludwig Erhard versucht, die polaren ordnungspolitischen Alternativen sichtbar zu machen.

Bei der Beratung der Länderverfassungen nahm die Diskussion über die künftige Wirtschaftsordnung erwartungsgemäß breiteren Raum ein. In dem Bestreben, aktuelle Probleme aus dem Bereich unfruchtbarer Polemik zu bringen und zur sachlichen Klärung gesellschaftswirtschaftlicher Tatbestände beizutragen, soll hier versucht werden, in dem Widerstreit der Meinungen die gemeinsame Formel für den Wiederaufbau unserer Wirtschaft deutlich zu machen. Es ist charakteristisch, daß die abweichenden Auffassungen immer in der Zuspitzung auf scheinbar unversöhnliche Extreme – hie freie Wirtschaft, dort Planwirtschaft, hie Sozialismus, dort Kapitalismus – Ausdruck finden, während die tatsächliche wirtschaftliche Entwicklung uns fragen lassen sollte, ob nicht von beiden Fronten her Einflüsse wirksam sind, die auf eine Annäherung der Standpunkte schließen lassen. Wer unter freier Wirtschaft nach wie vor immer nur das hemmungslose Freibeutertum der früh- und hochkapitalistischen Ära zu verstehen geneigt ist, wird der Dynamik hochentwickelter Volkswirtschaften so wenig gerecht wie der beziehungslose Individualist, der Planwirtschaft schlechthin mit Verödung und Bürokratisierung einer seelenlosen Wirtschaft gleichsetzt. Nicht anders verhält es sich mit den Begriffen Kapitalismus und Sozialismus. Es ist für die Gegenwart durchaus einseitig, unter kapitalistischer Wirtschaft ein auf der Ausbeutung der arbeitenden Menschen beruhendes Wirtschaftssystem zu verstehen und Sozialismus mit völliger Nivellierung und Beseitigung jeglicher wirtschaftlichen Freiheit gleichzusetzen. Wenn zum Beispiel als das Charakteristikum der kapitalistischen Wirtschaft nur die kapitalistische Produktionsweise im

Sinne der massenhaften Anwendung volkswirtschaftlichen Produktivkapitals angesehen wird, dann trifft dies ebenso für die sozialisierte Wirtschaft zu, wie umgekehrt die freie und meist als kapitalistisch gekennzeichnete Wirtschaft die volle Berücksichtigung sozialer Erfordernisse keineswegs ausschließt. Während in den kapitalistischen Ländern mit freier Marktwirtschaft die Akkumulation des Kapitals vielfach heftig kritisiert wird, unterliegen in sozialistischen Staaten Kapitalbildung und Kapitallenkung oft keiner so wirksamen öffentlichen Kontrolle und Kritik. Die zu Schlagworten gewordenen Begriffe reichen deshalb zur Bewertung eines wirtschaftlichen Systems, vor allem zu einer Bewertung nach sozialen Maßstäben, nicht mehr aus. Wenn die kapitalistische und die sozialistische Wirtschaft gleichermaßen zur Kapitalbildung gezwungen sind, aber Einmütigkeit darüber besteht, daß dieser Prozeß unabhängig von der Wirtschaftsform Spartätigkeit und Verzicht auf sofortigen Konsum voraussetzt, dann läßt sich aus solchem Tatbestand keine Unversöhnlichkeit der Systeme ableiten.

Die sozialisierte Wirtschaft kann zwar einer umfassenden volkswirtschaftlichen Planung nicht entraten, aber es wäre auch wieder abwegig, die freie Wirtschaft oder – besser gesagt – die Marktwirtschaft als planlos und anarchisch zu charakterisieren. Durch die Methoden der Marktbeobachtung hat sie vielmehr die Verfahren einer systematischen Registrierung der ökonomischen Fakten und Tendenzen so weit entwickelt, daß der Wille bewußten Planens auch unter dieser Wirtschaftsverfassung immer mehr in den Vordergrund tritt. Schon in einem früheren Aufsatz wies ich darauf hin, daß zwischen planvoller Wirtschaft und voller Planwirtschaft Raum für unendlich viele Variationen der Beeinflussung und Lenkung der Wirtschaft bliebe und daß es deshalb unrichtig und unehrlich sei, hier mit absoluten Begriffen zu operieren.

Der eigentliche Gegensatz besteht nicht zwischen freier Wirtschaft und Planwirtschaft, wie auch nicht zwischen kapitalistischer und sozialistischer Wirtschaft, sondern zwischen Marktwirtschaft mit freier Preisbildung und staatlicher Befehlswirtschaft mit regulativem Eingriff auch in die Verteilung. Dieser Dualismus aber findet seine letzte Zuspitzung in der Frage, ob der Markt als das Votum der gesamten Wirtschaftsgesellschaft oder der Staat beziehungsweise eine andere Form des Kollektivs besser zu entscheiden vermag, was der Wohlfahrt der Gesamtheit, das heißt des Volkes frommt. Vielfach herrscht noch die völlig irrige Auffassung vor, daß der freie Wettbewerb zu einer Unterdrückung sozialer Strömungen oder doch zu wirtschaftlichen Störungen führe, während es nach der Überzeugung aller liberal und zugleich sozial orientierten Fachleute doch gerade die Unterdrückung der Freizügigkeit war, die das Gleichgewicht der Wirtschaft störte und sie in immer ausweglosere Krisen verstrickte. Wenn künftig der Staat darüber wacht, daß weder gesellschaftliche Privilegien noch künstliche Monopole den natürlichen Ausgleich der wirtschaftlichen Kräfte verhindern, sondern daß dem Spiele von Angebot und Nachfrage Raum bleibt, dann wird der Markt den Einsatz aller wirtschaftlichen Kräfte in optimaler Weise regulieren und damit auch jene Fehlleitung korrigieren. Es sei jedem unbenommen, zu glauben, daß demgegenüber die planende und regulierende Wirtschaftsbehörde den wirtschaftlichen Willen der Gesellschaft besser zu beurteilen vermöchte, obwohl die Beweisführung hierfür schwer anzutreten sein wird. Während sich Fehlleitungen der freien Marktwirtschaft automatisch in Preisveränderungen mit allen sich daraus ergebenden Folgen niederschlagen, besteht bei der staatlich gelenkten Wirtschaft die Gefahr, daß nicht minder unheilvolle Fehler unterdrückt werden und, unter der Decke fortschwelend, schließlich mit um so elementarerer Gewalt ausbrechen. Wir haben es in den letzten Jahren erlebt, wie leicht die staatlich gelenkte Wirtschaft zur Mißwirtschaft werden kann, ohne daß die Übergänge jeweils klar genug erkennbar sind.

Unsere Kritik richtet sich also nicht gegen die mannigfaltig auszudeutende Planwirtschaft, sondern in entschiedener Weise gegen die staatliche Befehlswirtschaft. Dieses Wirtschaftsprinzip führt, konsequent zu Ende gedacht, zur Aufhebung des Marktes und der freien Konsumwahl. Eine kollektiv gelenkte Wirtschaft, die sich dem Votum des Marktes beugt, bedeutet aber einen Widerspruch in sich selbst und wird damit sinnlos; die Mißachtung des im Marktgeschehen zum Ausdruck kommenden Konsumwillens aber hat notwendig die Einschränkung der freien Entscheidung zur Folge und basiert auf der völlig irrigen Vorstellung, das Glück der Menschen sei in einer quantitativ meßbaren, maximalen Bedarfsdeckung zu suchen. Selbst also unter der Annahme, daß die lenkende Wirtschaftsbehörde nur das Wohl der Gesamtheit im Auge hätte – eine Annahme, die auch der sozialistische Staat nicht absolut garantiert –, sind Zweifel berechtigt, ob das Volk in seiner Gesamtheit den möglichen Formen der Kollektivwirtschaft vor der freien Marktwirtschaft den Vorzug zu geben gewillt wäre.

Unter den heutigen Bedingungen besteht die Notwendigkeit, daß der Staat der Wirtschaft planend und regulierend Ziele setzt und die richtungweisenden wirtschaftspolitischen Grundsätze aufstellt. Soweit ist und sei seine Initiative unbestritten. Darüber hinaus aber den Unternehmer zum Sklaven und bloßen Vollzugsorgan behördlichen Willens machen zu wollen, würde alle Persönlichkeitswerte töten müssen und die Wirtschaft der wertvollsten Impulse berauben. Gerade jetzt muß erkannt werden, daß die Wirtschaft dem sozialen Fortschritt nicht feindlich gegenübersteht, sondern an diesem ihren Wertmesser findet. Alle Maßnahmen, die zu einer gerechten Verteilung des Sozialprodukts, das heißt zugleich des Volkseinkommens, führen, bedürfen ernstester Überlegung. Dieses Problem aber ist gerade in Würdigung der sich uns aus unserer Not aufzwingenden Aufgaben lösbar, wenn nur die Sache über das Dogma gestellt wird.

Es ist meine Überzeugung, daß die unserer Zeit gestellten Aufgaben die volle Persönlichkeit erfordern. Und es wird unserem Volke zum Wohle und Segen gereichen, wenn wir eine Wirtschaftsordnung verwirklichen, die an Stelle des von allen Volksschichten verabscheuten Schematismus und Bürokratismus der Freizügigkeit eines seiner sozialen Verantwortung bewußten Handels Spielraum gibt.

Sprachverwirrung um die Wirtschaftsordnung

Die Neue Zeitung, 23. Juni 1947

Am 5. Juni 1947 gab der Außenminister der Vereinigten Staaten, George C. Marshall, seinen großen Plan für eine Hilfe an das zerstörte Europa unter Einbeziehung der Besiegten, also auch der drei westlichen Besatzungsgebiete Deutschlands, bekannt. Die Ministerpräsidentenkonferenz aller deutschen Länder in München wurde von den Vertretern der Sowjetzone verlassen. Inmitten eines heftigen Meinungsstreites deutscher und alliierter Stellen schaltete sich Ludwig Erhard mit einem weiteren Beitrag in die allgemeine Diskussion über notwendige und mögliche Schritte zum Wiederaufbau und zur Gesundung ein.

Da der Zweck des Wirtschaftens – Mittel für den Verbrauch zur Verfügung zu stellen und damit der sozialen Wohlfahrt des Volkes zu dienen – unabhängig von Zeiterscheinungen und Systemvorstellungen unverrückbar gegeben ist, sollte der Streit der Meinungen eigentlich nur noch um Fragen der Zweckmäßigkeit der dabei anzuwendenden Verfahren gehen können. Wenn es trotzdem heute so schwer ist, über sachlich festumrissene Probleme sachlich zu diskutieren, so deshalb, weil sich politische Parteien für oder gegen Wirtschaftssysteme entschieden und diese damit zum Dogma erhoben haben und weil zum andern die Wirtschaft mit zunehmender materieller Not alle anderen Bereiche unseres gesellschaftswirtschaftlichen und politischen Lebens an Bedeutung zurücktreten läßt.

Was den Versuch, die Frage der Wirtschaftsverfassungen auf einer überparteilichen Ebene zu erörtern, so schwierig macht, ist einmal die blinde Gläubigkeit, mit der Wählermassen oder soziale Gruppen geneigt sind, von Einzelpersönlichkeiten verkündete politische Glaubenssätze als unantastbar und als absolute Wahrheiten hinzunehmen, und zum andern das damit gleichzeitig verbundene Unvermögen, diese komplexen wirtschaftlichen und soziologischen Zusammenhänge zu durchschauen. Wenn heute in breitesten Schichten die Meinung vorherrscht, daß die Anhänger sozialistischer Ideen unbedingt für die Planwirtschaft eintreten müßten, während die Verfechter der Marktwirtschaft notwendig als Vertreter eines kapitalistischen Systems zu gelten hätten, so muß dem widersprochen werden. Abzulehnen ist auch die Bewertung aus der moralischen Sphäre heraus. Wie es als falsch und unwahrhaftig beurteilt werden mußte, die

Erscheinungsformen der totalitären politischen Systeme, wie etwa des Faschismus oder des Bolschewismus, schlechthin mit der wirtschaftlichen Kategorie der Planwirtschaft zu identifizieren, um damit diese Wirtschaftsform im ganzen zu mißkreditieren, so kann gerechterweise auch gefordert werden, daß die Gegner einer kapitalistischen Ordnung die zweifellos nachweisbaren Fehlentwicklungen dieses Systems nicht der Marktwirtschaft schlechthin zur Last legen. Faschismus und Bolschewismus auf der einen und Kapitalismus auf der anderen Seite sind in ökonomischer Hinsicht immer nur als entfaltungsgeschichtlich begrenzte Phasen der übergeordneten und überzeitlichen wirtschaftlichen Grundtypen der Planwirtschaft beziehungsweise der Marktwirtschaft zu begreifen.

Der Verfasser selbst, der aus einer liberalen Einstellung nie ein Hehl gemacht hat, ist jedenfalls von der Absicht einseitiger kapitalistischer Interessenvertretung weit entfernt; ja, er macht vielmehr der kapitalistischen Wirtschaft zum Vorwurf, daß sie in zunehmendem Maße die tragenden Prinzipien der Marktwirtschaft – Leistungswettbewerb und freie Preisbildung – verleugnete beziehungsweise zu unterbinden versuchte und mit zunehmender Schaffung von Kollektivformen immer mehr zur Planwirtschaft entartete. Es muß als ein fast tragischer geschichtlicher Irrtum bezeichnet werden, wenn von sozialistischer Seite gegen das Walten der Konkurrenz Stellung genommen wird, deren künstliche Unterbindung das Überhandnehmen von Kartellen und anderen wirtschaftlichen Machtballungen begünstigte, während gerade die Reaktivierung der Konkurrenz vor allen anderen Mitteln geeignet wäre, diese privaten Machtpositionen wieder aufzulösen. Es zeugt nicht gerade von volkswirtschaftlicher Einsicht, wenn es Übung geworden ist, den Kapitalismus durch die beharrliche Ablehnung des marktwirtschaftlichen Konkurrenzprinzips zu bekämpfen.

Wenn hinter einem solchen Vorgehen etwa der marxistische Gedanke stehen sollte, nach Art einer »Expropriation der Exproprdateure« die privaten Machtpositionen durch öffentliche oder staatliche Machtpositionen abzulösen und an die Stelle einer unter privatem Aspekt stehenden Planwirtschaft branchengebundener Gruppen die staatliche Planwirtschaft zu setzen, dann allerdings erscheint es notwendig, darauf hinzuweisen, daß der Macht privater Institutionen in einem geordneten Staat immer noch Grenzen gesetzt sind und daß außerdem die verschieden gelagerten Gruppeninteressen tendenziell zu einem Ausgleich drängen, während die die gesamte Wirtschaft umfassende Macht des Staates notwendig eine absolute sein muß. Sie erhöht die Gefahr willkürlicher und falscher Anwendung – wie auch die Geschichte beweist – ins Ungemessene.

Den nicht dogmengläubigen Sozialisten, die aus Erkenntnissen Nutzanwendungen zu ziehen bereit sind, sei deshalb auch gesagt, daß die sozialistischen Lehrmeinungen eine solche Bindung gar nicht zwingend fordern. So hat zum Beispiel der liberale Sozialismus ein eindeutiges Bekenntnis zur freien Marktwirtschaft und menschlichen Freizügigkeit abgelegt und in der Institution der rechtlichen und künstlichen Monopole die Schäden der kapitalistischen Ordnung erblickt. Nicht die segensreiche Einrichtung des Marktes, sondern der Mißbrauch der Macht, dem immer die Ausschaltung des freien Marktes vorausgehen muß, haben es dahin gebracht, daß die ihrer Anpassungsfähigkeit an den gesellschaftlichen Willen beraubte Wirtschaft immer mehr entartete und dann scheinbar nach immer weiteren planwirtschaftlichen Eingriffen verlangte.

Hier scheint eine fatale Verwechslung von Ursache und Wirkung vorzuliegen. Die sozialen Störungen, die der aufkommende Kapitalismus im Gefolge hatte, waren Begleiterscheinungen einer technischen Revolution und einer falschen Auslegung der sogenannten liberalen Freiheiten, nicht Wirkungen des marktwirtschaftlichen Prinzips an sich. Die geschichtliche Schuld dieser Epoche besteht darin, daß ein in Klassenvorurteilen befangener Staat auf die Anwendung von Recht und Gesetz zur Heilung dieser Schäden verzichtete. Zur funktionellen Störung des Prinzips aber führte diese Ordnung – man denke nur an den feingegliederten Mechanismus der Weltwirtschaft – erst, als der Kapitalismus, eben von den Regeln der Marktwirtschaft abgehend, immer mehr planwirtschaftliche Züge annahm und an die Stelle des wirtschaftlichen Handelns von Einzelindividuen den Einsatz von Kollektivgebilden treten ließ. Ist es also nicht berechtigt, von babylonischer Sprachverwirrung zu sprechen, wenn die einen den Kapitalismus der letzten Observanz deshalb verurteilen, weil er mit der Ausschaltung der Konkurrenz zur Planwirtschaft wurde, während ihm die andern Kampf ansagen, weil sie die Einrichtung des Marktes für schädlich halten und lediglich eine andere Form der Planwirtschaft anstreben? Die wirtschaftlichen Mißstände und Störungen lassen sich nicht dadurch beseitigen, daß man die privatwirtschaftliche Planwirtschaft durch eine staatliche oder andere Form der kollektiven Planwirtschaft ersetzt. Die geistige Kluft besteht nicht zwischen den kapitalistischen oder den kollektivistischen Planwirtschaftlern, denn bei allem Unterschied ihrer gesellschaftswirtschaftlichen Ziele und Ideale ist ihnen der Glaube an die Rechenhaftigkeit des wirtschaftlichen Geschehens gemeinsam; die Trennung besteht zwischen den Planwirtschaftlern aller Sorten und den Verfechtern einer wirklich freien, aber durch Gesetz und Recht gezügelten Marktwirtschaft, sie besteht, anders ausgedrückt, zwischen kollektivistischen und individualistisch-freiheitlichen Lebensformen.

Die Voraussetzungen zur Planwirtschaft liegen heute in keiner Weise vor, es sei denn eben, daß man sie irrtümlicherweise durch bewußte behördliche Einschränkungen der menschlichen Freizügigkeit auf den entscheidenden Gebieten des gesellschaftswirtschaftlichen Lebens und durch dessen Reglementierung konstituieren zu können glaubt. Planwirtschaftliche Eingriffe haben in der modernen Wirtschaft immer zu ökonomischen Störungen geführt. Die Planwirtschaftler befinden sich zwar begrifflich in einer äußerst schwachen, taktisch aber immer in einer starken Position. Abgesehen davon, daß eine gestörte Geldwirtschaft ohne offenen Ausbruch der Inflation einen freien Markt ausschließt, trifft es zweifellos zu, daß der Übergang von der Marktwirtschaft zur Planwirtschaft nicht die geringsten, umgekehrt aber die Ablösung der Planwirtschaft durch eine freie Marktwirtschaft die denkbar größten Schwierigkeiten bietet. Der Grund liegt darin, daß es leicht ist, von einer tendenziell gleichgewichtigen Wirtschaft abzugehen, schwierig dagegen, von einer aus einem natürlichen Gleichgewicht gebrachten Wirtschaft ohne Übergang wieder der Funktion eines freien Marktes Raum zu geben. Die große Chance, die sich uns in gewiß absehbarer Zeit mit der Neuordnung der Währung bieten wird, liegt darin, daß wir mit diesem Einschnitt in unser wirtschaftliches Leben diese Möglichkeiten einer freien und bewußten Entscheidung hinsichtlich des einzuschlagenden Weges zurückerhalten.

Und noch eines ist zu bedenken: In einer Zeit des nahezu absoluten Mangels kann über die Güte und Funktionsfähigkeit einer Planwirtschaft nichts Entscheidendes ausgesagt werden. Wenn der Konsum bereit ist, alles und jedes aufzunehmen, ist jede Fehlproduktion ausgeschlossen, und die Planer mögen sich der Illusion hingeben, das Rechte getroffen zu haben. Wenn die Planwirtschaft indessen als die kommende Wirtschaftsform überhaupt angepriesen wird, so muß sie ihre Bewährungsprobe unter völlig anderen Voraussetzungen bestehen – unter wirtschaftlichen Verhältnissen nämlich, bei denen die Produktion ohne Verbrauchsreglementierung nach Absatz ringt. Dann aber wird sich ihr Nachteil gegenüber der Marktwirtschaft deutlich genug erweisen. Die babylonische Sprachverwirrung kommt auch in der unklaren Haltung der politischen Parteien zu jenem Phänomen zum Ausdruck, obwohl gerade in dieser Frage schärfste Klarheit und Aufklärung am Platze wäre. Man erhebt die Planwirtschaft zum Dogma, aber glaubt sich dennoch keines Widerspruchs schuldig zu machen, wenn gleichzeitig der Freizügigkeit und der menschlichen Initiative fruchtbare Anwendung verheißen wird. Andererseits legt man zwar die Betonung auf ebenjene Freiheiten, aber fühlt sich doch bemüßigt, mit halbem Herzen ein halbes Bekenntnis zur Planwirtschaft abzulegen. Sicherlich wünschen alle Parteien nichts sehnlicher als den Aufbau einer Wirtschaft, die keine Gefahr für den Frieden des eigenen Landes und den der Welt darstellt, und sehen es offenbar doch nicht deutlich genug, daß der wirtschaftliche Ausgleich zwischen Kollektiv- und Nationalwirtschaften als den Trägern des wirtschaftlichen Handelns ungleich größere Spannungen schaffen kann, als das der Fall wäre, wenn die wirtschaftlichen Individuen aller Länder nach ihren engbegrenzten wirtschaftlichen Interessen ohne Rücksicht auf den Ausgleich von Handels- und Zahlungsbilanzen im Effekt den zwischenstaatlichen Güteraustausch nach meiner Überzeugung besser besorgen dürfen.

Die Entscheidung geht nicht um Sozialismus oder Kapitalismus, die beide ihre Züge mit der gesellschaftswirtschaftlichen Entwicklung nicht unwesentlich verändert haben. Vor allem decken sich die Begriffspaare Sozialismus – Kapitalismus einerseits und Planwirtschaft – Marktwirtschaft andererseits in keiner Weise. Wenn der Sozialist die gerechte Verteilung des Sozialprodukts anstrebt, werden sich die Anhänger der Marktwirtschaft nach dem Ordnungsprinzip durchaus zu jener Forderung bekennen können; wenn ein irregeleiteter Kapitalismus nach neuen, privaten Kollektivgebilden verlangt, wird ihm von liberaler Seite entschiedener Widerspruch sicher sein. Der recht verstandene Liberalismus neuzeitlicher Prägung will nicht Freibeutertum; er widerstrebt aber menschlicher Intoleranz und einer dadurch bedingten Unfreiheit der Lebensäußerungen, er ist Feind jeder geistigen Tyrannei, die immer der Vorbote politischen Terrors ist.

Rangordnung der volkswirtschaftlichen Aufgaben

Die Neue Zeitung, 18. und 22. August 1947

Am 25. Juni 1947 trat in Frankfurt am Main der erste aus Landtagsabgeordneten der britischen und amerikanischen Zone gebildete Wirtschaftsrat zusammen. Eine neue Direktive der amerikanischen Militärregierung empfahl die Entwicklung deutscher Selbstverantwortlichkeit, allmähliche Verbesserung der Lebenshaltung und Erhöhung der Stahl- und Kohleproduktion. Deutsche Wirklichkeit war aber gleichzeitig: weitere Vertriebenen-Transporte aus dem Osten, Fortgang der Demontagen und anderer Eingriffe der Besatzungsmächte. Beim Trümmerräumen und notdürftigen Wiederaufbau der Betriebe warten die Menschen auf Führung und richtungweisende Gedanken.

Dieser Betrachtung muß der auf realpolitische Erkenntnisse fundierte Satz vorausgehen, daß jede Wirtschaftsgesellschaft die ihr zur Verfügung stehenden ökonomischen Mittel in der Zeiteinheit jeweils nur einmal zum Einsatz bringen kann; das heißt also, daß sie das verfügungsbereite Kapital und Material sowie ihre Arbeitskraft wohl für verschiedene Zwecke anwenden, aber die nach getroffener Entscheidung in bestimmte Richtung gelenkten Energien nicht noch ein zweites Mal nutzbar machen kann. Die Volkswirtschaft muß füglich mit ihren Mitteln haushalten, und da sie heute mehr als je nach dem ökonomischen Prinzip zu verfahren gezwungen ist, kommt also der Lenkung der sachlichen und menschlichen Produktivkräfte für unser aller Schicksal entscheidende Bedeutung zu.

»Also doch Lenkung«, werden die Planwirtschaftler sagen und womöglich noch glauben, den Verfasser eines Widerspruchs zu seiner so betont marktwirtschaftlichen Einstellung zeihen zu können. Dazu ist zu sagen, daß unter der uns heute leider noch aufgezwungenen Planwirtschaft selbstverständlich jede Rohstoff- und Materialzuteilung und jede Produktionsauflage, jede Lizenzierung, jede Baugenehmigung und jede direkte oder indirekte Subventionierung eine Entscheidung im Sinne der obigen Problemstellung vorwegnimmt und daß diese Entscheidungen nicht dem Zufall und der Willkür überlassen bleiben sollten. Aber auch dann, wenn diese »Lenkung« einmal nicht mehr zu dem System der Planwirtschaft gehört, bleibt doch die wirtschaftspolitische Aufgabe einer dann allerdings völlig anders verstandenen und auch anders gearteten

Lenkung bestehen. Nichts wäre abwegiger, als annehmen zu wollen, daß unter einer freizügigen Ordnung nur das wirtschaftende Einzelindividuum, nicht aber die Wirtschaftsgesellschaft einen Einfluß auf die Ausrichtung der volkswirtschaftlichen Arbeit ausüben dürfe. Dem Staat steht vielmehr über die Steuer- und Anleihepolitik, über arbeits- und tarifpolitische Maßnahmen, über die Binnen- und Außenhandelspolitik, über die Zins- und Kreditpolitik und weitere aktive konjunkturpolitische Eingriffe ein ganzes Arsenal von Mitteln zur Verfügung, um im Hinblick auf eine gewollte Rangordnung der Bedürfnisse auch dann lenkend zu wirken, wenn ein unmittelbarer Zwang auf den wirtschaftenden Menschen nicht ausgeübt wird und dessen Freiheit und Freizügigkeit innerhalb der durch die Politik vorgegebenen wirtschaftlichen und sozialen Umweltbedingungen grundsätzlich unangetastet bleibt. Der Unterschied zwischen diesen beiden Arten von Lenkung besteht darin, daß sich die Wirtschaftsbehörde in dem einen Fall anmaßt, jeden Menschen am Gängelband durch das bürokratische Gestrüpp der befohlenen Erzeugung und des gleichermaßen diktierten Verbrauchs zu führen, während sie im anderen Falle durch eine wirtschaftspolitisch gewollte Veränderung der Interessenlage jeden einzelnen seine Kräfte so gut wie möglich zu entfalten und zu nützen heißt.

Unabhängig aber von jenem Methodenstreit kann festgehalten werden, daß die Aufgabe einer bewußten Lenkung der Produktivkräfte über die Systeme hinweg heute und für die Zukunft im Mittelpunkt der staatlichen Wirtschaftspolitik zu stehen hat.

Lassen wir bei der nachfolgenden Betrachtung den Ernährungssektor insofern außer acht, als wir annehmen müssen, daß der Arbeitskräftebedarf der Landwirtschaft mit der ersten Priorität bedacht und befriedigt wurde, so bleibt immer noch im Hinblick auf den Einsatz aller übrigen Produktionsfaktoren die Entscheidung zu fällen, ob der Deckung des Bedarfs an Verbrauchsgütern aller Art (also dem unmittelbaren Konsum), der Instandsetzung, Verbesserung und Ausweitung des Produktionsapparates oder ob dem äußeren Wiederaufbau unserer Städte einschließlich der Bereitstellung von neuem Wohnraum unter einer volkswirtschaftlichen Bewertung der Vorrang gebührt. Aber damit ist es nicht getan. Weil hier nicht das Ausschließlichkeitsprinzip anwendbar ist, ergibt sich die Notwendigkeit einer Gewichtung jener nebeneinander laufenden spezifischen Bedürfnisse, um auf solche Weise volkswirtschaftliche und soziale Erfordernisse zu einem harmonischen oder doch mindestens optimalen Ausgleich zu bringen. Daß die Entscheidung, welchen ökonomischen Zwecken wir unsere Arbeit widmen, nicht nur für den heutigen und künftigen Lebensstandard, sondern möglicherweise überhaupt für unser Schicksal entscheidend sein kann, wird jedem Einsichtigen klarwerden, wenn er zum Beispiel daran denkt, daß eine Vernachlässigung unserer volkswirt-

schaftlichen Produktivkräfte zugunsten eines Augenblickskonsums möglicherweise dahin führen könnte, nach einer Währungsbereinigung die
exportabhängige, aber technisch rückständige deutsche Wirtschaft zur
Erfüllung ihrer Aufgabe untauglich werden zu lassen.

An dieser Stelle und bereits in dieser Phase der ökonomischen Entscheidungen richtungweisend einzugreifen, wäre die eigentliche Aufgabe
der politischen Instanzen, der gegenüber es geradezu dilettantisch anmu-
tet, wenn sich diese vorzugsweise mit der Technik der Verteilung beschäftigen und in rein verwaltungsmäßige Aufgaben eingreifen, die beinahe
uninteressant sind, wenn durch zeitlich lang vorhergehende erzeugungs-
wirtschaftliche Entscheidungen das Sozialprodukt nach Art und Umfang
und damit auch in großen Zügen nach der Verwendung und Abnehmerka-
tegorien feststeht. Was sich auf diesem Felde heute ereignet, läßt sich
vielleicht aus dem Verlangen nach einer »gerechten« Verteilung unter
primitivsten Aspekten gerade noch verstehen, aber mit Wirtschaftspolitik
oder gar Staatspolitik hat dieses »Pferd-am-Schwanz-aufzäumen-Wollen«
nichts mehr zu tun. Dieses Gebanntsein von dem unter der heutigen
Geldordnung unlösbaren Problem einer gerechten Verteilung des rapid
dahinschmelzenden Sozialprodukts führt zu einer völligen Verzerrung aller volkswirtschaftlichen Perspektiven und einer Fehlleitung der wirtschaftlichen Energien.

Die ersten und wichtigsten Festlegungen, die die für die Wirtschaftspolitik eines Landes verantwortliche Instanz zu treffen hat, bewegen sich
um das Problem einer Rangordnung und einer Gewichtung der volkswirtschaftlichen Aufgaben, was in der Konsequenz einer sozialökonomischen
Wertung der Bedürfnisse gleichkommt. Nach dieser Richtung hin muß auf
jeden Fall Klarheit bestehen, um zu gesamt- und einzelwirtschaftlich zielsi-
cherem Handeln zu kommen. Das hier Gesagte wird sofort verständlich,
wenn wir zum Beispiel die Frage stellen, ob die deutsche Wirtschaftspolitik in den Phasen vor und nach einer Währungsbereinigung mit gleichen
Mitteln die gleichen Ziele zu verfolgen hat oder ob sie die besondere
währungspolitische Situation heute nicht auch besondere Maßnahmen zu
ergreifen heißt. Der Verfasser ist, wie die nachfolgenden Ausführungen
dartun sollen, tatsächlich der Auffassung, daß im Hinblick auf die wiederholt erwähnte Rangordnung der Bedürfnisse die Währungsbereinigung
eine für die Wirtschaftspolitik des Landes tief einschneidende Zäsur bedeutet, die es berechtigt erscheinen läßt, in gewissem Sinne von einer
Umkehrung der Wirtschaftspolitik zu sprechen.

Es sei hier ohne nähere Untersuchung davon ausgegangen, daß nach
dem Zusammenbruch im Frühjahr 1945 räumlich und organisatorisch die
Möglichkeit einer Heilung dieser Störung noch gar nicht bestanden hat
und mithin die Reaktivierung einer friedlichen Wirtschaft unter dem Zei-

chen einer chaotischen Geldordnung in Angriff genommen werden mußte. Das Charakteristikum und zugleich das Störungselement dieser Wirtschaft bestand darin, daß eine ungeheure Menge überschüssiger, das heißt güterwirtschaftlich ungedeckter, aber dennoch frei verfügbarer Kaufkraft auf dem Markte in Konkurrenz trat mit neuer, aus produktiver Arbeit herrührender, echter Kaufkraft und angesichts des quantitativen Mißverhältnisses deren berechtigte Ansprüche schmälerte, wenn nicht völlig zunichte machte. Wenn auch mit den Mitteln der Bewirtschaftung und des Preisstops die äußere Ordnung aufrechtzuerhalten versucht wurde und in der Verteilung soziale Rücksichten gegenüber dem Besitz von Kaufkraft dominierend sein sollten, so ist doch leicht einzusehen, daß mit Fortdauer dieser künstlich gesetzten Ordnung die Dämme immer mehr überflutet zu werden drohen.

Die Resignation und Verzweiflung, die sich heute allenthalben breitzumachen droht, ist wohl einerseits darauf zurückzuführen, daß die äußeren Lebensbedingungen zunehmend schwieriger werden, zum anderen und wesentlichen aber darauf, daß die arbeitende Bevölkerung den Sinn dieses Opfers, das ihr selbstverständlich nicht unbegrenzt zugemutet werden kann, nicht immer oder nicht mehr zu erkennen vermag. Wenn indessen die heute zweifellos vorhandene höhere Produktionsbereitschaft und Produktivität unserer Industrie noch keine volle und fruchtbare Anwendung gestattet, dann besagt das keineswegs, daß der eingeschlagene Weg falsch war, wohl aber, daß es Zeit ist, das Steuer der Wirtschaftspolitik herumzuwerfen – unser Augenmerk in höherem Maße der Verbrauchsgüterindustrie zuzuwenden und für deren Alimentierung mit Rohstoffen zu sorgen.

Der jetzt immer öfter gehörte Ausspruch, arbeiten sei Dummheit, darf in der fortschreitenden Entleerung der Märkte nicht neue Nahrung finden. Denn mit jeder weiteren Einschränkung unserer gewerblichen Arbeit gehen wir auch immer mehr der Chance einer endlichen Gesundung unserer Wirtschaft verlustig.

Physische Gründe der schwindenden Arbeitskraft, psychische Gründe der sinkenden Arbeitsmoral und materielle Gründe der Rohstofferschöpfung unserer Wirtschaft zeigen an, daß das Übergangsstadium, in dem mit planwirtschaftlichen Mitteln die Beziehung zwischen Leistung und Entgelt – wenn auch teilweise zugunsten produktiver Ziele – vernachlässigt oder sogar gesprengt werden konnte, sich seinem Ende zuneigt und von einer wieder rechenhaften Wirtschaft abgelöst werden muß, in der der Bezug von Einkommen den Anspruch auf vollwertige, gütermäßige Äquivalente sicherstellt. Das bedeutet mit anderen Worten, daß die Zeit für eine Währungsbereinigung reif ist, wenn nur ein Weg beschritten wird, der zwischen den möglichen Gefahren eines Mißlingens der Reform als Folge einer zu »milden« Lösung und eines sozialen Zusammenbruchs in Verfolg einer zu abstrakt schematischen Handhabung sicher hindurchführt.

So gesehen stehen wir heute an einer wirtschaftspolitischen Wende. Wir müssen einerseits einsehen, daß wir dem schaffenden Volk nicht unbegrenzt weitere Opfer zugunsten der Steigerung unserer volkswirtschaftlichen Produktivkraft zumuten können, und wissen doch gleichzeitig, daß unter der derzeitigen Geldordnung selbst nach einer Schwergewichtsverlagerung unserer wirtschaftlichen Tätigkeit eine gerechte Verteilung nach dem allein objektiven Maßstab der Zuleistung zum Sozialprodukt durch die ungerechtfertigten Ansprüche einer vagabundierenden Kaufkraft immer wieder gestört wird. Die hier vertretene Auffassung einer nach der Währungsbereinigung notwendigen Umgruppierung der wirtschaftspolitischen Ziele findet in den ökonomischen Bedingungen eine volle Rechtfertigung. Dann wird es sich nämlich erweisen, daß die deutsche Wirtschaft auf längere Zeit des Kapitals zu Umstellungen und mehr noch zu Ausweitungen des Produktionsapparates so gut wie völlig ermangeln und dieser Tatbestand eine erhebliche Schrumpfung aller im Bereiche des Kapitalgütersektors anfallenden Tätigkeiten zur Folge haben wird. Umgekehrt wird dann nicht nur unter dem Zwang der finanzpolitischen Situation, sondern auch unter Berücksichtigung der Bedürfnislage die Verbrauchsgüterindustrie in hohem Maße belebt werden.

Deutung der Demontage

Der Wirtschaftsspiegel, 15. November 1947

Der Inhalt dieser Stellungnahme Ludwig Erhards zur alliierten Demontage-
politik verbot offenbar eine Veröffentlichung in dem Organ der amerikani-
schen Militärregierung »Die Neue Zeitung«, das zahlreiche andere Beiträge
Erhards, vor allem über Grundsatzfragen der Wirtschaftspolitik, einem
größeren Leserkreis zugänglich gemacht hatte. Die Demontagen – in den
Besatzungszonen unterschiedlich gehandhabt – gingen auf Beschlüsse der
Potsdamer Konferenz vom 2. August 1945 zurück. Sie waren schon vom
Zeitpunkt ihrer Verhandlung ab Gegenstand heftiger Kontroversen zwi-
schen den Siegermächten, was sich im Willkürcharakter ihrer praktischen
Handhabung besonders deutlich zeigte. Während die Sowjetunion fast alle
Produktionsanlagen abzubauen suchte, deren sie sich in ihrem Besatzungs-
gebiet bemächtigen konnte, und die Franzosen ebenfalls ziemlich rigoros
vorgingen, war die Demontagepolitik in der amerikanischen und britischen
Zone vom Willen bestimmt, Rüstungsbetriebe und wirtschaftliche Konkur-
renz abzubauen. Die deutsche Bevölkerung und vor allem die unmittelbar
betroffenen Beschäftigten waren tief beunruhigt über diese Politik, die ihre
Arbeitsplätze gefährdete und damit die materielle Zukunft der Menschen
beeinträchtigte. Die ökonomischen Widersprüche der alliierten Demontage-
und Reparationspolitik waren unübersehbar. Die Kritik Erhards an der
Demontagepolitik knüpft an die am 17. Oktober 1947 veröffentlichte neue
Demontageliste der amerikanischen und britischen Militärregierung an.
Diese Liste enthielt zwar nicht mehr wie im Vorjahr die Namen von 1636
Anlagen, sondern die von 682 Objekten. Das konnte aber die Stimmung in
Westdeutschland nicht wesentlich verbessern. Fast alle politischen Parteien,
Landesregierungen und Landtage, Gewerkschaften und Verbände beschäf-
tigten sich in kritischen Stellungnahmen mit dem alliierten Vorgehen und
dem Demontagebefehl, der ohne Anhörung der Deutschen zustande gekom-
men war. Auch dem Wirtschaftsrat wurde zunächst jede Kompetenz, sich
zur Demontageplanung zu äußern, verweigert. Verbündete fand West-
deutschland im amerikanischen Kongreß, der gleichfalls große Bedenken
gegen die Demontage- und Reparationspolitik der eigenen Militärregierung
in Deutschland formulierte. Als Erhard seinen Demontageartikel schrieb,
war er Vorsitzender der »Sonderstelle Geld und Kredit«, einer Sachverstän-
digenkommission zur Vorbereitung der Währungsreform.

Nachdem sich die auf Bekanntgabe der Demontageliste hin zunächst hochgehenden Wogen der Bestürzung und Erregung gelegt haben, soll im Nachfolgenden unter Wahrung der inzwischen gewonnenen Distanz versucht werden, eine volkswirtschaftliche Bilanz zu ziehen. Damit soll nicht gesagt sein, daß die mittlerweile eingetretene Abklärung zugleich Beruhigung geschaffen hat, und es wäre völlig falsch, die ersten, teilweise recht temperamentvollen, aber gerade darum echten und ursprünglichen Reaktionen in ihrer Bedeutung und Wirkung abschwächen zu wollen. Diese Reaktionen verdienen vor allem als politische Fakten gewertet zu werden, wie sich denn überhaupt immer mehr die Überzeugung durchsetzt, daß der sich um die Demontagen gruppierende Gesamtkomplex des Industrieplans mit ökonomisch-rationalen Überlegungen nicht zu begründen ist, sondern zuletzt in der politischen Sphäre wurzelt. Es ist weiter charakteristisch, daß in allen deutschen Verlautbarungen die moralische Verpflichtung zur Wiedergutmachung ausdrücklich anerkannt wurde und daß uns darum auch nationalistische Phrasen zu hören erfreulicherweise fast völlig erspart geblieben ist. Die Irrationalität des politischen Geschehens läßt allerdings eine sehr weite Ausdeutung zu, und so ist es wiederum nicht verwunderlich, wenn die Diskussion um die Demontagen auch außerhalb und gerade außerhalb der Presse ein weiteres Mal in die bange Frage mündet, ob die westlichen Demokratien denn wirklich eine wirtschaftliche Wiedergesundung Deutschlands zulassen werden, ob sie eine solche trotz der Demontagen sogar wünschen oder ob zuletzt alle unsere Hoffnungen und Anstrengungen mangels guten Willens unserer ehemaligen Feinde doch vergeblich sein werden. Die Alliierten mögen Verständnis dafür haben, daß das leidgeprüfte deutsche Volk bei jeder neuen Bedrängnis trotz einer der Demontageliste beigegebenen Erklärung und trotz der im Marshall-Plan verheißenen Hilfe in dem Glauben an seine Zukunft irre wird und solche Zweifel in ihm sich vor allem dann regen, wenn es den wirtschaftlichen Sinn der angeordneten Maßnahmen nicht zu begreifen vermag.

Wenn die Deutschland abgeforderten Leistungen in Form von Produktionsmitteln den Charakter einer Wiedergutmachung tragen und als solche empfunden werden sollen, dann bedürften jene Leistungen einer rechenhaften Inbeziehungsetzung zu einer Schuld oder einem Schaden, die jedoch beide, wenn auch aus unterschiedlichen Gründen, schlecht abwägbar und kaum meßbar sind. Ja, würden solche Richtlinien für die uns aufzubürdenden Lasten bestimmend, so müßten wir – dessen sind wir uns nur allzusehr bewußt – jede Hoffnung auf menschenwürdige Fortsetzung unseres Lebens begraben. Aus solcher Einsicht und – wie zugegeben werden soll – auch Rücksicht dürfte der dem Industrieplan zugrunde liegende Gedanke einer nicht zu starken Reduzierung und Begrenzung der

27

deutschen industriellen Kapazitäten geboren worden sein; aber mit einer solchen Bemessung unseres Leistungs-Solls ergibt sich dann auch eine völlige Verlagerung der Standpunkte mit der psychologischen Wirkung, daß die sichtbar an die Schuld geknüpfte Sühne verstanden und anerkannt wird, während einer nach dieser Richtung hin beziehungslosen Leistung das Odium der Strafe anhaftet und Kombinationen der oben erwähnten Art Raum gibt.

Wenn es auch ohne praktische Bedeutung ist, Parallelen zwischen Reparationen aus laufender Produktion und Reparationen durch die Hingabe von Produktionsmitteln (das eben sind die Demontagen) zu ziehen, so läßt doch auch hier die Umkehrung der Methoden nach den beiden letzten Kriegen die Befürchtung zu, daß die Form der Demontagen lediglich deshalb gewählt wurde, weil die deutschen Reparationsleistungen nach 1919 zu einer Störung der Märkte und sogar der intervalutaren Beziehungen geführt haben und man dieses Problems auch heute noch nicht Herr zu werden weiß. In Fortsetzung solcher Erwägungen sind natürlich genug gute Gründe anzugeben, die die Abwicklung der Demontagen und die Störungen durch die dadurch bewirkten Industrieverlagerungen kaum weniger problematisch erscheinen lassen. Der Verfasser selbst ist nicht der Meinung, daß solche Gründe für den Kurswechsel bestimmend waren, denn nach dem heutigen Stand unserer Erkenntnisse wären Reparationen aus laufender Produktion auch störungsfrei umzusetzen, sobald die empfangenden Länder – oder besser Staatsführungen – nur bereit sind, diese Opfer eines fremden Volkes, anstatt als Staatsschatz (und am liebsten noch in Gold) thesaurieren zu wollen, in vollem Umfang dem eigenen Volk zugute kommen, das heißt von ihm zusätzlich konsumieren zu lassen. Nunmehr den Demontagen mit ökonomischen Argumenten solcher Art begegnen zu wollen, daß man etwa auf die zweifellos nachweisbare Minderung der Leistungsergiebigkeit jener zu verlagernden Produktionseinrichtungen hinweist oder im Sinne eines Organismusgedankens der Volkswirtschaften die Schäden der gewaltsamen Zerreißung gewachsener und menschlicher Beziehungen illustriert, wäre völlig abwegig, weil sich selbstverständlich auch die Alliierten dieser Wirkungen bewußt sind und weil im Gegensatz zu den deutschen Reparationsleistungen nach dem ersten Weltkrieg den jetzt an uns gestellten Forderungen letztlich nicht mehr oder doch sicher nicht in erster Linie der Gedanke der materiellen Wiedergutmachung zugrunde liegt.

Wenn diese Erklärung auch widersinnig erscheinen mag, weil sie scheinbar zu der Konsequenz führt, daß maßvollere Forderungen psychologisch unter Umständen störender als härtere Lasten empfunden werden (wobei die seelischen Reaktionen auf unerfüllbar hohe Leistungen nicht erörtert werden sollen), so kann doch die Richtigkeit dieser Argumentation nicht bestritten werden. Das soll ein weiterer Gesichtspunkt illustrieren. Daß ein besiegtes Volk, dessen geschichtliche, nationale Schuld außer Frage steht, einen Teil seines Arbeitsertrages für eine kürzere oder längere Frist zur Heilung der von ihm verursachten Schäden aufzuwenden haben wird, dürfte keinem Widerspruch begegnen, solange nur überhaupt das Opfer in sozial tragbaren Grenzen gehalten wird. Wenn aber dieses aus ehrlicher Gesinnung zur Wiedergutmachung bereite Volk in der Erkenntnis, daß es solche Forderungen und Verpflichtungen nur durch vermehrte Arbeitsleistung erfüllen kann, erfahren muß, daß ihm durch den Abbau von Produktionsmitteln ein Teil seiner Arbeitsgrundlage gewaltsam entzogen werden soll, dann eben sind gerade auch von seiten der Arbeiterschaft Reaktionen, wie sie jetzt in Erscheinung traten, nur zu verständlich. Auch hier trifft das eben Gesagte zu, daß größere Reparationsleistungen aus laufender Produktion wahrscheinlich kaum so viel inneren Widerstand ausgelöst haben würden als wertmäßig weniger ins Gewicht fallende Demontagen, und es spricht durchaus nicht gegen, sondern für das deutsche Volk, wenn es eine Regelung der Reparationen, die mit einer Behinderung der Entfaltung friedlicher, menschlicher Arbeit verbunden ist, als die entwürdigendste Strafe und zugleich als bitteres Unrecht empfindet. Das biblische Wort, daß der nicht essen soll, der nicht arbeitet, läßt sich auch dahin ausdrücken, daß jeder nach Maßgabe seiner Arbeit auch sein Leben gestalten darf und daß deshalb der im Industrieplan verankerte Grundsatz einer Begrenzung des deutschen Lebensstandards in der Ausrichtung an dem Niveau anderer europäischer Länder und Völker so lange keinem Verständnis begegnen kann, als dabei der entscheidende Bestimmungsfaktor Arbeit außer Ansatz bleibt. Die Demontagen erwecken nun gerade dieses bittere Gefühl, daß das deutsche Volk nicht über ein gewisses Maß arbeiten können, das heißt also seinem Fleiß der Boden entzogen werden soll. So gesehen wirkt der Hinweis auf den relativ geringen Wert der Demontagen im Verhältnis zu möglichen höheren Ansprüchen auf Warenlieferungen nicht immer beruhigend und überzeugend. Wenn dieser Betrachtung ein so großer Raum gegönnt wurde, so deshalb, weil der Verfasser in den Stellungnahmen der letzten Wochen Erklärungsversuche und Argumente dieser Art völlig vermißte, aber die Überzeugung hegt, daß manche Mißverständnisse und Verstimmungen auf beiden Fronten bei Berücksichtigung dieser seelischen Imponderabilien hätten vermieden werden können.

Wenn wir von der These ausgehen, daß der Umfang der von Deutschland geforderten spezifischen Reparationsleistungen fernab einer sittlichen Bewertung nur an ökonomischen Daten ausgerichtet werden soll, so kann auf den sachlichen Einwand, daß unter den Bedingungen einer zerrütteten Währung und einer stagnierenden, wenn nicht zerfallenden

Volkswirtschaft brauchbare Maßstäbe für einen Mindeststandard an industriellen Kapazitäten kaum errechnet und aufgezeigt werden können, nicht verzichtet werden. Jede Beziehungnahme auf das Leistungsvolumen eines zurückliegenden Basisjahres muß auch wegen der inzwischen eingetretenen materiellen und sozialen Strukturumschichtungen fast mit Sicherheit zu falschen Schlüssen führen. So wird zum Beispiel niemand glauben wollen, daß das gegenwärtige Bild der deutschen Arbeitsmarktverhältnisse Anspruch auf repräsentative Gültigkeit erheben könnte; ja, es ist nur allzu gewiß, daß das Gespenst der Arbeitslosigkeit heute allein durch die massenhafte Vornahme unproduktiver Arbeiten und durch eine Reihe außerökonomischer Faktoren überdeckt wird. Wenn jedoch spätestens zum Zeitpunkt der Währungsreform ein noch nicht übersehbarer, aber sicherlich sehr erheblicher Zustrom zum Arbeitsmarkt einsetzen und daneben noch eine weitreichende Umgruppierung der bereits Beschuldigten Platz greifen wird, steht fast mit Sicherheit zu erwarten, daß die deutsche gewerbliche Wirtschaft jene Arbeitsuchenden gar nicht aufzunehmen und produktiv einzusetzen in der Lage ist. Berücksichtigt man daneben, daß infolge der Alters- und Geschlechtsumschichtung unserer Bevölkerung sowie durch den Flüchtlingszustrom die deutsche produktive Arbeit für die Zukunft ohnedies eine außerordentlich starke Belastung erfährt und die auszugleichenden öffentlichen Haushalte in ihren Mitteln sehr beschränkt sein werden, dann wird erst ganz deutlich, daß Deutschland nicht um sein Prestige, sondern um die Lebenssicherung seines Volkes kämpft, wenn es sich jeden noch vorhandenen Arbeitsplatz zu bewahren sucht. Der Umstand, daß solche noch in großer Zahl unbesetzt sind und daß die deutsche Wirtschaft auch der Rohstoffe ermangelt, um alle verfügbare Arbeitskraft anzuwenden, kann ebensowenig als Beweis für die Richtigkeit der alliierten These gelten wie etwa die Tatsache, daß das deutsche Volk lebt, den Schluß zuließe, daß ein Volk auf dieser Grundlage gar noch unter einer demokratischen Ordnung auch nur für kurze Zeit fortbestehen könnte.

In dieser gefahrvollen Lage kann Deutschland über eine Erklärung, daß Arbeitslosigkeit als Folge der Demontagen nicht zu befürchten sei, da alle Arbeitskraft zur Erfüllung des Industrieplans beansprucht werden würde, nur Bitterkeit empfinden. Demontage bedeutet für die deutsche Wirtschaft genau wie der Krieg zunächst Zerstörung, und die darauf verwendete Arbeit bedeutet auch dann Vergeudung, wenn die betreffenden Anlagen an anderem Ort wieder erstehen sollen, dort aber ganz gewiß nicht zu gleicher Ergiebigkeit gelangen werden. Läßt man die reinen Rüstungskapazitäten außer Ansatz, so erweist sich die Auffassung, daß es in Deutschland überschüssige Industrieanlagen gebe und diese gar ungenutzt bleiben müßten, nach allen Regeln ökonomischer Vernunft als unhaltbar.

Hier befinden wir uns im Bereich einer volkswirtschaftlichen Betrachtung, die auf Grund zwingender Erkenntnisse keine anderen Schlußfolgerungen als die hier aufgezeigten zuläßt. Eine verantwortungsbewußte und sachliche Argumentation wird auch sogenannte starke Worte wie »unmöglich« und dergleichen vermeiden, aber es ist gerade die Verantwortung, die uns die Schäden und Störungen solcher Maßnahmen in ihren Konsequenzen aufzeigen heißt. Dem Politiker bleiben hinsichtlich dieses Problems noch andere Perspektiven offen, und er mag gegebenenfalls zu Entscheidungen kommen, die ökonomisch-rationalen Maßstäben nicht standzuhalten vermögen. Wir erleben dieses Phänomen seit nunmehr dreißig Jahren in fast der ganzen Welt, aber man sollte sich auch darauf besinnen, daß die Erfahrungen die Nützlichkeit und Richtigkeit einer solchen Handlungsweise nicht eben gerade zwingend unter Beweis gestellt haben. Wenn heute die Einsicht allgemein ist, daß Europa aus eigener Kraft nicht wieder gesunden kann, sondern zum Wiederaufbau seiner Wirtschaft erheblicher fremder Unterstützung bedarf, dann belastet jede neue und zusätzliche Leistungsminderung der europäischen Wirtschaft den erwarteten Kapitaleinsatz mit einer nicht unbeträchtlichen Vorhypothek. So gesehen müßten gerade die Vereinigten Staaten mit uns das größte Interesse daran haben, weitere unorganische Eingriffe in das westeuropäische Wirtschaftspotential zu vermeiden. Von welcher Seite man das Problem auch betrachtet – immer werden die Widersprüche zwischen Politik und Wirtschaft offenbar. Dieser Umstand ist es denn auch zuletzt, der jede einseitige Betrachtung realpolitisch falsch und weltfremd sein läßt, aber zugleich doch auch zu der Erkenntnis führt, daß es im Stadium der Vorherrschaft oder gar der Verabsolutierung der Politik eine harmonische und befriedigende Synthese zwischen beiden Sphären, zwischen der politischen und der ökonomischen Betrachtungsweise, nicht geben kann.

Die überragende volkswirtschaftliche Bedeutung des Problems sei schließlich noch durch die Aufdeckung folgenden Zusammenhangs illustriert: In Vollzug des Industrieplans erfährt die deutsche Wirtschaft zwangsläufig eine stärkere Spezialisierung in Richtung einer Konzentration der industriellen Tätigkeit auf den Sektor der verarbeitenden Industrie. Eine solche Umlagerung mag tendenziell und auf lange Sicht im Interesse einer gedeihlichen Entwicklung und einer internationalen Arbeitsteilung liegen. Es muß jedoch von deutscher Seite darauf hingewiesen werden, daß die Störungen des zwischenstaatlichen Güterverkehrs nicht allein Deutschland zur Last gelegt werden können und daß ohne einen reibungslos funktionierenden Welthandel jede auf Vereinseitigung der deutschen Industriestruktur hinzielende Wirtschaftspolitik geradezu tödlich wirken muß, solange nicht eben eine liberale Haltung der übrigen Welt die absolute Sicherung der dann lebensnotwendigen Ergänzungen bietet.

Dieser Prozeß wird sich zweifellos erst in einer langsamen und organischen Angleichung der Volkswirtschaften vollziehen können, und es kann darum nicht gerade dem schwächsten Partner dieser höheren Gemeinschaft zugemutet werden, sich ohne Widerstand in diese gefährliche Abhängigkeit zu begeben, wenn sein eigener Entschluß auf die künftige Gestalt und Ordnung der Weltwirtschaft völlig bedeutungslos ist. Die deutsche Wirtschaft wird ein politisches und wirtschaftliches Störungselement innerhalb der westlichen Zivilisation bleiben, wenn dieser Sozialkörper auf kleinste Erschütterungen notwendig durch Auslösung ernster Krisen reagiert und sich zur geregelten Versorgung seiner Bevölkerung unfähig erweisen muß. Jede Deutschland zuteil werdende Hilfe muß notwendig von der Vorstellung und der Überzeugung ausgehen, daß sein Wirtschaftskörper auf die Dauer lebensfähig gestaltet werden kann. Nur dann auch werden sich die westlichen Völker zu einer ökonomischen und geistigen Einheit zusammenfinden, wenn allzu starke Differenzierungen des Lebens- und Leistungsstandards möglichst bald überbrückt und überwunden werden. Wir hegen die feste Überzeugung, daß die Welt ebenso wie nach dem ersten Weltkrieg so auch schon in naher Zukunft die neue Reparationspolitik in ihren Auswirkungen erkennen und ablehnen wird, aber gerade deshalb würde auch Schweigen zur Schuld werden. Sosehr Deutschland hofft und daran glauben möchte, daß auch ihm im Zuge des Marshall-Plans aktive Hilfe zuteil wird, die es gesunden und am Wiederaufbau Europas teilhaben läßt, so darf doch nicht um politischer Rücksichten willen die Einsicht verschüttet werden, daß die deutschen Demontagen in der europäischen Wirtschaftsbilanz ein Passivum bilden, denn die Zerstörung von Kapital und die Zerreißung volkswirtschaftlicher Verflechtungen bedingen Verluste, die sich nur durch Arbeit wiedergutmachen lassen, durch Arbeit, die ohnedies kaum ausreicht, um die Wunden und Schäden dieses Krieges auch nur notdürftig zu heilen. Und trotzdem möchten wir abschließend bekennen, daß bei gerechter Wertung der einerseits durch die Demontagen bewirkten Schäden und der andererseits durch den Marshall-Plan erhofften Unterstützung die Waage sich zugunsten dieses letzterwähnten Faktors zu neigen scheint und daß, wie auch die eingangs angestellte Betrachtung beweist, bei allem Verständnis für die Reaktionen des deutschen Volkes dieses sich der Abhängigkeit seines künftigen Schicksals von der geistigen und materiellen Aufgeschlossenheit der übrigen Welt und insonderheit der Vereinigten Staaten bewußt bleiben sollte. Umgekehrt aber dürfte gerade die liberalen Wirtschaftsprinzipien zuneigende Welt nicht vergessen, daß jeder gewaltsame Eingriff in die gewachsene Struktur eines Landes und vor allem jede künstliche Unterbindung natürlicher Entwicklungstendenzen, wie zum Beispiel eine auch für die Zukunft gültige starre Begrenzung oder Unterbindung bestimmter (selbstverständlich nur friedlicher) industrieller Fertigungen, planwirtschaftliche Eingriffe erforderlich macht, die vor allem dann nicht auf dieses Land – und das heißt in diesem Falle Deutschland – isoliert werden können, wenn die Begriffe des Weltmarktes und des internationalen Güteraustausches von einer Schimäre wieder zu einer wirtschaftspolitischen Realität werden sollen.

Bestimmungsgründe des deutschen Lebensstandards

Die Neue Zeitung, 1. Dezember 1947

*Wenige Wochen nach seiner Berufung zum Honorarprofessor der Rechts-
und Staatswissenschaftlichen Fakultät der Universität München äußert sich
Ludwig Erhard erneut zu einem aktuellen Thema. Die Antwort auf die als
Frage zu verstehende Überschrift seines Aufsatzes lautet: »Jedes Volk hat
nur das zu verzehren, was die Wirtschaft an verbrauchsreifen Gütern zur Verfügung stellt.« Mit anderen Worten: Zwischen dem wirtschaftlichen Leistungsvermögen und dem Lebensstandard gibt es »zwingende Beziehungen«.
Deshalb sei die Ordnung der Wirtschaft, die Gewährleistung einer leistungs-
freundlichen Wirtschaftspolitik, für den einzelnen Bürger und sein materielles
Wohlergehen so wichtig.*

Die rückliegende heftige Diskussion um die Demontagen hat in Überbeto-
nung des politischen Aspekts die zwingenden Beziehungen zwischen dem
wirtschaftlichen Leistungsvermögen und dem Lebensstandard eines Volkes
nicht immer klar erkennen lassen, wie denn überhaupt das ernste Bild der
wirtschaftlichen Lage Deutschlands all denen verschleiert bleibt, die sich
entweder im Optimismus einer verdeckten Inflation oder in einem ebenso
blinden Pessimismus unhaltbaren Spekulationen hingeben. Wieweit die
wirtschaftliche Zukunft Deutschlands durch Maßnahmen wie etwa die
Demontagen belastet oder durch Kredithilfen und andere Unterstützun-
gen befruchtet wird, sei hier nicht untersucht. So wichtig es auch ist, sie mit
dem richtigen Gewicht in das volkswirtschaftliche Kalkül einzubeziehen,
so ist doch nicht zu vergessen, daß die Bestimmungsfaktoren des künftigen
deutschen Lebensstandards immer noch der eigenen Gestaltung unter-
worfen sind. Deutschlands wirtschaftliche Zukunft bleibt wesentlich von
einer optimalen Ordnung der Produktionsfaktoren abhängig. Nur wenn
diese Aufgabe mit Energie und Umsicht angepackt wird, kann jene Atmosphäre des Vertrauens geschaffen werden, die die Welt zu gerechter Würdigung der deutschen Argumentation und auch zu einer Hilfe bereit sein
lassen wird.

Die durch die Währungsunordnung verlorengegangene Rechenhaftigkeit läßt zwar bei allen Fragen, die die äußeren und meist auch die
außerökonomischen Belastungen betreffen, eine statistisch oder budget-
mäßig unterbaute Beweisführung nicht zu. In jedem Falle wird angesichts

des geschmälerten deutschen Sozialproduktes und der rapid dahinschwindenden Arbeitskraft des deutschen Volkes deutlich genug, daß seine Wirtschaft nicht einmal mehr die von Tag zu Tag dringlicher werdenden Lebensbedürfnisse zu decken, geschweige denn Energien für den Wiederaufbau oder gar noch Leistungen für Dritte aufzubringen vermag, solange eben nicht alle verbliebenen Produktivkräfte ökonomisch wirksamer eingesetzt werden können.

Hier bleibt zu untersuchen, welche Ursachen die Entfaltung der Produktivität verhindern. Solange die aus ehrlicher Arbeit erworbenen Ansprüche an das Sozialprodukt durch das Eindringen alter und guter wirtschaftlich ungedeckter Kaufkraft immer wieder geschmälert werden, solange ohne echte Kapitalbildung ein großer Teil der noch getätigten Arbeit außerhalb der Verbrauchsgüterherstellung geleistet wird, ist nicht zu erwarten, daß die zunehmende Diskrepanz durch immer schärfere Maßnahmen der Bewirtschaftung überbrückt werden könnte. Mag dieser erzwungene Konsumverzicht in der Übergangszeit manche volkswirtschaftlich wertvolle Arbeit ermöglicht haben, so sind der Opferwilligkeit und Opferfähigkeit des arbeitenden Menschen doch Grenzen gesetzt.

Allen künstlichen Maßnahmen zur Auflösung jener Erstarrung wird ein Erfolg versagt bleiben müssen, wenn die Wirtschaft nicht auf einer sich stetig erweiternden Grundlage in Gang gebracht werden kann oder wenn nicht mindestens die Reproduktion in vollem Umfang gesichert erscheint. Nur wenn ein sich ausweitendes Sozialprodukt der Arbeit materiellen Lohn verheißt und innerhalb der Wirtschaft die Hingabe von Ware nicht die Gefahr einseitiger güterwirtschaftlicher Auszehrung in sich birgt, kann der ins Stocken geratene Güterstrom wieder in Fluß gebracht werden. Da der Verschleiß an Gebrauchs- und Verbrauchsgütern die realen Erzeugungsmöglichkeiten übersteigt und einen volkswirtschaftlichen Raubbau bewirkt, wird das Kompensationsverbot nicht den erwarteten Erfolg bringen können.

Man mag die Reaktionen der Wirtschaftsindividuen auf die ökonomischen Umweltbedingungen bedauern und noch so oft an das Verantwortungsbewußtsein appellieren – man wird kaum mehr als ein mühsames Dahinvegetieren der Wirtschaft erreichen können. Wenn sich auch alle Einsichtigen darüber im klaren sind, daß eine endgültige Lösung nur eine Währungsbereinigung mit sich bringen kann, so würde eine bessere Ernährung und eine ausreichende Rohstoffversorgung unter den obwaltenden Verhältnissen geradezu Wunder wirken. Während im Prozeß der Schrumpfung alle bösen Instinkte und negativen Einflüsse sich potenzieren und der sich fortpflanzende Niedergang schließlich zur völligen Lähmung führt, würde die zusätzliche Material- und Arbeitskraftzuführung eine erhebliche Ausweitung der Gütererzeugung bewirken.

Es läßt sich geradezu eine umgekehrte Korrelation aufstellen, die besagt, daß mit der Schrumpfung des Sozialprodukts die behördliche Verwaltung der Wirtschaft immer umfangreicher, bürokratischer und unwirksamer sein wird, während umgekehrt die Wirtschaftsbelebung ganz automatisch eine Vereinfachung und Reduzierung der Verwaltung bei sich gleichzeitig verstärkender Geltung der behördlichen Maßnahmen mit sich bringt. Man eröffne dem deutschen Volke zusätzliche Möglichkeiten produktiver, das heißt güterschaffender Arbeit, und man wird rasch erkennen, daß die deutsche Volkswirtschaft eine höhere Ergiebigkeit erreichen und unschwer Mehrleistungen erzielen kann. Alle anderen Versuche werden nutzlos verpuffen, und das Suchen nach Sündenböcken entschuldigt dann auch nicht das eigene Versagen aus mangelnder Einsicht. Von welcher Seite man auch immer die heutige Wirtschaft betrachtet, so stößt man fast nur auf Elemente, die die Produktivität hemmen. Geringe Kapazitätsausnutzungen der aus sozialen Gründen möglichst zahlreich einzuschaltenden Betriebe, hohe Veredelung der knappen Rohstoffe zum Zwecke einer privatwirtschaftlich günstigen Ausnutzung und Sicherung einer möglichst langen Verfügungsgewalt über die in der Fertigung begriffenen Waren, unwirtschaftliche Anwendung wertvollster Arbeitskraft für unproduktive Zwecke und volle Beziehungslosigkeit der volkswirtschaftlichen Verrichtungen untereinander kennzeichnen die Daten und Tatsachen einer Wirtschaft, deren Preise sich von den Kosten gelöst haben und deren Kosten nicht mehr Ausdruck der Leistung sind.

Jedes Volk hat nur das zu verzehren, was die Wirtschaft an verbrauchsreifen Gütern stellt. Nur soweit dieser Fonds ausreicht, um neben den unmittelbar in diesem Sektor tätigen Menschen auch noch jene anderen zu versorgen, die in der Kapitalgütersphäre tätig sind, sich dem Wiederaufbau zuwenden oder in der Verteilung und Verwaltung stehen, können je nach der Größenordnung, den volkswirtschaftlichen Entwicklungstendenzen und der gesellschaftswirtschaftlichen Zielsetzung auch noch die vorstehend erwähnten Tätigkeiten Berücksichtigung und Anerkennung finden. Derartige Überlegungen aber lassen auch erkennen, daß hier die gemeine und historische Erfahrung nicht weiterhilft, sondern daß eine Wirtschaft aufzubauen ist, die ihre soziale Aufgabe nur dann noch einigermaßen zu erfüllen vermag, wenn eine auf die höchste Spitze getriebene Ergiebigkeit der Arbeit ein Gegengewicht gegen die zusätzlichen Belastungen aus dem fortbestehenden Zwang zur Kapitalverbesserung, aus Aufwendungen für den Wiederaufbau und für unabdingbare Sozialleistungen zu bieten vermag.

Für die nächste Zukunft handelt es sich darum, eine Teilung der volkswirtschaftlichen Arbeit vorzunehmen, die die noch als notwendig erachteten Kapitalinvestitionen für eine Übergangszeit einschränkt beziehungsweise auf einen längeren Zeitraum verteilt, um die verfügbaren Kräfte in stärkerem Maße der Erzeugung von Verbrauchsgütern zuzuführen. Die Aufrechterhaltung der sozialen Ordnung wird insbesondere auch im Zusammenhang mit einer Währungsbereinigung wesentlich davon abhängen, daß das trotz hoher Belastung noch verfügungsfreie Einkommen in möglichst kurzer Frist güterwirtschaftliche Deckung findet. In diesem Widerstreit ökonomisch-rationaler und sozialer Überlegungen, in dem Abwägen eines in die Zukunft gerichteten volkswirtschaftlichen Nutzens gegenüber der Linderung augenblicklicher Not muß, selbstverständlich immer im Rahmen einer vernünftigen Entsprechung, dem sozialen Gesichtspunkt der Gegenwart der Vorrang eingeräumt werden.

Selbst bei einer glücklichen Entwicklung wird es Deutschland nur unter den größten Anstrengungen möglich sein, dem Volk in seiner Gesamtheit einen seinem Fleiß entsprechenden Lebensstandard zu sichern. Seine Bevölkerungsstruktur mit einem starken Übergewicht an weiblicher Arbeitskraft und einem unverhältnismäßig hohen Prozentsatz alter oder nicht mehr erwerbsfähiger Menschen, die durch den Krieg erlittenen Sachkapitalverluste gepaart mit einer nicht mehr zu verkennenden technischen Rückständigkeit, der Zwang zu einem mählichen Wiederaufbau der Städte und die Bürde der Fremdleistungen können zusammen keinen Zweifel aufkommen lassen, daß sich die deutsche Wirtschaft im Vergleich zu anderen Volkswirtschaften in ungünstiger Position befindet und daß ihre Wettbewerbsfähigkeit im wesentlichen nur mit Opfern in der Lebenshaltung aufrechterhalten werden kann. Nur durch die rationellste Kombination aller Produktionsfaktoren, die nur im härtesten Wettbewerb erreicht werden kann, bietet sich dem deutschen Volke eine Lebensmöglichkeit und die reale Chance einer allmählichen wirtschaftlichen und sozialen Wiedergesundung.

Der Weg in die Zukunft

Rede vor der 14. Vollversammlung des Wirtschaftsrates des Vereinigten Wirtschaftsgebietes, Frankfurt a. M., 21. April 1948

Das Jahr 1948 hatte mit Versuchen der Westmächte begonnen, das deutsche Chaos zu beenden und gegenüber der zunehmenden Sowjetisierung der Ostzone das demokratische Leben in den Westzonen zu stärken. Die Londoner Sechsmächtekonferenz vom 23. 2. – 6. 3. 1948 nahm entgegen östlichen Protesten die Angleichung der drei Westzonen sowie die Vorbereitung einer gesamtdeutschen Bundesregierung in Aussicht. Am 27. Februar alarmierte der kommunistische Staatsstreich in Prag auch jene Kräfte, die sich noch der Illusion hingaben, eine Vermischung kommunistisch-totalitärer und freiheitlicher Herrschaftsformen könne Bestand haben. Später, am 24. Juni, begannen die Sowjets die Berlin-Blockade, die ein volles Jahr hindurch die Bevölkerung West-Berlins einer schweren Belastungsprobe unterwarf.

Der Marshall-Plan eröffnete eine neue Epoche im Verhältnis der Völker beiderseits des Atlantik. Am 3. April erließ Präsident Truman das Gesetz über das Europäische Wiederaufbauprogramm. Vom 10. bis 17. April wurde die Charta über die wirtschaftliche Zusammenarbeit Europas in Paris von Delegierten der 16 ERP-Länder und Beauftragten der drei deutschen Westzonen unterzeichnet. In den Westzonen war das wirtschaftliche Leben nach dem Kriege nur schleppend wieder in Gang gekommen. Die industrielle Produktion hatte Anfang 1948 erst 40 Prozent des Standes von 1936 erreicht und war zudem einseitig auf bestimmte Bereiche der Grundstoffindustrie konzentriert. Der ohnehin spärlich fließende Güterstrom blieb weitgehend in Lagerhortungen stecken; nur Bruchteile gelangten auf die regulären Märkte. Eine, hauptsächlich als Folge der bedenkenlosen Kriegsfinanzierung, schier ins unermeßliche aufgeblähte Geldfülle machte alle Ansätze zu einer vernünftigen Währungs- und Finanzpolitik zunichte. Durch totale Bewirtschaftung, Preis- und Lohnstop konnte die äußere Ordnung zwar mühsam aufrechterhalten werden, doch waren alle Versuche, der preisgestoppten Inflation Herr zu werden, zum Scheitern verurteilt und die Wirtschaft in den primitiven Zustand des Tauschhandels zurückgefallen.

In dieser ausweglos erscheinenden Lage wurde Ludwig Erhard am 2. März 1948 zum Direktor der Verwaltung für Wirtschaft des Vereinigten Wirtschaftsgebietes gewählt. Nach seiner Amtsübernahme legte er sein wirtschaftliches Programm vor, das geschlossene Konzept seiner auf Freiheit und Verantwortung begründeten Wirtschaftspolitik.

38

Dem Wunsche dieses Hohen Hauses nach Darlegung eines wirtschaftspolitischen Programmes komme ich um so bereitwilliger nach, als in dieser – wie ich glaube – für unser Volk und unsere Wirtschaft entscheidenden Stunde, da sich völlig neue Perspektiven der Entwicklung abzeichnen, der Wirtschaftsrat schon bald vor so schwere und verantwortungsvolle Entscheidungen gestellt sein wird, daß nur die Klarheit der wirtschaftspolitischen Zielsetzung fruchtbare Arbeit und Erfolg verbürgen kann.

Wenn je seit dem Zusammenbruch die schon so viel und so oft getäuschte Hoffnung auf einen neuen Beginn unseres gesellschaftswirtschaftlichen Lebens berechtigt war, dann gilt das für den Augenblick, da wir selbst bei nüchterner realpolitischer Betrachtung darauf vertrauen dürfen, daß unsere nach einer sorgfältig abgewogenen Währungsreform wieder rechenhaft werdende Wirtschaft durch die ihr aus der Marshallplanhilfe zufließenden Mittel und deren ökonomisch richtigen Einsatz eine nachhaltige und stetige Belebung erfahren wird.

So steht also die deutsche Wirtschaftspolitik heute und für die nächste Zukunft unter dem Aspekt zweier großer Entscheidungen, der Währungsreform und der Aktivierung des Marshallplans. Ich sage trotz der tragischen Aufsplitterung der deutschen Wirtschaft in Zoneneinheiten und trotz der daraus erwachsenden verhängnisvollen soziologischen und politischen Wirkungen »deutsche Wirtschaftspolitik«, weil uns im Vereinigten Wirtschaftsgebiet zweifellos das Herz- und Kernstück einer deutschen Wirtschaft zu verwalten anheimgefallen ist. Wir dürfen uns deshalb auch als Sachwalter des deutschen Volkes fühlen, wenn wir unsere Kraft einsetzen wollen, auch innerhalb der uns von außen gesetzten Begrenzung eine Wirtschaft aufzubauen, die in engster Verbindung mit der übrigen Welt – und gerade dank einer solchen Verflechtung – ihrer eigentlichen und letzten Zielsetzung, nämlich der Wohlfahrt eines friedlichen Volkes zu dienen, nachzukommen in der Lage sein wird.

Ich sage »deutsche Wirtschaftspolitik« aber auch deshalb, weil ich mich damit gegen die oft gehörte, bequeme Auffassung wenden möchte, als wären wir durch die Einschränkung unserer Entscheidungsfreiheit auf manchen Gebieten zugleich auch der Verantwortung für unser künftiges Schicksal enthoben. Das Gegenteil ist der Fall, denn je mehr Hemmnisse sich unserem Verlangen nach einer Existenzsicherung unseres Volkes entgegenstellen, desto größer müssen unsere Anstrengungen sein, desto mehr werden wir an Mut und Überzeugungskraft aufzubringen, an Einsicht und Erfahrung zu vermitteln haben, um in einer Atmosphäre unerschütterlichen Vertrauens in die Lauterkeit unserer Ziele und die Reinheit unseres Wollens das vollenden zu können, was dann als deutsche Wirtschaftspolitik angesprochen zu werden verdient.

Wenn ich dieses Amt übernahm, so geschah es in dem Bewußtsein, daß in unserer Lage weder die gemeine Erfahrung noch Verwaltungsroutine zur Meisterung der anstehenden Probleme ausreichen, sondern daß nur die aus praktischer Erfahrung und wissenschaftlicher Erkenntnis fließende tiefere Einsicht in die sehr komplexen gesellschaftswirtschaftlichen Zusammenhänge dazu befähigen kann, in dem sich vollziehenden, weitgreifenden Strukturwandel das scheinbar regellose und willkürliche, das vielleicht sogar chaotisch anmutende Geschehen zu entwirren und sinnvoll zu ordnen.

Der materielle Verfall unserer Wirtschaft und die daraus resultierende soziale Not liegen so offen zutage, daß es nur einen frommen Selbstbetrug bedeuten würde, in den seit 1945 erreichten geringen Produktionsbelebungen den Beginn einer wirklichen Gesundung zu erblikken. Wohl wurden durch planmäßige Konzentration der Energien auf bestimmte Schwerpunkte einzelne Grundstoffindustrien gefördert und bestehende Engpässe gemildert, aber durch diese Vereinseitigung unserer volkswirtschaftlichen Arbeit trat auch zugleich die Disharmonie in der wirtschaftlichen Struktur immer fühlbarer und störender in Erscheinung. So sinnvoll es nach logisch rationalen Erwägungen sein mag, den Aufbau mit der Wiederherstellung und Erneuerung des sachlichen Produktionskapitals zu beginnen, um der menschlichen Arbeit eine hohe Ergiebigkeit zu verleihen, so irreal ist doch auch diese Politik, wenn sie demgegenüber die menschliche Arbeit – oder besser den arbeitenden Menschen –, als nur sachlichen Produktionsfaktor wertend, auf längere Sicht völlig vernachlässigen zu können glaubt.

In diesen Fehler drohten wir aber zweifellos mehr und mehr zu verfallen, und es ist deshalb nach meiner Überzeugung hohe Zeit, das Steuer herumzuwerfen und durch eine ebenso planvolle Förderung der Verbrauchsgütererzeugung die noch stärker heruntergewirtschaftete menschliche Arbeitskraft zu höherer Leistung zu bringen. Die Versorgung der arbeitenden Bevölkerung mit Verbrauchsgütern und ausreichender Ernährung bedeutet in unserer Situation nur eine besondere Spielart produktiver Investition; aus diesem Grunde schien es mir auch berechtigt, Kredite für Nahrungsmittelimporte nicht als Konsumtiv-, sondern als Produktiv-Kredite rangieren zu lassen. Wenn es dahin gekommen ist, daß z.B. 90 Prozent der im Jahre 1936 Beschäftigten nur 40 Prozent der damaligen güterwirtschaftlichen Leistung erzielen, wenn also der fast volle Einsatz der verfügbaren Arbeitskraft nur noch den Bruchteil einer normalen Leistung erbringt, dann ist der Volkswirtschaft mit einer Steigerung der menschlichen Arbeitsleistung viel mehr gedient als mit einer einseitigen Verbesserung des Produktivkapitals. Dann müssen selbst nüchterne kaufmännische Überlegungen zu der Einsicht führen, daß dieser letzterwähnte Weg der wirtschaftlichere, ich möchte fast sagen, der billigere ist.

Um wieviel größer und zwingender ist aber diese Verpflichtung, wenn wir uns dessen eingedenk sind, daß die Wirtschaft nicht als seelenloser Mechanismus zu begreifen ist, sondern daß sie von lebendigen Menschen mit höchst individuellen Wünschen und Vorstellungen getragen wird und daß gerade angesichts der Schwere unserer Not die verhängnisvollen sozialen und politischen Wirkungen unausbleiblich sein müßten, wenn wir noch länger vergäßen, daß der letzte Zweck allen Wirtschaftens nur der Verbrauch sein kann. Wenn ich also auch keineswegs in die Fehler einer Einseitigkeit nach der anderen Richtung verfallen möchte und mir bewußt bin, daß eine zu starke Vernachlässigung der Erhaltung des Sachkapitals den Wiederaufbau verzögern müßte, so ist es doch unerläßlich, das Gewicht mit großer Entschiedenheit zu verlagern, um erst wieder einen natürlichen Ausgleich und eine organische Entsprechung herbeizuführen.

Diese Umstellung unserer Wirtschaftspolitik erweist sich aber auch aus währungspolitischen Gründen als notwendig, denn bis zu dem Zeitpunkt der Reform ist jeder Aufwand für Kapitalbildung und -erneuerung, besonders soweit dafür flüssige Mittel aus der Vergangenheit mobilisiert werden, einer immerhin weitgehenden Enteignung aller Nominaleinkommen aus laufender Arbeit gleichzuachten, weil angesichts der Begrenztheit unserer ökonomischen Mittel und der eine Neukapitalbildung ausschließenden Steuerpolitik jeder Kapitalaufwand nur durch einen unsichtbar erzwungenen Verzicht auf Konsum getätigt werden kann. Die Fortführung dieser Übung würde zu sozialpolitisch und moralisch gleichermaßen unhaltbaren Konsequenzen führen und könnte die private Wirtschaft auch dann nicht von dem Vorwurf einseitiger Bereicherung freisprechen, wenn diese Wirkung ohne individuelle Schuld und Absicht zustande käme. Diese Politik ist aber auch volkswirtschaftlich nicht zu vertreten, weil sie heute mangels jedes sichtbaren sicheren Maßstabes für die Wirtschaftlichkeit und die zukünftige volkswirtschaftliche Nützlichkeit einer Investition ins Blinde stößt und deshalb nur zu leicht mit dem Odium belastet wird, daß dem Streben nach Kapitalanlage nicht Wirtschaftlichkeitsüberlegungen, sondern die Absicht einer Flucht in Sachwerte zugrunde liegen. Entscheidend ist, daß einem notleidenden und seelisch an den Rand der Verzweiflung gebrachten Volk nach immer wieder enttäuschten Hoffnungen nicht länger Arbeit ohne Gegenleistung, Nominallohn ohne realen Inhalt zugemutet werden kann und politisch auch nicht zugemutet werden darf. Aber auch im Hinblick auf die Zukunft, d.h. also im besonderen auf die Zeit nach der Währungsreform, gebieten es Klugheit und Einsicht, jene Umstellung der industriellen Erzeugung nicht erst dann in Angriff zu nehmen, wenn es sich mit unausweichlicher Folgerichtigkeit zeigt, daß für eine Übergangszeit privates Geldkapital zu Investitionszwekken nicht zur Verfügung steht. Darüber wird später noch mehr zu sagen sein.

Aus all den dargelegten Gründen möchte ich Ihrer Zustimmung sicher sein dürfen, wenn ich in dieser schlechthin entscheidenden Frage der Industriepolitik richtungsmäßig die Ihnen aufgezeigten Ziele verfolge, um so mehr, als ich mir dabei bewußt bin, daß uns nicht nur volkswirtschaftliche, sondern vor allem soziale Notwendigkeiten zwingen, diesen Weg zu beschreiten. Die starke Position der Rhein-Ruhr-Industrie darf in dem engeren Bereich der Vereinigten Zonen nicht zu einer Überbewertung der dort heimischen Industriesektoren und zu einer immer stärkeren einseitigen Forcierung gerade dieser schwerindustriellen Zweige führen. Diese werden kraft ihres Eigengewichtes immer ihre Bedeutung behalten, aber deren bevorzugte Förderung zu Lasten unserer Veredelungs- und Fertigwarenindustrie würde eine Verleugnung bester deutscher Tradition bedeuten und gerade jene spezifisch deutsche Begabung brachlegen, die im friedlichen Warenaustausch der Völker die in Geschmack und Qualität hochwertige deutsche Fertigware zu einem in der ganzen zivilisierten Welt begehrten Gut werden ließ und die auf lange Sicht wohl auch unsere künftigen Exportchancen begründet. Man wird mich auch im Falle der Zustimmung mit Recht fragen, ob die von mir angestrebte Belebung der Konsumgüterindustrie einmal so kräftig sein wird, daß eine fühlbare Besserung der Versorgung zu erwarten ist, und ob zum andern Vorsorge für eine vollständige und gerechte Verteilung getroffen werden kann, die das Übel der Kompensation ausschließt und die Auswüchse der Warenhortung unmöglich macht. Die Antwort darauf ist ohne Bezugnahme auf unsere währungspolitischen Verhältnisse und die daraus resultierenden Zustände nicht zu geben. Es wäre völlig falsch, diese Mißstände zu beschönigen und entgegen der Wirklichkeit um uns den Eindruck erwecken zu wollen, als würden die bestehenden Bewirtschaftungsanordnungen den reibungslosen Fluß der Güter vom Rohstoff bis zur Fertigware, von der Urerzeugung bis zum letzten Verbraucher sicherstellen; aber es wäre nach meiner Überzeugung ebenso falsch, den etwaigen Lücken und Fehlern dieser Direktiven die Schuld beizumessen, und es würde darüber hinaus völlig abwegig sein, nach den schuldigen Personen und Personengruppen fahnden zu wollen. Nicht, daß ich sagen möchte, es liegen keine Fehler vor oder es würden nicht auch verantwortungslose Handlungen begangen werden – solche Mißstände sind zweifellos gegeben, aber sie berühren nicht den Kern der Dinge, und darum ist aus dieser Wurzel allein das Übel nicht zu heilen. Es gilt vielmehr zu erkennen, daß der Tatbestand der preisgestoppten Inflation in seinen Auswirkungen nicht weniger schädlich und verhängnisvoll ist als eine offene Inflation; ja er ist in mancher Hinsicht noch bedenklicher, weil er Ursachen und Wirkungen nicht klar genug erkennen läßt und weil der Masse des Volkes die Zusammenhänge nicht bewußt werden. Für den arbeitenden Menschen aber bedeutet es keinen Unterschied, ob seine Kaufkraft zur Erlangung von begehrten Gütern bei inflationistischer Preisbildung nicht ausreicht oder ob er zwar über die Kaufkraft verfügt, das im Verhältnis zur Nachfrage aber völlig unzureichende Sozialprodukt die Abdeckung verhindert. Fast ist es ein Wunder zu nennen, und es zeugt für das hohe Maß an Disziplin unseres Volkes, daß die Regulative der Bewirtschaftung und des Preisstops das wirtschaftliche Gefüge und die äußere Ordnung noch so lange aufrechterhielten; aber auf dieser Grundlage eine lückenlose Bewirtschaftung und dazu noch eine gerechte Verteilung erwarten zu wollen, würde voraussetzen, daß hier nicht Menschen, sondern Engel und Götter handelnd am Werke sind.

Diese Darlegungen bedeuten keine billige Entschuldigung für ein Versagen; aber wenn Sie sich vergegenwärtigen, daß unsere Wirtschaft infolge des fortdauernden Währungschaos jedes Wert- und Vergleichmaßstabes beraubt ist, daß wir bei jedem Kauf und Verkauf mit inkommensurablen Wertgrößen operieren und uns ständig auf dem Boden von Fiktionen bewegen, wenn Sie sich darauf besinnen, was es bedeutet, eine hochentfaltete, moderne Geldwirtschaft auf die Verkehrssitten einer primitiven Tauschwirtschaft reduzieren zu sollen, dann bedarf es wirklich nicht mehr der Suche nach Sündenböcken, sondern es bedarf – und das ist zwingend – der Wiederherstellung geordneter Geldverhältnisse. Nur durch dieses Mittel allein ist wieder eine wirtschaftliche Ordnung sicherzustellen.

Diese Forderung auch von dieser Stelle mit allem Ernst und Nachdruck zu erheben, erachte ich als eine unabweisbare Pflicht, und ich möchte dazu mit allem Nachdruck betonen, daß zusammen mit den materiellen Hilfen – deren Nutzen unter den bestehenden Verhältnissen nie voll ausreifen kann – uns vor allem die Rückgewinnung der unentbehrlichen Grundlage einer geordneten Währung not tut, weil erst dann ein sinnvoller Einsatz von Arbeit, Kapital und Material nach wirtschaftlichen und sozialen Grundsätzen möglich wird. Wenn ich eingangs sagte, daß unsere Wirtschaftspolitik heute unter dem Zeichen der Währungsreform und der Marshallplanhilfe zu betrachten wäre, so sei dem hinzugefügt, daß beide Elemente der wirtschaftlichen Wiedergesundung auch zeitlich zusammenstimmen und zusammenwirken müssen, um den Erfolg zu verbürgen.

Als Direktor der Verwaltung für Wirtschaft aber habe ich mich nicht mit Erkenntnissen als Selbstzweck zu begnügen und darf vor allem daraus nicht die Rechtfertigung ableiten, bis zum Vollzug der Währungsreform, der nicht in unserer Hand liegt, der Entwicklung tatenlos zuzusehen. Wenn ich jedoch weiß – und wer täte das heute nicht –, daß unter den hinlänglich charakterisierten Gegebenheiten keine Wirtschaftsbehörde es mit dem

System der totalen Bewirtschaftung dahin bringen kann, der Vielzahl von industriellen, handwerklichen und bäuerlichen Betrieben zu dem jeweils erforderlichen Zeitpunkt in richtiger Menge und in geeigneter Qualität die vieltausendfachen Arten von Roh- und Hilfsstoffen, von Arbeitskräften und Produktionsmitteln zuzuweisen, eine wirksame Kontrolle über die vorgeschriebene Anwendung dieser Mittel und über Preisbestimmungen durchzuführen, den reibungslosen Durchlauf der in der Fertigung begriffenen Güter durch alle Stufen der Erzeugung und des Handels wirkungsvoll zu überwachen und dazu noch die Garantie für eine lückenlos funktionierende und nach sozialen Grundsätzen gerechte Verteilung zu übernehmen, dann werden Sie mir, wie ich hoffe, zustimmen, daß ich meine Aufgabe nicht darin erblicken kann, dieses System der totalen behördlichen Zwangswirtschaft noch zu verfeinern, d. h. in diesem Falle zu verschärfen. Ich will vielmehr umgekehrt überall dort und dann neue Wege und Mittel der Auflockerung anzuwenden suchen, wo dieses Verfahren nicht eine Gefährdung, sondern eine Verbesserung der Ordnung erwarten läßt.

Als eine Verbesserung würde ich es allerdings auch ansehen, wenn auf dem Gebiete der Bewirtschaftung für die Zukunft behördliche Maßnahmen unterblieben, deren Befolgung der Wirtschaft nach logischem und ökonomischem Ermessen nicht zugemutet werden kann.

Die Fiktion einer totalen Bewirtschaftung aufrechterhalten zu wollen, wenn um uns zwar überall, aber schädlicherweise – nach Ländern und Betrieben noch höchst individuell – die Kompensation üppigste Blüten treibt, kann im Ergebnis nur zu einer weiteren Unterhöhlung der Moral, zu einer stillschweigenden öffentlichen Sanktionierung ungesetzlicher Handlungen und einer Untergrabung der Staatsautorität führen oder – was gleich schlimm ist – die Behörde der Lächerlichkeit preisgeben. Hier muß der Grundsatz gelten, daß ein Optimum wirklich zu erreichen besser ist, als ein Maximum erzwingen zu wollen. Niemand gebe sich mehr der Täuschung hin, daß in diesem Stadium der Entwicklung und besonders noch vor einer Währungsreform kategorische Imperative und selbst härteste Strafen die strikte Einhaltung staatlicher und moralischer Gesetze noch zu gewährleisten vermöchten, wenn diese nicht mindestens die Chance der Existenzerhaltung bieten.

Dieses Problem berührt und betrifft in Abwandlungen nahezu alle Schichten unseres Volkes und kann, wie alle sozialen Gefahren, heute wirksam nur noch durch eine baldige Währungsreform überwunden werden. Ich bin indessen in Fühlungnahme mit der BICO gerade dabei, Fragen der Auflockerung der Bewirtschaftung auch in der Richtung zu prüfen, ob es nicht einer sinnvollen Funktionenteilung entspricht, wenn sich die Behörde lediglich auf die hoheitlichen Aufgaben der Bewirtschaftung beschränkt und wie bisher in den Fach- und Länderausschüssen die

Rohstoff-, Material- und Produktionsplanung vornimmt, dann aber die rein technische Manipulation und Kontrolle der Bewirtschaftung – selbstverständlich wieder unter der Aufsicht der Behörde – ähnlich wie beim Handwerk den Selbstverwaltungsorganen der Wirtschaft überträgt. Ohne diese Gedanken, die in einem demnächst vorzulegenden Gesetz über die wirtschaftlichen Verbände ihren Niederschlag finden sollen, hier noch weiter vertiefen zu wollen, sei doch schon darauf hingewiesen, daß mir dieser Weg die fachmännische Behandlung sicherzustellen scheint, daß die Teilung der Verantwortung der Zusammenarbeit zwischen Verwaltung und Wirtschaft und damit einer Befriedigung des wirtschaftlichen Lebens förderlich sein wird und durch die demokratische Selbstkontrolle innerhalb der Verbände ein Höchstmaß an Objektivität erwarten läßt.

Bei einer klaren Trennung der Aufgaben läßt sich dabei die Begründung von Machtpositionen durchaus vermeiden, und vor allem eröffnet sich hier dann endlich ein Weg, um der Aufblähung der Wirtschaftsverwaltungen hier und in den Ländern erfolgreich Einhalt zu gebieten. Daß diese Reduktion im Hinblick auf die künftigen Sorgen um den Ausgleich der öffentlichen Haushalte unbedingt notwendig ist und daß allein schon aus diesem Grunde eine Reorganisation Platz greifen muß, wird niemand bezweifeln wollen.

Welche Mittel aber auch immer versucht werden, um die Wirksamkeit der Bewirtschaftung und damit auch die Versorgung zu verbessern, so wird solchen Anstrengungen im Augenblick doch immer nur ein partieller Erfolg zuteil werden können. Zugegeben, daß die Umstellung von Hersteller- auf Endverbraucherkontingente mancherorts eine wesentliche Verbesserung bedeutet, daß die gerade jetzt durchgeführte Vereinheitlichung der Bewirtschaftungssysteme für die amerikanische und britische Besatzungszone manche bedenklichen Lücken schließt und daß sich insbesondere mit einer besseren Rohstoffversorgung der Wirtschaft die natürlichen und künstlichen Stauungen im Güterfluß in gewissem Umfange von selbst auflösen – eine wirklich gesunde wirtschaftliche Grundlage werden wir, wie die Erfahrungen des Alltags uns immer wieder lehren, durch dieses Flicken und Verstopfen der brüchig gewordenen Dämme oder mehr noch durch das Herumkurieren an den Symptomen nicht zurückgewinnen.

Das deutsche Volk weiß heute aus mancherlei Verlautbarungen, daß eine Währungsreform wohl in nicht mehr allzu ferner Zeit zu erwarten steht; und deshalb sind es nicht immer nur amoralische Triebe, sondern es ist oft mehr die Lebensangst, die den vor einer scheinbar undurchsichtigen Zukunft stehenden Menschen zu Handlungen veranlaßt, die unsere so sehr geschwächte Wirtschaft noch weiter lähmen und die sozialen und politischen Gegensätze noch stärker aufreißen. Um so wichtiger erscheint

es mir, zu jenem viel erörterten Thema »Währungsreform« unter wirt-
schaftspolitischem Aspekt hier etwas Grundsätzliches zu sagen.

Vorweg das eine: Sie bedeutet nicht eine Geißel, die das Maß der
Prüfungen vollmacht. Diese Reform wird wohl allen immer noch vorhandenen Illusionen ein jähes Ende setzen und die harten Realitäten unseres
gesellschaftswirtschaftlichen Lebens mit aller Deutlichkeit und, wenn Sie
wollen, auch mit aller Brutalität aufdecken. Aber dieser Prozeß trägt in sich
zugleich die heilenden Kräfte, schafft die Grundlagen für eine neue Ordnung und die nützliche Anwendung unserer Arbeit und gibt dieser damit
wieder Sinn und Inhalt. Daß eine Währungsreform mehr sein muß als eine
nur finanzwirtschaftliche oder gar nur finanztechnische Operation, daß sie
den wirtschaftlichen und sozialen Erfordernissen in gleicher Weise Rechnung zu tragen hat, ist gerade auch von seiten des Wirtschaftsrates oft und
unmißverständlich betont und gefordert worden. Ich bin der Meinung,
nein, ich bin der Überzeugung, daß diese drei Elemente der Aktion nicht
miteinander in Widerspruch stehen und mit verkrampften Konstruktionen
zusammengehalten werden müßten, sondern daß sie ein organisches
Ganzes bilden, das nicht zu zerstören allen am Herzen liegen muß, die um
der Zukunft unseres Volkes willen eine wirkliche Gesundung unseres
gesellschaftswirtschaftlichen Lebens wollen.

Jene finanzwirtschaftliche Operation wäre – als isolierte technische
Maßnahme betrachtet – eine relativ simple Aufgabe, aber diese zahlen-
mäßig glatte Rechnung ginge ohne Rücksichtnahme auf die sozialen Erfordernisse und wirtschaftlichen Möglichkeiten eben doch nicht auf. Der
Zusammenhang ist unlösbar, aber gerade deshalb, gerade weil die Währungsbereinigung anders als bei sonstigen Teilreformen alle Bereiche des
Lebens einer Nation berührt und erfaßt, ist die verantwortliche deutsche Mitarbeit nicht nur an den technischen Aufgaben, sondern an den
Grundlegungen unerläßlich. Es ist meine feste Überzeugung – ihr habe ich
als Vorsitzender der Sonderstelle Geld und Kredit Gestalt zu geben versucht, und ich will diese Überzeugung auch in meinem jetzigen Amte mit
dem größten Ernst wahren –, daß die in der Währungsreform sichtbar
werdenden, unabdingbaren Opfer nur dann nicht zur Auflösung der sozialen Ordnung treiben, wenn sie eine gerechte Umlegung erfahren, wenn
der ehrliche Wille zu einem Lastenausgleich mit der Reform auch zur Tat
wird.

Ich versichere Ihnen, alles in meinen Kräften Stehende zu tun, um
innerhalb meines Wirkungsbereiches jeden Versuch, sich diesem Gebot
entziehen zu wollen, zunichte zu machen.

Der Prozeß dieses Ausgleichs hängt, vor allem hinsichtlich des zeitlichen Ablaufs, selbstverständlich weitgehend von der Technik und dem
materiellen Inhalt der Währungsreform ab. Sicher aber ist das eine, daß

die Lösung nicht in der Aufteilung der Masse, sondern wesentlich in einer dem Ausgleichsgedanken Rechnung tragenden Verteilung der gesamten volkswirtschaftlichen Erträge gefunden werden muß. Der Lastenausgleich bewirkt somit unbeschadet der Möglichkeit eines realen Besitzausgleiches im Grundsatz eine Andersverteilung des Volkseinkommens bzw. des Sozialproduktes. Gerade deshalb aber wird ein Erfolg um so sicherer, rascher und nachhaltiger erzielt werden können, je besser es uns gelingt, unsere Wirtschaft aus der Lethargie zu befreien und nach dann wieder möglichen wirtschaftlichen Grundsätzen die Erzeugung stetig auszuweiten. Nicht in der Nivellierung des Mangels und der Not, sondern in der gerechten Verteilung eines mählich wachsenden Wohlstandes muß das Heil gesucht und gefunden werden.

Wer sich der Bedeutung der Währungsreform bewußt ist und erkannt hat, wie geradezu schicksalhaft unsere Zukunft von deren Erfolg abhängt, der kann nur wünschen, daß sie von dem Mut zur Konsequenz getragen ist, das heißt eine Regelung setzt, die die wirtschaftliche und soziale Zukunft unseres Volkes nicht mit den Sünden der Vergangenheit belastet, sondern alle Störungselemente einer Wiedergesundung ausschaltet und so zuletzt gewährleistet, daß das aus neuer, ehrlicher Arbeit fließende Einkommen im Markte wieder volle güterwirtschaftliche Deckung findet. Diese nach landläufiger Auffassung harte Lösung ist nach meiner festen Überzeugung zugleich die sozialste, wenn sie nur für die nicht arbeits- oder einsatzfähigen Menschen die notwendigen sozialen Hilfen vorsieht. Es ist kaum mehr als ein Irrtum, sondern vielmehr als eine bewußte Irreführung zu bezeichnen, wenn in deutlich agitatorischer Absicht dem Volke vorzugaukeln versucht wird, als stünde es in der Macht oder dem guten Willen einzelner Menschen oder Gruppen, die Folgen dieser unseligen Erbschaft, die Verbrechen des nazistischen totalitären Systems ungeschehen zu machen, oder wenn gar der Eindruck erweckt wird, als sollte die Währungsreform dazu dienen, die Armen noch ärmer, die Reichen aber noch reicher werden zu lassen. Das deutsche Volk mag gewiß sein, daß solche Verbrechen sich nicht ereignen werden.

So positiv die Währungsreform als Voraussetzung einer wieder gesunden Wirtschaft und der wieder sinnvoll anzuwendenden Arbeit auch zu bewerten ist, so wird sie doch auch – dessen bin ich mir nur allzu bewußt – große Härten auftreten lassen und Strukturumschichtungen von weittragender Bedeutung im Gefolge haben. Wir werden auch dann erst zu ermessen vermögen, welche krankhaften Verzerrungen unsere Wirtschaft durch die artfremde Ausbeutung und die asoziale Zielsetzung eines totalitären Regimes erfahren hat.

Ich erachte es aus diesem Grunde als unerläßlich, daß sich der Wirtschaftsrat schon in nächster Zeit mit den zu erwartenden wirtschaftlichen und sozialen Folgen auseinandersetzt, und erblicke für meine Verwaltung meine Aufgabe im besonderen auch darin, in vorbeugender Planung Mittel und Wege zur Begegnung und Überwindung solcher Folgeerscheinung zu ersinnen.

Lassen Sie mich Ihnen auch in großen Zügen die mutmaßliche Entwicklung aufzeigen, weil nur aus dieser Einsicht heraus die Wirtschaftspolitik von morgen zweckmäßig zu gestalten sein wird. Sie mögen daraus erkennen, daß ich durchaus keinem rosaroten Optimismus huldige, sondern mir der Schwere der Aufgaben nur zu bewußt bin.

Entgegen der bisher geübten Großzügigkeit in allen finanziellen Dingen wird die Währungsreform zunächst eine erhebliche Schockwirkung ausüben, die vielleicht sogar zu überängstlichen Dispositionen führen mag. Fast verlorengegangene Wirtschaftlichkeitserwägungen werden wieder zum bestimmenden Faktor des Handels werden, und man wird wieder sorgfältig zu kalkulieren beginnen. Nur die unmittelbar produktiven Kräfte können mit ungestörter Fortführung ihrer Arbeit rechnen, während alle Verrichtungen außerhalb dieser Sphäre tendenziell allmählich eine Zurückdrängung erfahren werden. Darüber hinaus ist aus bisher unsichtbaren Quellen ein Zustrom zum Arbeitsmarkt, vor allem auch von weiblichen Personen, zu erwarten, ohne daß angesichts der bestehenden Unübersichtlichkeit genaue Schätzungen nach dieser Richtung möglich sind. Das Reservoir der Arbeitsuchenden wird noch Verstärkung erfahren aus dem Bereiche des Handels und der öffentlichen Verwaltungen, während das Handwerk das Volumen seines Arbeitseinsatzes, wenn auch mit inneren Verschiebungen, mutmaßlich wird behaupten können.

Wenn wir weiter in Rechnung stellen, daß angesichts des mindestens vorübergehend vorherrschenden Kapitalmangels für den Kapitalgütersektor der Industrie die Gefahr einer vielleicht nicht einmal unerheblichen Schrumpfung und dann auch der Freisetzung von Arbeitskräften ins Auge gefaßt werden muß, dann zeichnet sich in einer solchen Entwicklung nicht nur eine Strukturumschichtung, sondern auch das Phänomen einer latenten Arbeitslosigkeit ab, die es unter Berücksichtigung der Beengtheit der öffentlichen Haushalte mit allen Mitteln aufzufangen gilt. Das Ziel bleibt die Unterbringung aller freien Kräfte in der gewerblichen Wirtschaft und hier wieder besonders in der gütererzeugenden Sphäre; aber es wird von der Größenordnung dieser Erscheinung und von der Ausweitungsmöglichkeit unserer gewerblichen Produktion abhängen, ob auf solche Weise eine völlige Aufsaugung gelingen kann. In jedem Falle müssen im Zusammenwirken mit der jetzt konstituierten Arbeitsbehörde vorbeugend Unterbringungsprogramme entwickelt werden, die den materiellen, sozialen und finanziellen Gegebenheiten der Volkswirtschaft Rechnung tragen. Wenn auch mit der unerläßlichen Verbesserung der deutschen Arbeitsleistung tendenziell eine Reduzierung der Beschäftigtenzahl verbunden ist, so darf doch dank der durch die Erhöhung der Rohstoffeinfuhren erzielbaren Produktionsausweitung damit gerechnet werden, daß hier sogar eine Überkompensation Platz greift, so daß der Marshallplan den doppelten Vorteil sowohl der individuellen als auch der gesamtwirtschaftlichen Leistungssteigerung zeitigen würde. Die Wirtschaftspolitik muß im Hinblick auf eine möglichst konstante und volle Beschäftigung dahin zielen, zwischen dem mengenmäßigen Produktionsvolumen auf Grund der Rohstoffverfügungen, den vorhandenen Arbeitsplatzkapazitäten und der Leistungseffizienz der menschlichen Arbeit eine jeweils harmonische Entsprechung sicherzustellen. Weil hier jede Diskrepanz zu schweren sozialen Störungen führen müßte, ist diesen Gegebenheiten insbesondere in der Gestaltung der Einfuhr und der Ausrichtung der Industriepolitik Rechnung zu tragen.

Die angenommene Schwerpunktverlagerung von der Produktionsmittel- auf die Verbrauchsgüterindustrie wird auch von der Geld- und Kreditseite her erzwungen werden. Die Sorge um hinreichende Bereitstellung von Betriebsmittelkrediten zur Fortführung der laufenden Produktion und zur Sicherung des Absatzes ist zwar verständlich, aber insofern doch nicht begründet, als währungspolitische Bedenken gegen die Einräumung kurzfristiger Warenumschlagskredite nicht bestehen und sie darum vor allem in der Form des Handelswechsels mobilisiert werden können. Demgegenüber sind der Gewährung von Komsumtiv- und Investitionskrediten, so wie langfristigen Krediten überhaupt, deshalb sehr enge Grenzen gezogen, weil beide trotz ihrer verschiedenartigen ökonomischen Beurteilung zunächst die gleiche Wirkung einer zusätzlichen, ungedeckten Nachfrage auf den Konsumgütermärkten auslösen. Es kann trotz der unbedingt notwendigen Steuerreform angesichts der unabdingbaren, hohen Belastung der Einkommen auch nicht erwartet werden, daß die deutsche Wirtschaft aus eigener Kraft zu rascher und ins Gewicht fallender Kapitalanreicherung befähigt wäre. Es wird vielmehr bereits erheblicher Anstrengungen bedürfen, dem weiteren Verschleiß unseres volkswirtschaftlichen Kapitals Einhalt zu gebieten; denn trotz der zu erwägenden Anreize zur Stärkung des Sparwillens unseres Volkes wird die materielle Lage solchen Zielen für die Übergangszeit noch relativ enge Grenzen setzen. Wenn sich also nach diesem Bild für große Kapitalinvestitionen nur sehr geringe Chancen zu bieten scheinen, so wird aus dieser Situation das für kleinere Kapitalaufwendungen in Frage kommende Handwerk Nutzen ziehen. Es wird darum dafür Sorge zu tragen sein, daß dieses durch größere Bereitstellung von Bau- und Reparaturmaterial in die Lage versetzt wird, sowohl im Erzeugungssektor als auch in der Hauswirtschaft einem weiteren Verfall des Wohnraumes, aber auch der Produktions- und Gebrauchsgüter bis tief in die private Haushaltssphäre hinein, erfolgreich Einhalt zu gebieten.

Wenn hier gezeigt werden konnte, daß sich sowohl von der Geld- und Kreditseite als auch von der Nachfrageseite her eine starke Konzentration der Energien auf die Verbrauchsgüterproduktion vollziehen wird, so fällt auch bei dieser Entwicklung dem Handwerk eine bedeutsame Funktion zu. Auf der einen Seite wird die Dringlichkeit und Massenhaftigkeit des aufgestauten Bedarfs zur industriewirtschaftlichen Serienanfertigung typisierter und normierter Gebrauchs- und Verbrauchsgüter drängen, während auf der anderen Seite das Handwerk berufen erscheint, der dadurch drohenden Schablonisierung und Kollektivierung des Verbrauchs durch individuellere Gestaltung und Prägung des Werkstoffes zu steuern und zu seinem Teil wieder etwas von der Buntheit und Vielfältigkeit des Lebens in den Verbrauch hineinzutragen. Allein der Materialmangel wird die deutsche Wirtschaft zwingen, beide Fertigungsarten nebeneinander gleichermaßen zu pflegen.

Aber auch im Bereiche des Handels wird eine Währungsreform einschneidende Wirkungen zeitigen. Es kann keinem Zweifel unterliegen, daß dieser Berufsstand, der in wesentlichen Teilen die außerordentlich wichtige volkswirtschaftliche Funktion zu erfüllen hat, die rohstofforientierte, stark spezialisierte Fertigung zu Verbrauchssortimenten zusammenzufassen und in optimaler Weise an den letzten Verbraucher heranzutragen, von dem Verfall unserer Wirtschaft besonders stark in Mitleidenschaft gezogen wurde. In gewissen Kreisen herrschte die durchaus irrige Vorstellung, als ob diese Tätigkeit nicht die mindesten fachlichen Voraussetzungen erfordere und neben dem zeitbedingten Vorteil der Verfügung über Ware eine sichere Existenz gewährleistet. So kam es auf diesem Felde zu Lasten des bewährten, zünftigen Handels zweifellos zu einer Übersetzung, die nach meiner Überzeugung durch die Währungsreform außerordentlich rasch aufgesogen sein wird. Dabei werden mit Gewißheit jene Elemente ausgeschaltet, die hier eine bequeme Konjunktur ausnutzen zu können glaubten. Angesichts des beschränkten Umsatzvolumens und der geringen Differenziertheit unseres Sozialproduktes wird der Handel in vielen Bereichen bei voller Anerkennung seiner volkswirtschaftlichen Bedeutung um seine Existenzerhaltung zu ringen haben und vor entscheidende Aufgaben der Rationalisierung und der inneren Organisation gestellt sein. Die Währungsreform wird dem ungesunden Prozeß einer tendenziellen Zunahme händlerischer Betätigung bei gleichzeitig schwindendem Sozialprodukt ein Ende setzen. Vergessen wir es aber nicht, daß die Vielgestaltigkeit der Handelseinrichtungen eines Landes ein besonders prägnantes Spiegelbild seiner Wohlfahrt abgibt und daß mit der allgemeinen Erholung unserer Wirtschaft auch der Handel mehr und mehr in seine frühere, bedeutsame Stellung hineinwachsen wird.

Daß die öffentliche Verwaltung, und wenn ich hier im besonderen sagen darf, die Wirtschaftsverwaltung im Zuge der Währungsreform eine starke Reduktion erfahren muß, bedarf keiner Begründung. Hier offenbart sich eine noch krassere Anomalie in der Weise, daß die Bewirtschaftung mit zunehmender Ausweitung der Apparatur immer unwirksamer zu werden droht. Wenn dieser Fehlentwicklung auch bald Schranken gesetzt sein werden, so habe ich doch bereits verfügt, daß eine Kommission aus den besten Sachverständigen dreier Länder eine Überprüfung der Verwaltung für Wirtschaft vornehmlich mit der Zwecksetzung ihrer Reduktion vornehmen wird.

Zusammenfassend darf also wohl behauptet werden, daß die Währungsreform weitgehende Umgruppierungen sowohl hinsichtlich der gewerblichen Struktur als auch der arbeitsmarktpolitischen Verhältnisse mit sich bringen wird, die gerade unter den dann vorherrschenden materiellen und sozialen Bedingungen möglichst rasch zu einem neuen organischen Ausgleich gebracht werden müssen. Eine erfolgreiche Währungsreform – und an eine andere können wir nicht denken – wird alle jetzt noch bequemen Auswege versperren, und es werden sich dann nur noch für volkswirtschaftlich nützliche Leistung und Arbeit Existenzmöglichkeiten eröffnen. Diesen harten, aber einzig möglichen Weg der Gesundung müssen wir endlich beschreiten und alles daransetzen, um den Erfolg nicht zu gefährden.

Aus dieser und nur aus dieser Einstellung und Zielsetzung heraus glaubte ich vor allem auch als Währungssachverständiger geradezu verpflichtet zu sein, meine Bedenken gegen eine über das volkswirtschaftlich berechtigte Maß hinausreichende Entleerung der Läger und gegen die Preisgabe unserer letzten volkswirtschaftlichen Güterreserve anmelden zu müssen. Ich verwahre mich mit dem größten Ernst und mit aller Entschiedenheit auch nur gegen den Schein des Verdachts, als würde ich die Hortung als einen kriminellen Tatbestand billigen oder gar rechtfertigen wollen, und brandmarke als Verleumder alle diejenigen, die sich in dem Bestreben eindeutiger privater Bereicherung auf jene meine Erwägungen berufen zu können glauben. Ich habe deshalb auch in meinem Amte Anweisungen ergehen lassen, daß der Einhaltung der Bewirtschaftungsvorschriften jetzt besonderes Augenmerk zuzuwenden und vor allem dafür Sorge zu tragen sei, daß die aus laufender Produktion fließenden Güter der Versorgung unseres Volkes zugute kommen.

Im Hinblick auf das Gelingen der Währungsreform – und diese Entscheidung fällt in den ersten Monaten nach der Aktion – sollte diese ernste Frage in keinem Falle zum Gegenstand parteipolitischer Agitation herabgewürdigt werden. Ich spreche wieder nicht von der Hortung, wenn ich sage, daß eine radikale Lagerauflösung vor der Reform ungefähr der verhängnisvollste Schritt sein würde, den man sich überhaupt denken könnte: denn damit wäre – bei den derzeitigen Erfahrungen – nicht nur eine Verteilung an die Würdigsten und Bedürftigsten nicht gewährleistet, sondern die verfügungsfreie Kaufkraft müßte auch, trotz Marshallplanhilfe, mindestens für die Dauer eines durchschnittlichen Produktionsumschlags ins Leere stoßen. Je nach dem materiellen Inhalt der Währungsreform wird dieses Problem mit unterschiedlichem Gewicht auftreten; aber es wird in jedem Falle entscheidend sein. Ich habe persönlich deutlich genug bekundet, daß ich den Erlaß eines Enthortungsgesetzes mit einer klareren Umreißung des Tatbestandes für wünschenswert erachte, und hoffe Sie dennoch überzeugen zu können, daß es keinen Widerspruch bedeutet, wenn ich sage, daß ein Überschreiten des kritischen Punktes, d. h. ein Eingriff in die angemessene volkswirtschaftliche Güterreserve, Sie mit einer Verantwortung belasten würde, die Sie um eines erfolgreichen Wiederaufbaues willen nach meiner Überzeugung nicht übernehmen können. Fragen Sie den Mann auf der Straße, was er sich von der Währungsreform erwartet – es ist nichts anderes als das, was ich als die entscheidende Grundforderung herausgestellt habe. Sage mir der, der gegenteiliger Meinung ist, wie er die güterwirtschaftliche Unterbauung der kaufkräftigen Nachfrage ohne den Einschuß der Lagerreserven bewerkstelligen will!

Welcher Art aber auch die Maßnahmen sind, die heute gemäß dem einmütigen Willen nach echter Enthortung zur Anwendung gelangen sollen, wissen doch alle Einsichtigen gut genug, daß in Ansehung des hier einschlägigen Personenkreises der Erfolg gewiß nur ein bescheidener sein wird und daß das eigentliche und wirklich interessante Problem darin besteht, jene Existenzen nicht sogar noch zu Währungsgewinnlern werden zu lassen. Wenn ich auch über keine Patentlösung zur totalen Abschöpfung solcher Gewinne verfüge, so ist doch eines ganz gewiß, daß die Erfassung von Hortungslägern nach der Währungsreform im Zeichen der Geld- und Kreditknappheit bei konsequenter Anwendung dieser Politik unendlich viel leichter sein wird als bei dem heutigen Zustand schier unbegrenzter Geldflüssigkeit. Zu jenem Zeitpunkt hoffe ich dann durch energische Erfassungsmaßnahmen endgültig dartun zu können, daß meine Einwände nicht dem Schutze amoralischer Interessen, sondern ausschließlich der Sicherung der künftigen Währung gelten sollten. Ich möchte aufrichtig wünschen, daß der Ablauf der Ereignisse mich nicht zwingen wird, zu meiner Entlastung auf diesen Tag und diese Ausführungen Bezug zu nehmen, denn nach diesem Leidensweg unseres Volkes und den unsäglichen Entbehrungen würde die Katastrophe einer mißlungenen Währungsreform seinen letzten Lebenswillen gar vollends brechen müssen.

Bei allen Betrachtungen gehe ich selbstverständlich von einer Konzeption aus, die sich nicht allein mit einer quantitativen Verbesserung des Mißverhältnisses zwischen Warenangebot und kaufkräftiger Nachfrage begnügt, sondern das Übel an der Wurzel packt. Jede Regelung, die uns aus fortbestehender, wenn auch schwächerer Diskrepanz dennoch dazu zwingen würde, die bisherige Form der Bewirtschaftung einschließlich des Preisstops als das auch künftige Wirtschaftssystem beizubehalten, jede Regelung, die dem Spuk der preisgestoppten Inflation nicht ein jähes Ende setzt, sondern aufs neue den Prozeß der Bildung überschüssiger Kaufkraft anstieße, würde entweder noch weitere Währungsaktionen notwendig machen oder wäre sogar geeignet, das Unheil zu verewigen. Von einer Wirtschaftspolitik könnte jedenfalls für die Zukunft nicht gesprochen werden, wenn sich eine derart düstere Aussicht erfüllte. Die Probleme blieben die gleichen wie heute, und auch die Mittel blieben gleich unwirksam. Mit der entschiedenen Ablehnung dieses Wirtschaftsprinzips predige ich durchaus nicht die Rückkehr zu den liberalistischen Wirtschaftsformen historischer Prägung und einem verantwortungslosen Freibeutertum einer vergangenen Zeit.

Die ewige Spannung zwischen Individuum und Gemeinschaft läßt sich in keinem Falle durch die Negierung und Verleugnung des einen oder anderen überwinden, so daß die Frage immer nur die Prinzipien und Formen betrifft, nach denen sich der Mensch ohne die Preisgabe seiner selbst den höheren Formen der Gesellung einzuordnen, aber wohlgemerkt nicht unterzuordnen hat. Daß das heutige Prinzip gerade unter dem Aspekt im originären Sinn angesprochen werden kann und entweder in freiere marktwirtschaftliche Formen oder aber zum absoluten Totalitarismus übergeleitet werden muß, wird jedermann anerkennen, der sich des Zwangscharakters unserer wirtschaftlichen Lage aus dem währungspolitischen Chaos heraus bewußt ist. Wenn auch nicht im Ziele völlig einig, so ist doch die Richtung klar, die wir einzuschlagen haben – die Befreiung von der staatlichen Befehlswirtschaft, die alle Menschen in das entwürdigende Joch einer alles Leben überwuchernden Bürokratie zwingt, die jedes Verantwortungs- und Pflichtgefühl, aber auch jeden Leistungswillen abtöten und darum zuletzt den frömmsten Staatsbürger zum Rebellen machen muß.

Es sind aber weder die Anarchie noch der Termitenstaat als menschliche Lebensformen geeignet. Nur wo Freiheit und Bindung zum verpflichtenden Gesetz werden, findet der Staat die sittliche Rechtfertigung, im Namen des Volkes zu sprechen und zu handeln.

Im Konkreten heißt das, daß wir nach einer Währungsreform dem menschlichen Willen und der menschlichen Bestätigung sowohl nach der Produktions- als auch nach der Konsumseite hin wieder größeren Spielraum setzen und dann auch automatisch dem Leistungswettbewerb Möglichkeiten der Entfaltung eröffnen müssen. Wo immer die Gesellschaft bei einer solchen Entwicklung Fehlleitungen oder Gefahren befürchtet, da mag sie durch sozial-, wirtschafts- oder finanzpolitische Maßnahmen Grenzen ziehen oder Regeln setzen – ja, sie wird das in Zeiten der Not sogar tun müssen –, aber sie kann und darf ohne Schaden für die Gesamtheit nicht den ursprünglichsten Trieb der Menschen unterdrücken und abtöten wollen. Die herkömmlichen Vokabeln, wie freie Wirtschaft oder Planwirtschaft, wurden in der Parteien Streit schon so stark abgenutzt und verwässert, daß sie für ernsthafte Darlegungen unbrauchbar geworden sind. Die Auffassung, daß die in sinnvoller Kombination und Ausrichtung angewandten Mittel der großen Staatspolitik in dem eben erwähnten Sinn eine planvolle Lenkung der Wirtschaft nicht gestatteten, sondern daß dazu viel weiter reichende, den Staatsbürger unmittelbar lenkende Eingriffe vonnöten wären, ist einer der weltgeschichtlich tragischen Irrtümer; denn es gibt historische Beispiele genug dafür, daß aus dieser Art von Lenken bald ein Gängeln, ein Befehlen und ein bedingungsloses Unterdrücken wird. Jedes System, das dem Individuum nicht in jedem Falle die freie Berufs- und Konsumwahl offenläßt, verstößt gegen die menschlichen Grundrechte und richtet sich, wie die Erfahrung lehrt, zuletzt gerade gegen diejenigen sozialen Schichten, zu deren Schutz die künstlichen Eingriffe gedacht waren. Wer würde z. B. heute noch bestreiten wollen, daß unter der geltenden Zwangswirtschaft – die allerdings gewiß von allen abgelehnt wird, aber die ja doch zuletzt der Fluch der bösen Tat ist – sowohl in der Produktions- als in der Konsumtionssphäre gerade die Schwachen und Armen am meisten gelitten haben und daß dieses System, das sie bedrückt und gedemütigt hat, gerade von diesen Schichten unseres Volkes am tiefsten verabscheut wird.

Ich bin, um hinsichtlich des akuten Geschehens vielleicht manche Bedenken zu zerstreuen, durchaus nicht der Auffassung, daß es möglich oder auch nur wahrscheinlich sein würde, mit oder unmittelbar nach der Währungsreform die Bewirtschaftung im ganzen aufzuheben – wohl aber wird man mit dem Ziel der Aufhebung jeweils sehr sorgfältig zu prüfen haben, in welchen Sektoren und in welchen zeitlichen Phasenablauf die Ordnung der Märkte wieder dem Wettbewerb und der freien Preisbildung überlassen bleiben kann. Die dogmatisch gebundene Auffassung, daß dieses marktwirtschaftliche Prinzip tendenziell zu einer Kürzung des Lohnanteils führen würde, hält der praktischen Erfahrung nicht stand, ja, wird durch diese sogar widerlegt. Es ist an vielen Beispielen nachzuweisen, daß die Kapitalkomponente und die Eigenkapitalbildung der Unternehmungen in der gebundenen Wirtschaft durchschnittlich höher lagen als in der Wettbewerbswirtschaft und daß der Kapitalfaktor am gewichtigsten in der eigentlichen Staatswirtschaft, gleich welcher Prägung, in Erscheinung tritt.

Es wird dabei auch allzuleicht übersehen, daß der Wettbewerbsgedanke ja nicht etwa nur ganz bestimmte Schichten berührt, während die übrigen nur die Folgen zu tragen hätten. Leistungsunterschiede bestehen auf jeder Ebene, und immer ist es gerechtfertigt, diesen auch im Einkommen Ausdruck zu geben. In unserer bedrängten Lage gar erweist sich eine allgemeine Leistungssteigerung als unabweislich, wenn nicht trotz aller Hilfen und sonstigen äußeren Anstrengungen der deutsche Lebensstandard auf einem unerträglich tiefen Niveau verharren und wenn nicht jeder unentbehrliche Warenaustausch über die Grenzen unseres Landes hinaus mit den größten Opfern erkauft werden soll. Die materiellen Verluste an Sachkapital aller Art und der daraus resultierende Zwang zu dessen Regeneration, der Verschleiß und die Rückständigkeit der technischen Apparatur, die durch lange Entbehrungen tief herabgesunkene menschliche Arbeitskraft, der Einstrom von Millionen Flüchtlingen und die Verpflichtung zu deren vorrangiger Versorgung, der volkswirtschaftlich ungünstige Alters- und Geschlechtsaufbau der deutschen Bevölkerung, die über Gebühr lange Abschnürung von den Märkten der übrigen Welt – das alles sind nur Beispiele jener negativen Faktoren, die es begreiflich erscheinen lassen, nein, die es zwingend beweisen, daß nur der stärkste Leistungswille aus den uns verbliebenen materiellen, geistigen und seelischen Kräften noch genug an wirtschaftlichem Ertrag herausholen kann, um wenigstens die Existenzgrundlagen unseres Volkes zu sichern. In dieser bedrängten Lage wird es sich, wenn wir wieder ehrlich rechnen können, erweisen, daß für eine Differenzierung der Einkommen bzw. der Lebenshaltung nur wenig Raum bleibt, und daß hier ebenjene verpflichtende Bindung, von der ich sprach – unabhängig von wirtschaftlichen Systemen –, die soziale Ausrichtung der Wirtschaftspolitik nicht nur zu einem Erfordernis, sondern auch zu einem Gebot macht. Weil wir aber mit aller Kraft aus dieser Not herausstreben, wäre die persönlichkeitstötende Gleichmacherei ein falsch verstandenes soziales Ethos, das niemandem helfen, dem ganzen Volke aber schaden und uns den Weg in eine bessere Zukunft verbauen würde.

Eine Wirtschaft, die Leistungen messen und vergleichen, ja, die Leistungssteigerung an die Spitze stellen muß, kann auf das Mittel der Preispolitik nicht verzichten. Ich meine hier Preispolitik im weitesten Sinne, die die Steuer- und Tarifpolitik, die Lohnpolitik, aber auch die Geld- und Kreditpolitik gedanklich mit einschließt. Auch hier ist wieder die Beziehungnahme auf die Währungsreform zwingend, denn die technische Aktion der Bereinigung der Geldverhältnisse bliebe Stückwerk, wenn sich auf neuer, gesunder Grundlage nicht ein wirklich organischer Ausgleich vollziehen könnte und die Ventile verstopft blieben, die uns die Reaktion auf fehlgeleitete private und staatliche Planung anzeigen. Der Preisstop bot den Deckmantel für eine bewußt ins Chaos treibende Staatspolitik. Der Preisstop erlaubte die Mißwirtschaft und die Ausbeutung aller arbeitenden Menschen, der Preisstop war folgerichtig der Wegbereiter jener staatlichen Zwangswirtschaft, die die politische Atmosphäre vergiftet und die wir nicht verwässern, sondern beseitigen müssen, um auch wieder moralisch gesunden zu können. Wir mögen auch hier zur Vermeidung sozialer Härten für eine Übergangszeit noch gewisse Bindungen fortbestehen lassen, aber im Prinzip darf es auf diesem Gebiet keine Kompromisse geben, wenn die Währungsreform als ein dynamischer Prozeß erfolgreich zu Ende geführt werden soll. Die freie Preisbildung würde noch nicht einmal zu dem System einer Planwirtschaft in Widerspruch stehen, wenn die planende Behörde nur einsichtig genug ist, sich dem Votum des Marktes, und das heißt der Stimme des Volkes, zu unterwerfen. Eine freie Preisbildung aber ist völlig unerläßlich, wenn sich ein freier Güteraustausch mit der übrigen Welt wieder auf fester, intervalutarer Grundlage manifestieren soll.

Nur unter dieser Betrachtung erscheint es auch sinnvoll, von nun an bis zum Vollzug der Währungsreform Preiskorrekturen dergestalt in die Wege zu leiten, daß die nach der Währungsreform für die Haushalte untragbaren Subventionen entfallen können, zugleich aber mindestens im Mittel eine innerbetriebliche Kostendeckung erreicht wird. Bei dieser Preisangleichung wird man zwar prinzipiell bestrebt sein, den mutmaßlichen Marktpreisen nahe zu kommen, aber der Rechenstift sichert auch hier keine volkswirtschaftlich richtige und sozial tragbare Preisfindung. Eine Fixierung auf der Kostengrundlage kann bei der unzureichenden Kapazitätsausnutzung als dann zweifellos überhöhter Preis so wenig in Frage kommen, wie andererseits auch eine zu niedrige Festlegung untragbar erschiene, die trotz aller Anstrengungen kostenmäßig nicht erreicht werden könnte. Wir bewegen uns hier zwischen Grenzpunkten, deren absolutes Niveau noch durch die Lohnkosten und die Lohnpolitik entscheidend tangiert wird. Weil ich gewiß weiß, daß nach zwölfjähriger Geltung des Preisstops alle Preise in sich und ihren Relationen falsch sein müssen, kann es sich, von der neuen Preisbildung für Grundstoffe ausgehend, bei den eingeleiteten Aktionen nur um relativ rohe Preisangleichungen und Lohnkorrekturen handeln, während eine wirkliche Bereinigung dieses volkswirtschaftlich vielleicht wichtigsten Problems erst nach der Währungsreform möglich erscheint. Die Beziehung von Preisen und Löhnen wird das wahre Bild unserer ökonomischen und sozialen Situation entschleiern, aber es wird auch unsere Einsicht mehren, daß wir mit unseren Mitteln haushalten müssen und daß unsere Bedrängnis nur durch vermehrte Arbeit und einen höheren Arbeitsertrag zu überwinden ist.

Auf dieser Ebene der Wirtschafts-, Sozial- und Finanzpolitik fällt die Entscheidung über die Beteiligung der einzelnen und der sozialen Gruppen am Sozialprodukt; demgegenüber können alle nachträglichen Kontrollen und Korrekturen durch subalterne Zuteilungsbeamte nur eine Störung der ökonomischen Ordnung mit sich bringen. Es zeigt sich im Hinblick auf die möglichen Alternativen der Wirtschaftspolitik ganz deutlich, daß die in sich widerspruchsvollen Elemente nicht nebeneinander fortbestehen dürfen. Man kann die Lebenshaltung nicht gleichzeitig durch die Lohn- und Einkommenspolitik und daneben noch durch die staatliche Gewährung der Ablehnung von Bezugsrechten steuern, sowenig nach der Währungsreform die Produktionswirtschaft einmal von der Güter- und gleichzeitig von der Geld- und Kreditseite her gelenkt werden kann. Auf solche Weise ergeben sich zwangsläufig Diskrepanzen, die entweder das widerspruchsvolle System ad absurdum führen oder aber neue, künstliche Eingriffe mit allen damit verbundenen nachteiligen Folgen erfordern. Um so notwendiger ist es, daß nach der Reform eine echte Koordinierung zwischen den wirtschaftspolitisch verantwortlichen Instanzen Platz greift und eine ständige Abstimmung der anzuwendenden Mittel sichergestellt wird. Die Errichtung einer eigens hierfür verantwortlichen Koordinierungsstelle, etwa in der Institution eines Währungsamtes, sollte sorgfältig geprüft, aber grundsätzlich ins Auge gefaßt werden.

Ich komme auf meine früheren Ausführungen zurück, in denen ich Währungsreform und Marshallplanhilfe als etwas untrennbar Zusammengehöriges bezeichnet habe und den besonders glücklichen Umstand hervorhob, daß wir nach der Bloßlegung unserer Not nicht vor einer fast ausweglosen Situation stehen, sondern dank dieser Unterstützung sofort den sicheren Weg eines planvollen Wiederaufbaues und der Gesundung beschreiten können. Planvoller Aufbau sei dabei nicht so gedeutet, als daß wir – wozu vielleicht die Lektüre der deutschen Vorschläge zu jenem Plan verleiten könnte – in ein enges und starres Schema der Mittelverwendung gepreßt werden. Es herrscht vielmehr auf allen Seiten Klarheit darüber, daß nach dieser Richtung weitgehende Freizügigkeit bestehen soll, wenn nur das Ziel – die wirtschaftliche Gesundung Deutschlands im Rahmen des europäischen Wiederaufbaues – verfolgt und erreicht wird. Daß es sich hierbei um keine Isolierung, nicht um die Schaffung eines sich selbst genügenden, sogenannten Großraumes handeln kann, dafür bürgt nicht allein die Überwindung der politischen Hysterie, sondern die Einsicht, daß jede künstliche oder bewußte räumliche Beschränkung auch den materiellen Erfolg begrenzen würde und darum auch nicht im Sinne der Marshallplan-Politik liegen kann. Die deutsche Geschichte beweist es im Guten und im Bösen, daß unser Schicksal von der Befriedung der Welt abhängt und unsere Wohlfahrt nur auf dieser Grundlage gedeiht. Wir sind uns deshalb sogar freudig unserer Verpflichtung und Verantwortung bewußt, uns nur als Teil eines größeren Ganzen zu fühlen und entsprechend zu handeln. Man wird aber auch umgekehrt Verständnis dafür haben, daß wir wenigstens einmal der drückendsten Sorgen ledig werden wollen und daß wir erst mit zunehmender wirtschaflicher Erholung in die Lage versetzt werden, von Empfangenden mehr und mehr auch zu Gebenden zu werden. Man mag berücksichtigen, daß die Marshallplanhilfe nicht nur in quantitativer, sondern auch in qualitativer Hinsicht für ein Land mit nur 40prozentiger Ausnutzung seiner Leistungskapazitäten etwas völlig anderes bedeuten muß als für die übrigen europäischen Nationen, deren Volkswirtschaften vor allem wegen der Zerreißung und Isolierung, aber auch wegen der Kriegseinflüsse zwar gestört und in gewisser Hinsicht auch verzerrt sein mögen, in ihrer gesamten Leistungskraft aber auf einem ungleich höheren Niveau verharren.

Mit solchen Betrachtungen möchte ich nicht den ewigen Nörglern und Querulanten recht geben, die bereits Rechenexempel anstellen, ob Deutschland im Rahmen der gesamten Mittel auch zureichend bedacht wurde, sondern ich möchte umgekehrt an das Pflichtgefühl meiner Mitbürger appellieren, nun alle Wenn und Aber zurückzustellen und jedem einzelnen vor Augen zu führen, daß es von seiner Leistung, von seiner physischen und geistigen, aber auch von seiner seelischen Kraftentfaltung abhängen wird, ob es uns gelingt, die uns gewährten materiellen Mittel durch Ausnutzung aller Energien zu vervielfältigen. Aus eins zehn zu machen, ist kein Hexen-Einmaleins, sondern die natürliche Aufgabe allen wirtschaftlichen Tuns. Wenn wir die Hilfe nur im Sinne eines Zuschusses zu unserem Konsumtionsfonds verstehen, dann kann uns auch nicht mit wesentlich höheren Beträgen, sondern überhaupt nicht geholfen werden. Wenn wir sie aber angesichts unserer erschöpften und ausgebluteten Volkswirtschaft als Grundlage zu neuem Beginnen nehmen, dann mag der Anstieg zwar noch immer steil und mühsam sein, aber wir haben dann doch wieder festen Boden unter den Füßen.

Das Bekenntnis zu unserem Willen und der Glaube an unsere Zukunft liegen abseits von optimistischen Spekulationen. Ich möchte sogar ausdrücklich vor Illusionen etwa solcher Art warnen, daß nach der Währungsreform mit Hilfe des Marshallplanes auch sogleich eine wirklich ausreichende Versorgung sichergestellt wäre. Die höhere Kraftentfaltung und die höheren Rohstoffeinfuhren können sich erst mählich in verbrauchsreife Güter umsetzen, und es mag durchschnittlich ein halbes bis dreiviertel Jahr vergehen, ehe die Früchte dieser Anstrengungen sichtbar werden. Bis dahin aber steht aus der nach der Reform leicht erzwingbaren Auflockerung heimischer Läger und dem laufenden Zustrom von Gütern aus alliierten Heeresbeständen eine immerhin fühlbare Verbesserung der Versorgung zu erwarten. Diese auf reale Tatbestände gestützte Voraussage hat also mit Prophetie nichts gemein und kann deshalb in voller Verantwortung gegeben werden. Der Erfolg wird um so früher, um so nachhaltiger und sicherer eintreten, je mehr Währungsreform und Marshallplanhilfe auch im zeitlichen Ablauf zusammenstimmen, und deshalb werde ich dieser Frage, soweit mein Einfluß reicht, auch besondere Aufmerksamkeit schenken.

Den mechanischen Ablauf der Ereignisse darüber hinaus vorweg bestimmen zu wollen, wäre ein müßiges Beginnen, weil hier eben nicht nur materielle Faktoren, sondern wesentlich auch Imponderabilien psychologischer und soziologischer Art ins Gewicht fallen. In erster Linie gehört dazu die nicht allein im Rationalen wurzelnde feste Überzeugung des deutschen Volkes, daß der Entfaltung seiner Kräfte zur Sicherung seiner Existenz nicht nur keine Schranken mehr gesetzt sein sollen, sondern daß man dieser friedlichen Arbeit sogar Förderung zuteil werden lassen will. Soweit dem widersprechende Regelungen noch bestehen, möchten wir deshalb hoffen dürfen, daß sich in der Folgezeit eine Angleichung im Geiste der Marshallplan-Politik vollziehen läßt.

Die Konstruktion dieses Planes läßt – und dieser Vorteil wird nur allzuleicht übersehen – nicht nur Warenimporte nach Deutschland fließen, sondern schafft auch die Grundlage für eine neue Kapitalausstattung. Der gesamte Einfuhrzuschuß in Höhe von rund 1¼ Milliarden Dollar schlägt sich mit dem Verkauf der Güter an deutsche Erzeuger oder Verbraucher in einem Fonds von mehreren Milliarden deutscher Währung nieder, der, soweit Kredite in Frage stehen, angesichts deren langfristigen Charakters zunächst nicht transferiert zu werden braucht. Wenn auch über Form und Art der Verwendung dieser Mittel noch keine Festlegungen getroffen sind, so ist deren Einsatz doch zwangsläufig nur innerhalb der deutschen Volkswirtschaft möglich, und es entspricht nur dem Charakter dieses Fonds, wenn er für produktive Zwecke Verwendung findet.

Ja, hier eröffnet sich geradezu ein Ausweg aus einer Bedrängnis. Wenn Sie sich daran erinnern, was ich Ihnen auf der einen Seite über die absolute Kapitalnot unserer Wirtschaft nach der Währungsreform, andererseits über die Notwendigkeit der Erhaltung und Verbesserung unseres Produktivkapitals berichtete, wenn Sie sich im Hinblick auf die vorgezeichnete Strukturumschichtung vergegenwärtigen, daß der große Sektor der Kapitalgüter- und Investitions-Industrie und der Millionen dort tätiger Menschen zu seiner Fortführung einer größeren Kapitalverfügung bedarf, dann kann dieser spezifische Vorteil der Marshallplanhilfe überhaupt nicht hoch genug veranschlagt werden. Er schließt in gewisser Hinsicht die Lücke, die einem erfolgreichen Aufbau entgegensteht. Er addiert nicht nur, sondern er akkumuliert die Umsetzung der materiellen Hilfe in produktive Kraft. Unsere Wirtschaftspolitik muß nur dahin zielen, daß diese Mittel nicht ausschließlich für ein paar große öffentliche Programme Verwendung finden, sondern daß durch geeignete Konstruktion auch der private Kapitalbedarf der Industrie, und hier vor allem auch wieder der kleineren und mittleren Betriebe, befriedigt wird. Nur auf solche Weise ist ein organischer Aufbau unserer Wirtschaft ohne soziologische Störungen und ohne neue Verzerrungen zu bewerkstelligen. Andere Verwendungsmöglichkeiten dieses Kapitalstocks, wie z. B. zum Ausgleich öffentlicher Haushalte, sind zwar theoretisch denkbar, würden aber den Erfolg des Planes schmälern und unsere Volkswirtschaft für die Zukunft nicht unerheblich belasten. Gerade aus diesem Grunde kommt dieser Frage eine so große wirtschaftspolitische Bedeutung zu, daß ich mich zu breiterer Behandlung verpflichtet fühle.

Die Ein- und Ausfuhrbilanz bewegt sich für unser Wirtschaftsgebiet im ersten Marshallplan-Jahr auf der Höhe von knapp zwei Milliarden Dollar, wovon rund 700 Millionen Dollar durch unsere Exporte abgedeckt werden sollen. Von ihnen wieder entfällt rund die Hälfte auf Grundprodukte, wie Kohle, Holz, Schrott und dergleichen, während ein etwa gleich großer Betrag die Ausfuhr von Fertigwaren und die Hingabe von Dienstleistungen betrifft. Alle Anstrengungen werden darauf zu richten sein, das Schwergewicht unserer Ausfuhr in den folgenden Jahren immer mehr auf den Export deutscher Veredelungsarbeit zu legen, obwohl sich schon heute ganz deutlich erweist, daß wir hier vor unüberwindlichen Schwierigkeiten stehen, wenn nicht in aller Kürze die deutschen Vorschläge zur Erleichterung der Ein- und Ausfuhr Anerkennung und Anwendung finden.

Die Hoffnung auf Überwindung dieser Hemmnisse ist, weil diese in der Wirkung dem Geist des Marshallplanes zuwiderstehen würden, nach meiner Überzeugung wohl berechtigt.

Bei unserem Export muß an die Stelle einer vorherigen Genehmigung eine nachträgliche Kontrolle der Devisenablieferung treten. Bei der Einfuhr soll die Importlizenz zu einer Devisengenehmigung in der Weise umgestaltet werden, daß die Außenhandelsbanken an Stelle der Joint Foreign Exchange Agency Akkreditive stellen dürfen. Eine starke Einflußnahme deutscher Behörden und Kaufleute beim Abschluß zweiseitiger Handelsabkommen und deren großzügigere Handhabung und Erweiterung auch auf sogenannte non essential goods wird unerläßlich sein, wenn die gewünschte enge Verflechtung und Ergänzung der Volkswirtschaften Wirklichkeit werden soll. Sosehr im Grundsatz multilaterale Abkommen bilateralen vorzuziehen sein mögen, so zwingen uns doch heute mannigfache Störungen, besonders solche währungspolitischer Art, das theoretisch primitivere Verfahren auf. Was endlich den Umrechnungskurs anbetrifft, über den gerade in der letzten Zeit so viel diskutiert wurde, möchte ich sagen, daß die Relation von RM 1,– gleich 30 Cents auch nur als eine Übergangslösung zu werten ist. Die Fixierung eines einheitlichen Kurses erachte ich als einen Fortschritt. Aber ich bin sicher, daß dieser mit der

Veränderung unseres heimischen Preisniveaus ebenfalls Revisionen unterliegen wird und daß wir angesichts der Ungeklärtheit der preispolitischen
Verhältnisse auch auf den Weltmärkten mit der Stabilisierung der deutschen Währung nicht sofort daran denken können, den dann geltenden
Umrechnungskurs zu einem echten Wechselkurs auszugestalten und diesen mit den herkömmlichen Mitteln zu manipulieren. Auch in dieser
Sphäre wird sich der deutsche Wiederaufbau nur stufenweise vollziehen
lassen, aber jeder Schritt vorwärts wird uns größere Klarheit und Sicherheit bringen.

Es ist interessant, daß die Vorschläge für einen deutschen Wechselkurs außerordentlich stark voneinander abweichen, wenn es auch verständlich ist, daß nach der jeweiligen Interessenlage andere Berechnungen
vorgenommen werden. Meist wird indessen dabei vergessen, daß wir
nicht nur Export-, sondern auch Importinteressen haben und daß zwischen diesen beiden ein Ausgleich gefunden werden muß. Vor allem aber
haben wir die Vorstellung zu überwinden, daß der Umrechnungs- oder
Wechselkurs ein handelspolitisches Instrument und dazu ausersehen sei,
die Wirkungen ökonomischer Tatbestände durch Rechenkunststücke zu
verändern oder sogar zu beseitigen. Es gibt nach meiner Überzeugung trotz
der Schwierigkeit seiner Fixierung nur einen richtigen Wechselkurs, der in
Anlehnung an den Preisstandard zweier Länder einen möglichst organischen Ausgleich echter Äquivalente gestattet und fördert. Jedes andere
Prinzip verfälscht den Gedanken des ehrlichen Tausches und kann nur
zur Störung des Außenhandels und der internationalen Beziehungen überhaupt führen.

Lassen Sie mich endlich zusammenfassen: Ich bin mir bewußt, Ihnen
ein Programm nur in großen Zügen vorgetragen und dabei vielleicht
manches nicht gesagt zu haben, das für Sie zu wissen wünschenswert
gewesen wäre. Seien Sie dann, bitte, davon überzeugt, daß dem keine
Absicht zugrunde gelegen hat, daß ich auf jede Ihrer Fragen freimütig zu
antworten bereit bin. Wenn mir auch rein verwaltungsmäßig die Betreu-
ung von Industrie, Handel und Handwerk obliegt, so fasse ich doch gerade
in wirtschaftspolitischer Beziehung meine Aufgabe als wesentlich weiter
gesteckt auf und fühle mich dafür verantwortlich, daß die von mir verfolgten Ziele nicht im Sinne einer Interessenpolitik nur einzelnen Schichten
zugute kommen, sondern der Wohlfahrt des ganzen Volkes dienen. Aus
diesem Grunde erstrebe ich auch die engste Zusammenarbeit mit den
Vertretungen sowohl der Arbeitgeber als auch der Arbeitnehmer, und ich
bin immer bemüht, diese in Entscheidungen meines Amtes paritätisch ein-
zuschalten. Je rascher es mir nach Maßgabe der äußeren Umstände gestattet ist, jenen Selbstverwaltungsorganen wirtschaftliche Funktionen zu übertragen, und je mehr die Wirtschaftsverwaltung selbst sich auf ihre ureigene

Domäne der Wirtschaftspolitik beschränken kann, desto glücklicher werde ich sein, und desto glücklicher werden wir auch die Entwicklung nennen können.

Der Dualismus zwischen zentralistischer und föderativ gegliederter Wirtschaft wird so lange nicht zu beseitigen sein, als uns aus dem äußeren Zwang der Verhältnisse die Anwendung des derzeitigen Bewirtschaftungssystems in seinen Formen vorgeschrieben ist. So lange wird aus der Natur der Sache heraus trotz aller gegenläufigen Tendenzen und Widerstände das zentralistische Prinzip immer obsiegen müssen, weil die dezentralisierte Planwirtschaft einen Widerspruch in sich selbst bedeutet. Wer in staatspolitischer Hinsicht den föderativen Aufbau verwirklicht sehen möchte – und zu diesem Grundsatz bekenne ich mich selbst –, der kann in wirtschaftspolitischer Hinsicht nicht die Planwirtschaft wollen, ohne sich selbst zu widersprechen. Das Problem »Föderalismus oder Zentralismus« wird jedoch nach der wirtschaftspolitischen Seite hin nicht mehr die Geister zu beherrschen brauchen, wenn mit der Neuordnung der Währung die Einflußnahme des Staates auf die Wirtschaft sich nur noch in den von mir vorgezeichneten Grenzen vollzieht.

Heute droht uns die Wirtschaft wieder einmal zum Schicksal zu werden. Diese These ist immer Ausdruck der Not, aber sie darf nicht anerkannter Grundsatz sein. So wie der einzelne Mensch des physischen Lebens bedarf, um jene geistigen und seelischen Kräfte entfalten zu können, die ihn erst zum Menschen werden lassen, so bedürfen auch ein Volk und seine Volkswirtschaft der materiellen Sicherung, aber sie bedürfen dieser auch nur als der Grundlage zur Erreichung außerökonomischer, höherer Ziele, deren Setzung der Staatspolitik obliegt. Ihr Vorrang ist unbestritten.

Ihnen als den berufenen Vertretern unseres Volkes einen Weg in eine neue Zukunft aufzuzeigen, in unserem Volke noch einmal den Glauben zu wecken, daß es nicht nur fatalistisch hoffen, sondern zuversichtlich an eine Wende glauben darf, wenn wir gemeinsam alle Energien auf dieses eine Ziel des zu neuer Wohlfahrt Gesundenwollens hinlenken, das sah ich vor den entscheidenden Ereignissen dieses Jahres 1948 als meine Aufgabe an. Wir glauben nicht an Wunder und dürfen solche auch nicht erwarten. Um so größer aber ist die Gewißheit, daß die ausschließlich friedlichen Zwecken und nur der Mehrung der sozialen Wohlfahrt zugewandte Arbeit eines fleißigen Volkes in enger Gemeinschaft mit der übrigen Welt Früchte zeitigen und es aus seiner Not erlösen wird. Aus rauher Gegenwart eröffnet sich ein versöhnlicher Anblick in eine für unser Volk wieder glücklichere Zukunft.

Der neue Kurs

Rundfunkansprache, 21. Juni 1948

Am 2. Juni 1948 beschließt die Londoner West-Konferenz, »dem deutschen Volk die Möglichkeit zu geben, auf der Basis einer freien und demokratischen Regierungsform die schließliche Wiederherstellung der gegenwärtig nicht bestehenden Einheit Deutschlands zu erlangen«. Hierfür sollen die Ministerpräsidenten der westdeutschen Länder eine verfassunggebende Versammlung einberufen. Am gleichen Tag erklärt Ludwig Erhard auf einer Pressekonferenz in Frankfurt zur inneren Lage, die staatliche Bewirtschaftung sei völlig zusammengebrochen. Eine Währungsreform müsse für echte Arbeit auch wieder echten Lohn bringen. Endlich am 16. Juni: Proklamation der drei westlichen Militärregierungen über die Durchführung einer Währungsreform in den drei Westzonen. In einer Marathonsitzung beschließt die Vollversammlung des Wirtschaftsrates am 17./18. Juni 1948 das von Erhard vorgelegte sogenannte Leitsätze-Gesetz, mit dem die Grundlinien einer neuen Wirtschaftspolitik nach der Währungsreform festgelegt werden.

20. Juni: In den drei Westzonen beginnt die Ausgabe des neuen Geldes, der D-Mark. Sie wird mit Hoffnung, teils noch mit Skepsis aufgenommen. Alles kommt jetzt darauf an, im deutschen Volk Vertrauen zur neuen Währung zu wecken und dem Geld wieder seine eigentliche Funktion zu geben. Deshalb hebt Erhard am Tage der Ausgabe des neuen Geldes eine große Zahl von Preisbestimmungen und Bewirtschaftungsverordnungen ohne Genehmigung der Militärregierung de facto auf, stößt zwar bei den Alliierten auf Widerspruch, wird aber am Schluß von General Clay, dem US-Oberbefehlshaber, gedeckt. Seine Rundfunkansprache am Tage danach ist ein Appell an die Deutschen zur Vernunft. Sie wirbt um Vertrauen für die neue Politik.

Nach den seelischen Spannungen der letzten Tage hat nun wieder der Alltag von uns Besitz ergriffen. Das deutsche Volk ist heute ruhig und besonnen an seine Arbeit gegangen, und ich glaube, es werden wenige darunter gewesen sein, die sich dabei nicht mit einem Gefühl der Befreiung bewußt geworden sind, daß erst mit diesem Tag der Spuk jener Massenhysterie von uns abgefallen ist, die uns auch diesen tollen Finanzschwindel der preisgestoppten Inflation beschert hatte. Von diesem Rausch ernüchtert, erkennen wir erst recht deutlich, wie hart am Abgrund wir gewandert sind und wie hohe Zeit es war, mit der Einführung unserer neuen Währung wieder den Pfad der Ehrlichkeit und der Wahrhaftigkeit zu beschreiten.

Nachdem in den letzten Tagen führende Staatsmänner und Politiker das Geschehen gewürdigt haben, möchte ich nun meinerseits als Fachmann, der allein ich auch in meinem Amt sein will, zu Ihnen sprechen, um Ihnen verständlich zu machen, warum wir nach meiner Überzeugung der neuen Währung Vertrauen schenken können und warum die entschiedene Abkehr vom Prinzip der staatlichen Zwangswirtschaft Voraussetzung des Gelingens der Reform und unserer wirtschaftlichen Gesundung überhaupt ist. Um die Erreichung dieses Zieles sicherzustellen, hat mir der Wirtschaftsrat auf dem Gebiete der Bewirtschaftung und der Preispolitik im Rahmen gesetzlich verankerter Leitsätze Vollmachten eingeräumt, die bis Ende dieses Jahres befristet sind. Diese Vollmachten sind von einem Teil der Presse als eine Art Ermächtigungsgesetz ausgelegt worden, sie geben damit naturgemäß Anlaß zu staatspolitischen Betrachtungen. Von keiner Partei ist indessen die Notwendigkeit zur Erteilung einer solchen Vollmacht bestritten worden, so daß lediglich die Frage der parlamentarischen Kontrolle und Verantwortung zur Diskussion steht. Ich selbst habe der Einsetzung eines mit diesen Funktionen betrauten Ausschusses bereitwillig zugestimmt und enge und vertrauensvolle Zusammenarbeit mit den Vertretern aller Parteien zugesagt. Diese Bereitwilligkeit galt um so uneingeschränkter, als mir die Erfahrung immer wieder bestätigt, daß unter der Last unmittelbarer persönlicher Verantwortung in sachlichen Fragen zwischen ernsten Männern immer eine Einigung zu erzielen ist. Wenn diese Vollmacht aber einen Sinn haben sollte, dann mußte sie ihrer Zwecksetzung gemäß auf jegliche Reaktionen der Wirtschaft schnellstes Handeln ermöglichen und durfte nicht an Mehrheitsbeschlüsse oder sogar Minderheitsvoten mit aufschiebender Wirkung gebunden sein. Es durfte keine Regelung Platz greifen, die den verantwortlichen Direktor einer Verwaltung durch ein parlamentarisches Direktorium der Möglichkeit der Verantwortungsübernahme beraubt und dazu noch den Ablauf der Geschäfte lähmt. Diese gleiche Auffassung der Mehrheit des Wirtschaftsrates besagt nicht, daß der jetzt auch eingesetzte parlamentarische Ausschuß von mir getroffene Entscheidungen widerspruchslos gutheißen müßte und daß ihm nicht in letzter Instanz die Anrufung des Wirtschaftsrates zur Vornahme von Korrekturen mit allen sich daraus für mich ergebenden Konsequenzen übrigbliebe. Wie ich überzeugt bin, wird es dahin nicht kommen, denn ich bin mir in dieser ernsten Stunde der Verantwortung vor unserem Volke nur zu sehr bewußt, und dieses Gefühl des Eingespanntseins in ein unlösbar gemeinsames Schicksal drängt mich auch, zu Ihnen allen zu sprechen und Ihnen von nun an fortlaufend über den Stand der Ereignisse, über meine

Sorgen und Erwartungen zu berichten. Auf diese Weise glaube ich zugleich auch am besten die demokratischen Rechte unseres Volkes zu achten und mich im Guten und Bösen seinem Votum zu unterwerfen. Nicht um die Gunst des Volkes zu buhlen, nicht überhaupt weil es um meine Person, sondern um das Vertrauen zur Sache geht, muß ich hier klarstellen, daß ich persönlich keinerlei Besitzinteressen zu verteidigen habe und damit entgegen mancherlei Verdächtigungen in der Vertretung eines marktwirtschaftlichen Prinzips nicht die Interessen des sogenannten Besitzbürgertums im Auge habe, sondern ausschließlich dem Wohle unserer Wirtschaft – und das heißt wieder der breiten Masse unseres Volkes – dienen und nützen will.

Ich appelliere nicht an einen dumpfen, nebelhaften Glauben, nicht an das Wunder der Unvernunft, wenn ich unser Volk in seinem Vertrauen zu unserer neuen Währung bestärken möchte, sondern ich appelliere gerade umgekehrt an den gesunden Sinn, die Einsicht und die Erkenntniskraft von Ihnen allen, wenn ich Ihnen vor Augen führe, daß eine Gefahr für die Stabilität des neuen Geldes nicht bestehen kann, wenn wir uns nur einer geordneten öffentlichen Haushaltsführung befleißigen und durch eine ebenso geordnete Geld- und Kreditpolitik dafür Sorge tragen, daß die Übereinstimmung von Güterproduktion und Kaufkraftbildung gewahrt bleibt. Das aber liegt nicht im Bereich des Zufalls; dazu gehört nicht Glück, sondern einzig und allein der feste Wille, nach den Grundsätzen einer geordneten Währung zu handeln. Da Volkseinkommen und Sozialprodukt so gesehen nur verschiedene Betrachtungsweisen des gleichen wirtschaftlichen Vorgangs sind, materiell aber dasselbe beinhalten, bedeutet es eine völlige Illusion, an die Möglichkeit einer generellen Preissteigerung zu glauben. Wo aber durch eine Massierung der Nachfrage auf bestimmte Bedarfe, wie z. B. Bekleidung oder Schuhwerk, partielle Preiserhöhungen zu befürchten sind, ist durch die Verbrauchsregelung und andere Eingriffsmöglichkeiten die Gefahr gebannt. Und wenn darüber hinaus noch vorbeugende und kontrollierende Maßnahmen die Entstehung kartell- und monopolartiger Preisbildungen unmöglich machen sollen, dann darf der weiteren Entwicklung auf preispolitischem Gebiet mit Ruhe und Zuversicht entgegengesehen werden.

Ich bin sogar der festen Überzeugung, daß sich mit der Konsolidierung unserer Wirtschaft gerade umgekehrt die preissenkenden Tendenzen durchsetzen werden, und auch das läßt sich wieder logisch begründen. Wenn die Währungsreform, wie sich sehr bald zeigen wird, allerorts höhere Energien auslöst und die beschränkte Kaufkraft mit dem dann einsetzenden Kampf um den Kunden die Betriebe zu höchster Rationalität und zu Kosteneinsparungen auf allen Gebieten zwingt, wenn endlich als Folge steigender Rohstoffeinfuhren auch mit höherer Kapazitätsausnutzung der Betriebe zu rechnen ist, dann müßte es geradezu als ein Wunder bezeichnet werden, wenn die Preise diesem Druck nach unten nicht nachgeben sollten. An Wunder aber vermag ich gerade im Bereich der Wirtschaft nicht zu glauben, und deshalb erachte ich es geradezu als ein soziales Gebot, im Grundsätzlichen mit der Auflösung von Preisbindungen aller Art dem Wettbewerb und der daraus resultierenden Preissenkung Raum zu geben. Diese Zusammenhänge sind so klar, daß sie von jedem verstanden werden können, der die Welt nicht durch die Brille des Dogmas sehen will. Ebenso eindeutig ist die sich daraus ergebende Konsequenz, daß die Aufrechterhaltung des Preisstops in einer solchen Lage nur den Unternehmern dient, die – aus welchen Gründen auch immer – mit überhöhten Kosten, d. h. also unwirtschaftlich, arbeiten und ihre künstliche Existenzerhaltung durch den Staat in Form einer überteuerten Lebenshaltung nur dem vermeidbaren Opfer der arbeitenden Bevölkerung verdanken. Diesen Luxus kann sich eine arme und bedrängte Volkswirtschaft aber wahrlich nicht leisten. Aus den gleichen Gründen kann auch die Übersetzung des Handelsapparates keinen Bestand haben. Ich spreche also ganz bestimmt nicht für die Masse der Unternehmer, die sich in der Zwangswirtschaft als Staatsrentner teilweise ganz wohl gefühlt haben, sondern ich spreche nur für die tüchtigen unter ihnen, und ich spreche im besonderen wieder für die Masse unseres Volkes, wenn ich hier – allerdings bewußt – den Grundsatz vertrete, daß die unbedingt notwendige Auslese dann nicht nach irgendwelchen schematischen Regeln, sondern nur nach dem Leistungsprinzip erfolgen darf. Die höhere Leistung auf allen Gebieten der wirtschaftlichen Betätigung ist unerläßlich, wenn wir nicht in der Armut versauern und uns im Ringen um die spärlichen Bissen gegenseitig zerreißen und uns das Leben vergällen wollen; die höhere Leistung ist aber auch deshalb notwendig, weil eine sich auf gesunder Grundlage ausweitende Volkswirtschaft Störungen gegenüber viel weniger anfällig ist und darum am meisten zur Sicherung der Währung beiträgt.

Charakteristischerweise hat bei den Diskussionen der letzten Zeit die Frage der sogenannten Deckung unserer neuen Währung überhaupt keine Rolle gespielt, und ich glaube, daß dem mehr als der zwangsläufige Verzicht auf eine materielle Fundierung zugrunde liegt. Diese Überzeugung möchte ich darum bekräftigen, denn so wertvoll ein Goldbestand sein kann, wenn es sich um die intervalutäre Manipulierung der Wechselkurse handelt, sowenig wird doch die Stabilität und der innere Wert einer Valuta von dieser Deckung berührt. Wir haben zwar schon in der Nazizeit gehört, daß die Stabilität des Geldes auf der Arbeit der Nation beruhe, aber das war eben nur eine halbe Wahrheit und darum eine Lüge. Unbestreitbar richtig ist, wie auch meine vorstehenden Ausführungen über den Zusammenhang von Volkseinkommen und Güterproduktion besagen, daß die laufend entstehende Kaufkraft unseres Volkes nur durch die laufende Arbeit bzw. das

Produkt der Arbeit abgedeckt und befriedigt werden kann und daß darum ein Volk nur wirtschaftlich nützliche und gesellschaftlich anerkannte Arbeit leisten darf. Ich wüßte aber keine Wirtschaftsform, in der diese Forderung bessere Erfüllung findet, als eben in der Marktwirtschaft, in der jeder einzelne auf Gedeih und Verderb von der Gnade des Verbrauchers abhängig ist und die darum im Gegensatz zu allen Formen der Staatswirtschaft den besten Schutz gegen den Mißbrauch der ehrlichen Arbeit eines Volkes bietet. Die sichere Gewähr für die Stabilität unserer neuen Währung besteht also darin, daß wir unsere Arbeit gesellschaftswirtschaftlich sinnvoll anwenden wollen. Wenn wir aber so handeln, ist unsere Sorge unberechtigt.

Wenn Sie das alles zusammenfassen, dann mögen Sie auch erkennen, daß in Ihrem wohlverstandenen eigenen Interesse keine Notwendigkeit besteht, sich neu erworbener Kaufkraft sofort wieder zu entäußern, aber ich bitte Sie ausdrücklich, versichert sein zu wollen, daß sich hinter solchem Ratschlag keine geheimnisvollen Gründe verbergen. Wenn Sie erwogen haben, ob es nicht vorteilhafter sein könnte, morgen billiger, vielleicht sogar besser zu kaufen, dann soll die Freiheit der Entscheidung bei Ihnen selbst liegen, und ich möchte sogar im Hinblick auf die Notwendigkeit der Sparkapitalbildung für unsere Volkswirtschaft darauf verzichten, die Freizügigkeit jedes einzelnen auch nur durch verbrämte kategorische Imperative einzuschränken. Aus dem gleichen Grunde bin ich ein Feind des Zwangsspargedankens und möchte es auch in dieser Beziehung in Ansehung der steuerlichen Vergünstigungen unserem Volke nach Maßgabe seiner eigenen vorsorgenden Überlegungen selbst überlassen, welchen Gebrauch es von seinem Einkommen machen will.

Es soll und muß nur dabei wissen, daß sich der Übergang zu einer neuen wirtschaftlichen Ordnung leichter vollziehen läßt, daß die Gefahren einer Arbeitslosigkeit geringer sind, wenn durch ein entsprechendes Spar- und Kapitalbildungsvolumen Beschäftigungseinbrüche in den Sektoren der Kapitalgüterindustrie und der Investitionswirtschaft vermieden werden können. Wenn ich dazu noch sage, daß die Steigerung der Leistungsergiebigkeit unserer Volkswirtschaft wesentlich von der Fortentwicklung unserer sachlichen Produktivkräfte abhängt und daß wir, um den Anschluß an den Leistungsgrad der Welt zu finden, auf die Pflege unseres Sachkapitals nicht verzichten können, dann mag trotz der gerade von mir immer wieder betonten und anerkannten Dringlichkeit der Bedarfsdeckung der Erwartung eines wieder wirtschaftlichen Verhaltens jedes einzelnen von uns Ausdruck gegeben werden.

Ich gestehe frei, daß mir die Kreditversorgung unserer Wirtschaft trotz der Gewährung von Übergangshilfen ernste Sorge bereitet. Gleichwohl aber erachte ich die reinigende Kraft einer leichten Deflation für unerläßlich, um neben der dadurch erzwingbaren Auflösung der Hortungsläger auch von dieser Seite her die Unternehmungen zu höchster Rationalität zu zwingen. Es wird nur alles darauf ankommen, diese Strömung rechtzeitig, d.h. also vor einer Schrumpfung der Volkswirtschaft, durch entsprechende Kreditmaßnahmen abzufangen, aber ich möchte auch gewiß sein, daß das gelingen wird. Meine Besprechungen mit den Sachverständigen der Militärregierung haben dort eine gleiche Auffassung erkennen lassen, und so dürfte auch dieses vielleicht schwierigste Problem eine erfolgreiche Lösung finden. Es wird von deutscher Seite auch alles getan werden, um den sich in neuer Deutscher Mark niederschlagenden Kapitalfonds aus den Marshallplan-Einfuhren in Form mittel- und langfristiger Kredite produktiver Verwendung in unserem Lande zuführen zu können und die dafür notwendigen Einrichtungen raschestens aktionsfähig zu gestalten. Hier bleibt zwar noch vieles zu tun übrig, aber das deutsche Volk mag die Überzeugung hegen, daß die Probleme, die seine Sorgen ausmachen, wohl in vollem Umfange erkannt sind und daß in den Grenzen der deutschen Verantwortung nichts unterlassen werden wird, um in der ferneren Entwicklung den anfallenden Aufgaben gewachsen zu sein. Es wird vor allem wieder das alte Instrument des Handelswechsels zum hervorstechendsten Finanzierungsmittel für den kurzfristigen Betriebskredit werden müssen. Wenn wir uns auch in der scheinbaren Geldüberfülle dieser Finanzierungsform nahezu völlig entwöhnt haben und damit in der Handhabung gewisse Gefahren verbunden sind, so bedeutet doch die Reaktivierung des Warenwechsels einen bedeutsamen Schritt auf dem Wege zu einer gesunden Finanzgebarung, und ich möchte darum hoffen, daß die Hemmungen, sich seiner zu bedienen, im Interesse unserer Volkswirtschaft bald überwunden sein werden.

Die Verwaltung für Wirtschaft hat bereits am gestrigen Tage von dieser Stelle aus Freigaben von verschiedenen Gebrauchs- und Verbrauchsgütern aus der Bewirtschaftung verkündet, und es sind alle Vorbereitungen getroffen, die Zügel der Bewirtschaftung noch lockerer zu gestalten. Die Resonanz, die dieser Übergang zu freieren Formen der Wirtschaft in unserem Volke gefunden hat, beweist nur, wie gründlich satt es dieser staatlichen Bevormundung ist und wie befreiend unser Volk die ihm zurückgegebene Möglichkeit der selbstverantwortlichen Gestaltung seines Schicksals empfindet. Wir waren auf dem besten Wege, die Demokratie zu Tode zu kommandieren und die demokratischen Grundrechte unseres Volkes zu einer Schimäre werden zu lassen. Erst wenn diese Rechte wieder Ausdruck finden in einer freien Berufswahl, in der freien Wahl des Arbeitsplatzes und vor allem in der Freiheit des Konsums, können wir erwarten, daß das deutsche Volk an der politischen Gestaltung seines Schicksals wieder aktiven Anteil nimmt. Aus dieser gleichen Überlegung heraus habe ich dem Wirtschaftsrat ein Gesetz vorgelegt, das die Auflockerung und

Beseitigung der Gewerbebeschränkungen zum Gegenstand hat und das von dem Willen beseelt ist, den Menschen, insbesondere den Flüchtlingen, denen sofortige materielle Hilfe in hinreichendem Maße nicht gewährt werden kann, ungestört von kleinlichen und egoistischen Lokalinteressen wenigstens den Aufbau einer neuen Existenz zu ermöglichen. Der deutsche Staatsbürger wird erst dann wieder zu seiner Würde zurückfinden und sich aus innerem Erleben zur Demokratie bekennen können, wenn er in keiner Amtsstube mehr den Rücken zu krümmen braucht. Ihm dazu zu verhelfen, werde ich als meine vornehme Aufgabe ansehen.

Wenn in den nächsten Tagen von meinem Amt Preisanordnungen im Sinne der Freigabe von Preisbindungen ergehen werden, so glaube ich nun nicht mehr befürchten zu müssen, daß solche Maßnahmen als Mittel zur Förderung der Unternehmerinteressen und als gegen das Wohl der arbeitenden Bevölkerung gerichtet gewertet werden. So gewiß ich auch dessen bin, daß die von mir erwartete Preissenkung Platz greift, so werde ich doch die Entwicklung in unserer Wirtschaft sorgfältig überwachen. Ich werde alle geeigneten Institutionen einschalten, um über die diesbezüglichen Vorgänge im Lande unterrichtet zu sein und notfalls sofort Abhilfe schaffen zu können. Ich möchte das freie Unternehmertum auf den Ernst dieser Stunde hinweisen und es mahnen, aus den vermeintlichen Chancen eines Augenblicks nicht eine das Gesamtwohl schädigende Nutzanwendung zu ziehen. Diese kurzsichtige Politik eines kleinen Krämergeistes müßte sich bitter rächen, und darum rufe ich auch die Selbstverwaltungsorgane der Wirtschaft, die Kammern und Verbände auf, im Kreise ihrer Mitglieder Verständnis dafür zu wecken, daß die Stunde der Bewährung gekommen ist und daß uns nur wieder der Rückfall in irgendeine Form der staatlichen Befehlswirtschaft droht, wenn sich die Wirtschaft der Aufgabe nicht gewachsen und des Vertrauens nicht würdig zeigt. Ich bin guten Mutes, daß das Werk gelingen wird, aber ich bin mir unter der Bürde der Verantwortung auch der Schwere des guten Vollbringens bewußt. Alle Maßnahmen werden mit ruhigem Bedacht und auf das sorgfältigste geprüft werden. Aber ich werde, solange ich des Vertrauens des Wirtschaftsrates und des deutschen Volkes gewiß sein kann, diesen Weg der Auflösung der Zwangswirtschaft auch mit Mut und Entschlossenheit gehen.

Ich habe keinen politischen Ehrgeiz, und am wenigsten einen solchen parteipolitischer Art. Wenn ich die mir erteilte Vollmacht wieder in die Hände des Wirtschaftsrates zurücklege, will ich glücklich und dankbar sein, wenn es mir vergönnt war, alle Fährnisse überwunden und zu meinem Teil dazu beigetragen zu haben, daß auch unser Volk, auf gesunder wirtschaftlicher Grundlage arbeitend, wieder ein Stück von jener irdischen Lebensfreude empfinden darf, ohne das es verkümmern und verderben müßte.

Zur Kritik an der neuen Ordnung

Rundfunkansprache, 6. August 1948

Die Wochen nach der Währungs- und Wirtschaftsreform gehören zu den turbulentesten Zeiten der deutschen Nachkriegsgeschichte. Die Ereignisse stellten die Marktwirtschaft gleichsam wenige Stunden nach ihrem Start vor die denkbar härteste Belastungsprobe. Eine lange Jahre aufgestaute Nachfrage nach Konsumgütern und ein in allen Branchen der Wirtschaft fast unbegrenzter Nachhol- und Ersatzbedarf drängten mit ungestümer Gewalt auf die von den gröbsten Fesseln der Bewirtschaftung befreiten Märkte. Der Geldumlauf in neuer Währung war mit der Zuteilung der sogenannten Kopfquoten, der Umstellung von Reichsmark-Spareinlagen und mit der Anfang August erfolgten Aufhebung des Verbotes der Gewährung von Kontokorrentkrediten sprunghaft gestiegen. Zwar nahm auch das Angebot aus Produktion und Lagerbeständen kräftig zu, aber es reichte wegen ungenügender Importmöglichkeiten nicht aus, um diese Nachfrage befriedigen zu können. Preissteigerungen waren um so weniger zu vermeiden, als zugleich eine Reihe preiserhöhender Faktoren wirksam wurde, wie zum Beispiel die Einstellung oder Kürzung von Subventionen. Aus der Rückschau erscheinen die monatlichen Preisanhebungen für die Gesamtlebenshaltung relativ moderat (Juli 1948 4,08 Prozent, August 1,96 Prozent, September 2,88 Prozent, Oktober 4,67 Prozent, November −0,8 Prozent, Dezember 0,9 Prozent), aber es handelt sich um Durchschnittsgrößen, die extreme Preisausschläge nicht sichtbar werden lassen. Nach mehr als zehn Jahren mußten sich die Bürger auf die ihnen entwöhnten Regeln der Marktwirtschaft umstellen. Die Deutsche Mark war für die meisten Güter wieder der einzige Bezugsschein geworden. Anpassungsschwierigkeiten und die auf einzelnen Märkten auftretenden Störungen legten die Anhänger planwirtschaftlicher Ideen voreilig als Versagen der neuen Wirtschaftsordnung aus.

Wenn ich mich heute mit der Kritik auseinandersetze, die im Zuge der Währungsreform und des neuen wirtschaftspolitischen Kurses laut wird, so bin ich doch weit entfernt, berechtigte Einwände unterbinden oder der Sorgen um die weitere Entwicklung nicht Raum geben zu wollen. Mich leitet allein die Absicht, unserem Volk die berechtigte Zuversicht und das gesunde Urteil nicht von Leuten trüben zu lassen, die sich – aus den verschiedensten Lagern und Schichten stammend – aus dogmatischdemagogischer Verblendung oder bürokratischer Sturheit dem sich mehr und mehr entfaltenden Geist der Freiheit widersetzen zu müssen glauben, ohne jedoch ein anderes Rezept bieten zu können, als mit den abgestandenen Ladenhütern der staatlichen Rationierung und Preisbindung das so gründlich abgewirtschaftete, korrupte und bankrotte System der Zwangswirtschaft noch einmal künstlich zum Leben zu erwecken. Diese Herrschaften haben es immer noch nicht gemerkt, daß das Volk längst sein Urteil gesprochen hat, daß es des schreienden Unrechtes dieser angeblich sozialen Verteilung müde, der Bevormundung und Demütigung durch die Bürokratie satt ist, daß es sein Schicksal und sein Leben nach eigenem Willen und Ermessen selbst und frei gestalten möchte.

Wir wollen es uns aber gewiß nicht einfach machen, sondern anerkennen, daß besonders die Preisbewegung nach der Währungsreform all denen Sorgen bereiten muß, die, eine chaotische ungehemmte Entwicklung vermutend, den Zusammenbruch der wirtschaftlichen und sozialen Ordnung befürchten. Ich habe vollstes Verständnis für die Gehalts- und Lohnempfänger, die Sorge tragen, daß ihr aus ehrlicher Arbeit gewonnenes Einkommen durch den Preisanstieg lebenswichtiger Verbrauchsgüter zusehends ausgehöhlt wird, und die nach kurzer Befreiung schon wieder mit Schrecken in die Zukunft blicken. Wenn wir aber die Frage stellen, ob die Annahme einer so düsteren Fortentwicklung berechtigt ist, die Vermutung einer drohenden sozialen Gefahr gewissenhafter Prüfung standhält, dann möchte ich zur Beruhigung aller, die es angeht, und in voller Verantwortung der Aussage mit einem klaren, eindeutigen Nein antworten. Mit mir haben Einsichtige immer wieder darauf hingewiesen, daß die Preissteigerungen der letzten Wochen zum geringsten Teil Folgewirkungen der Währungsreform oder unserer Wirtschaftspolitik, sondern das Ergebnis der Auflösung von offenen oder versteckten Subventionen im Zuge der Angleichung unserer Preise an das Weltmarktniveau sind.

So gesehen handelt es sich meist nur um scheinbare Preiserhöhungen, gewiß aber nicht um solche, die den Lebensstandard des deutschen Volkes verkürzen. Denn diese Subventionsbeträge – ob es sich um die Abdeckung von Defiziten im Kohlenbergbau und der Eisenerzeugung oder um Mittel zur künstlichen Verbilligung ausländischer Rohstoffe handelt –, sie fallen ja nicht vom Himmel, sondern müssen im Steuerwege wieder von der Gesamtheit des Volkes getragen werden. Dieser Prozeß der Preisangleichung aber dürfte im wesentlichen abgeschlossen sein oder nur noch in Spitzen wirksam werden.

Mit und trotz dieser Erklärung will ich nicht in Abrede stellen, daß unter der Wucht einer auf wenige Wochen zusammengeballten Nachfrage von mehreren Milliarden Mark das Preispendel hier und dort auch einmal nach der entgegengesetzten Seite ausschlug. Dabei möchte ich vor allen Dingen diejenigen Elemente nicht entschuldigen, sondern – gerade umgekehrt – anprangern, die sich aus gegebener Not- und Mangellage heraus ungerechtfertigter Bereicherung schuldig machten. Ein Gesetz zur Erfassung solcher Vergehen wird noch in diesem Monat in Kraft treten.

Darüber hinaus möchte ich hier noch einmal an die Einsicht, das Gewissen und die Solidarität der zuständigen Wirtschaftskreise appellieren, daß sie aus eigener Verantwortung in ihren Reihen nach dem Recht sehen und Mißstände ehestens überwinden. Wenn sich z. B. die Rohbaumwolle im Preis verdreifacht, so kann nur Dummheit oder böser Wille daraus folgern, daß auch das fertige Produkt um das Dreifache teurer werden müßte. Ebenso ungerechtfertigt würde es mir erscheinen, wenn in dieser Situation der Handel weiterhin mit den gleichen prozentualen Spannen operieren wollte.

Es gibt auch außerhalb der Zwangswirtschaft Mittel und Wege – z. B. die Einfuhr ausländischer Fertigwaren –, die Anwendung wirtschaftlicher Grundsätze durchzusetzen. Zwar wird, wenn der Kopfgeldrausch abgeklungen ist und die Nachfrage nur noch aus den laufenden Einkommen fließt, der Wettbewerb von selbst dafür Sorge tragen, daß die Gewinne und Einkommens-Ansprüche der Produzenten und Händler nach Maßgabe ihrer Leistung auf das rechte Maß zurückgeführt werden; aber je rascher wir dieses Stadium der Unsicherheit überwinden, je weniger das wirtschaftliche Handeln des einzelnen von spekulativen Momenten beherrscht wird, desto sicherer werden wir zu geordneten Grundlagen unserer Volkswirtschaft zurückfinden können.

Wer sich einmal darauf besinnt, daß in diesen letzten sechs Wochen mit der Freigabe der Preise in bewußter Absicht eine Bewegung entfesselt wurde, die zur Auflösung der durch zwölf Jahre Preisstop bewirkten Verzerrungen führen und damit der Wirtschaft wieder den Kompaß zurückgeben sollte, wer sich dabei bewußt ist, daß in dem Kräftespiel kostenerhöhender und kostensenkender Faktoren der Ruhepunkt nicht kalkulatorisch meßbar und berechenbar sein konnte, und weiter noch in Rechnung stellt, daß sich dieses Geschehen in einer Zeit starker politischer Unsicherheit und in Unkenntnis über Verfahren und Umfang des bevorstehenden Lastenausgleichs vollzog, der kann rückblickend und zusammenfassend ehrlicherweise nur zu der Feststellung kommen, daß die aufgetretenen Störungen und Spannungen von geringerem Gewicht und Einfluß waren, als selbst Optimisten ahnen konnten.

Ich persönlich lehne es ab, wie es vielfach geschieht, hier von einem Experiment zu sprechen, denn ich habe diesen Ablauf auf Grund sorgfältiger Erwägungen erwartet und möchte dazu sagen, daß sich auch nichts ereignet hat, was mich nur im geringsten an der Richtigkeit der eingeschlagenen Wirtschaftspolitik irremachen konnte. Nach wie vor bin ich gewiß, daß unter dem Druck des Wettbewerbs, und das nicht zuletzt über den Außenhandel, im Zusammenwirken mit einer straffen Gold- und Kreditpolitik gerade von dieser Phase aus, in der wir uns befinden, die deutsche Wirtschaft in all ihren Teilen zu höchster Kraftanstrengung und Leistungssteigerung gezwungen werden wird und daß diese mit Tatkraft verfolgte Wirtschaftspolitik im Endergebnis das optimale und sozialpolitisch günstigste Verhältnis zwischen Lohn und Preis gewährleistet.

Der immer wieder gegen die Marktwirtschaft erhobene Einwand, daß in unserer Lage die Güterproduktion zur Deckung des Bedarfs nicht ausreichen würde, erweist sich bei näherer Betrachtung als ein Kinderschreck. Denn wie ich schon häufig sagte, sind Güterproduktion und Einkommensbildung, Sozialprodukt und Volkseinkommen so unlösbar miteinander verbunden wie der Mensch mit seinem Schatten; sie bedeuten nur verschiedene Betrachtungsweisen einer gleichen Sache, eines gleichen volkswirtschaftlichen Vorgangs. Solange wir nur die Kraft und den Willen haben, mit unseren Mitteln hauszuhalten, d. h., nach Maßgabe einer geordneten Finanzwirtschaft unsere Etats auszugleichen – und die Garantien hierfür sind gesetzlich verankert –, sind alle Befürchtungen und möglicherweise auch die Spekulationen auf einen Verfall unserer Währung völlig abwegig. So lange besteht auch nicht die geringste Gefahr für den Fortbestand unserer wirtschaftlichen und sozialen Ordnung. Ich bin auch gewiß, daß der mit dem Marshallplan und der Währungsreform zu verzeichnende erfolgversprechende Ansatz einen Optimismus hinsichtlich eines weiter günstigen Verlaufs rechtfertigt.

Da auch die Verhandlungen um die Bereitstellung des mittel- und langfristigen Kredits in Kürze ein positives Ergebnis erwarten lassen, darf auch die Produktionsgüter- und Investitionswirtschaft neue Hoffnung hegen. Damit lösen sich die Sorgen um das Schicksal der in diesen Sektoren tätigen Menschen. Was bleibt also von der Kritik aller Art übrig als der Hinweis auf bedenkliche, aber in durchsichtiger Absicht meist noch falsch analysierte Preissteigerungen? Es ist geradezu unverantwortlich, wenn von bestimmten Seiten aus – sei es aus mangelnder Erkenntnis, Fahrlässigkeit oder sogar gegen bessere Einsicht – der Eindruck erweckt werden soll, als ob die Bäume – in diesem Fall also die Preise – in den Himmel wachsen würden, wenn nicht ebendiese gleichen Leute den angeblichen Hazardspielern der Marktwirtschaft rechtzeitig Einhalt gebieten. Dabei gehört wahrlich wenig Phantasie dazu, um zu erkennen, daß nach der Währungsreform außer dem von uns eingeschlagenen Weg nur noch zwei Entwicklungen denkbar gewesen wären: Entweder – und das wäre wahrscheinlich noch das geringere Übel – hätten die entfesselten Elemente alle Barrieren der Bewirtschaftung und der Preisbildung überrannt und der Staatsführung die Zügel der Wirtschaftspolitik aus der Hand geschlagen, oder aber es hätte das Chaos mit all den Scheußlichkeiten der Zwangswirtschaft weiter fortbestanden.

Der Normalverbraucher aber wäre gewiß ein weiteres Mal leer ausgegangen. Der Schrei aus der französischen Zone nach der im Vereinigten Wirtschaftsgebiet nunmehr obwaltenden Wirtschaftspolitik wäre schwer verständlich, wenn man dort mit den alten Methoden nach der Reform jene guten Erfahrungen gemacht und jene sozialen Erfolge erzielt hätte, deren wir nun durch unsere böse Wirtschaftspolitik verlustig gegangen sein sollen.

Man stelle sich einmal vor, was geschehen wäre, wenn eine Behörde auch nur den Versuch unternommen hätte, für diesen Kaufkraftstoß von rund 5 Milliarden Mark Bezugsscheine oder auch nur Bezugsrechte auf ein unbekanntes Güterangebot auszugeben. Das Tohuwabohu wäre, wie selbst jeder Laie beurteilen kann, in jedem Fall vollkommen gewesen. Hier wird die angebliche Ordnung zum Triumph der Unordnung. In den Gehirnen dieser Art von Planwirtschaftlern und Verteilungsbürokraten stellt sich eben nur das als Ordnung dar, was in ihr Schema der Regulierung von Gütern, Waren und Dienstleistungen paßt, und es macht ihnen gar nichts aus – nein, es gehört zwangsläufig sogar dazu –, daß auch die Menschen in diesen seelenlosen Mechanismus, in die Versklavung der Herzen und Hirne einbezogen werden.

Die einen wollen ein Dogma retten, das nicht mehr zu retten ist, die anderen wollen sich ihre Sessel und ihre Pfründe bewahren. Man muß sich schon fragen, woher diese beiden im Verein den Mut hernehmen, dem Volk noch einmal diese Zwangsjacke anzupreisen, obwohl dieses Volk aus eigener Erfahrung doch wohl am besten weiß, daß es in den letzten sechs Wochen im Zeichen der Marktwirtschaft mehr Verbrauchsgüter erwerben konnte als in den vergangenen drei Jahren zusammengenommen. In diesen sechs Wochen wurden die Güter nicht verkompensiert und verschoben, sondern kamen auf den Markt und ohne Wirtschaftsämter – oder gerade deshalb – in die Hände der Kopfgeldbesitzer sowie der Lohn- und Gehaltsempfänger. Mir liegt gewiß jeder Zynismus fern, und ich werde stets mit allen Mitteln bestrebt sein, der Masse unseres Volkes eine hohe Realkaufkraft zu sichern, aber wenn heute vergleichend festgestellt wird, daß vor der Währungsreform ein Bekleidungsgegenstand 12 Mark kostete, während für das gleiche Stück heute 15–18 Mark aufzuwenden seien, dann mag das zwar zutreffen, aber eben nur mit der kleinen Anmerkung, daß der Normalverbraucher im Gegensatz zu der Zeit vorher einen solchen Gegenstand jetzt auch wirklich kaufen kann. Man rechnet in diesen Kreisen der Kritiker doch offenbar etwa zu sehr mit dem kurzen Gedächtnis der Menschen. Deshalb möchte ich vorsorglich daran erinnern dürfen, daß

z. B. vor etwa 1½ Jahren dem deutschen Volke das sogenannte Pfennig-Artikel-Programm verkündet wurde, zu dessen Abwicklung sich dann die Behörde als unfähig erwiesen hat. Trotzdem scheut man sich nicht, uns die Rückkehr zu einer Ordnung – so lassen sich die Begriffe mißbrauchen – zu empfehlen, die es noch nicht einmal zuwege brachte, den Hausfrauen durch die behördliche Planung einige Nadeln, ein paar Meter Stopfgarn und ein paar Hosenknöpfe zuzuteilen.

Das Lohn-Preis-Verhältnis trotz aller materiellen Widrigkeiten sozial tragbar zu gestalten, wird gewiß allen am Herzen liegen, die vor ihrem Gewissen und ihrem Volke dafür Verantwortung tragen. Wer aber kein besseres Rezept bieten kann als wieder Zwang und neuen Zwang, der hat das Recht der Kritik verwirkt. Im Regelfalle ist diese zudem so einseitig und lückenhaft, daß sie nur als bewußt böswillig, in jedem Falle aber als unobjektiv bezeichnet werden kann. Wenn meine Kritiker in solchem Zusammenhang gar von einer Gefährdung unserer Währung sprechen, so mag ihnen, weil sie nicht wissen, was sie tun, verziehen sein. Denn in Wahrheit wäre nichts die Stabilität der neuen Mark mehr zu untergraben geeignet als die Wiedereinführung einer staatlichen Güterbewirtschaftung und eines neuen Preisbindungssystems.

Ich wiederhole deshalb nochmals, daß es in einer geordneten Wirtschaft keinen anderen Bezugschein geben darf als das Geld und daß es sinnlos und widerspruchsvoll sein müßte, dem Verbraucher Bezugsrechte einzuräumen, zu deren Verwertung ihm das Einkommen fehlt; genauso wie es widersinnig wäre, ihm durch die Behörde weniger Beschaffungsmöglichkeiten zuzubilligen, als er durch sein Einkommen auf Grund geleisteter Arbeit beanspruchen darf. Unter den chaotischen Geldverhältnissen konnten wir uns, weil es tausend Auswege gab, selbst diesen Unfug leisten. Unter der heutigen Geldordnung aber würde diese Mißwirtschaft zu raschester Auflösung und zwangsläufig auch zum Währungsverfall führen müssen.

Ich kann nur sagen, das Schicksal möge das deutsche Volk vor diesen Ordnungsfanatikern schützen, die über viele Jahre geduldig zusahen, wie das Volk unter der staatlichen Rationalisierung langsam verkümmerte, die aber mit einer geradezu neurasthenischen Hast einschreiten zu müssen glauben, wenn sechs Wochen nach der Währungsreform noch nicht die ideale Norm einer Wirtschaft verwirklicht ist. Seien Sie deshalb, meine verehrten Hörer, gewiß, daß ich den einzig möglichen Weg der Gesundung zielstrebig weiterverfolgen werde, daß ich im Rahmen meiner Vollmachten nicht einen Augenblick daran denke, das Rad der Entwicklung wieder rückwärts zu drehen. Ich weiß, daß man in manchen Ämtern den dringend notwendigen Abbau in der Hoffnung auf die Wiederkehr der alten Bürokratenherrlichkeit in verantwortungsloser Weise verzögert, aber wenn eines sicher ist, dann dies, daß diese Hoffnung zuschanden werden wird. Mit mir ist das sittliche Recht und die Vernunft. Die Forderung nach demokratischer Freiheit wird so lange leeres Gerede bleiben, als nicht die menschlichen Grundrechte der freien Berufs- und Konsumwahl als unantastbares und unveräußerliches Gut anerkannt sind. Das und nichts anderes aber ist der tiefste Sinn der marktwirtschaftlichen Ordnung.

Marktwirtschaft im Streit der Meinungen

Rede vor dem 2. Parteikongreß der CDU der britischen Zone, Recklinghausen, 28. August 1948

In seiner ersten Rede vor einem größeren Gremium der CDU trägt Ludwig Erhard die Grundgedanken seiner Politik vor. Daß Erhard Gelegenheit bekam, vor der Union auf einem Parteikongreß aufzutreten, zeigt etwas von dem Engagement, mit dem die Mitglieder der Fraktion der CDU/CSU im Frankfurter Wirtschaftsrat das Erhardsche Experiment der Wirtschaftsreform begleiteten. Konrad Adenauer, Vorsitzender der CDU der britischen Zone, hatte sich ebenfalls dafür ausgesprochen, Erhard nach Recklinghausen einzuladen. Innerhalb der Partei war Ludwig Erhard mit seinen Ideen von Freiheit und Ordnung aber keineswegs unumstritten. Vor allem im Lager der Sozialausschüsse hatte das Ahlener Programm der CDU von 1947 noch viele Anhänger. Allerdings war einer der jüngeren Sprecher aus diesem Lager, Theodor Blank, im Frankfurter Wirtschaftsrat zu einem der verläßlichsten Mitstreiter Erhards im Kampf mit den Anhängern der Planwirtschaft geworden.

Mit der wirtschaftspolitischen Wendung von der Zwangswirtschaft hin zur Marktwirtschaft haben wir mehr getan als nur eine engere wirtschaftliche Maßnahme in die Wege geleitet; wir haben damit unser gesellschaftswirtschaftliches und soziales Leben auf eine neue Grundlage und vor einen neuen Anfang gestellt. Wir mußten abschwören der Intoleranz, die über die geistige Unfreiheit zur Tyrannei und zum Totalitarismus führt. Wir mußten hin zu einer Ordnung, die durch freiwillige Einordnung, durch Verantwortungsbewußtsein in einer sinnvoll organischen Weise zum Ganzen strebt. Anstelle eines seelenlosen Kollektivismus, der unser Volk in die Not und in das Elend der Vermassung brachte, mußten wir hin zu einem organisch verantwortungsbewußten Staatsdenken.

Diese Freiheit bedeutet nicht Freibeutertum, und sie bedeutet nicht Verantwortungslosigkeit, sondern sie bedeutet immer verpflichtende Hingabe an das Ganze. Nicht der sinn- und seelenlose Termitenstaat mit seiner Entpersönlichung des Menschen, sondern der organische Staat, gegründet auf die Freiheit des Individuums, zusammenstrebend zu einem höheren Ganzen, das ist die geistige Grundlage, auf der wir eine neue Wirtschaft, eine neue gesellschaftliche Ordnung aufbauen wollen. Die Dinge liegen nicht so einfach, als daß durch den scheinbaren Dualismus hier Planwirtschaft, dort Marktwirtschaft tatsächlich die ganze Problematik umrissen wäre. Die Planwirtschaft führt nach allen historischen Erfahrungen und nach allen logischen Überlegungen über gewisse Zwischenstadien mit Sicherheit zuletzt immer zur Zwangswirtschaft, während die Marktwirtschaft völlig falsch ausgedeutet wäre, wenn man ihr etwa Planlosigkeit vorwerfen würde. Ich glaube, in diesen letzten acht oder zehn Wochen seit der Währungsreform ist mehr geplant, das heißt mehr planende Vorsorge und mehr planende Vorausschau geleistet worden als in den zurückliegenden Jahren der Zwangswirtschaft.

Die Planwirtschaft mündet immer darin, daß das einzelne Individuum als Erzeuger und als Verbraucher unter die Knute des Staates – nein, vielmehr noch unter die Knute einer seelenlosen Bürokratie – gezwungen wird. Der einzelne Staatsbürger wird entwürdigt und gedemütigt. Er fühlt immer nur die Kandare im Maule, sie mußte abgelöst werden durch eine Marktwirtschaft, die nichts zu tun hat mit den Schlagworten, die ihr angeheftet werden und die aus der Rumpelkammer des Liberalismus stammen. Nicht die freie Marktwirtschaft des liberalistischen Freibeutertums einer vergangenen Ära, auch nicht das »freie Spiel der Kräfte« und dergleichen Phrasen, mit denen man hausieren geht, sondern die sozial verpflichtete Marktwirtschaft, die das einzelne Individuum wieder zur Geltung kommen läßt, die den Wert der Persönlichkeit obenan stellt und der Leistung dann aber auch den verdienten Ertrag zugute kommen läßt, das ist die Marktwirtschaft moderner Prägung.

Wenn das Geschehen der letzten zehn Wochen einer Betrachtung unterzogen wird und wir rückblickend leidenschaftslos überprüfen wollen, ob der eingeschlagene Weg der richtige war oder ob er tatsächlich so viele Gefahren und so viele Störungen mit sich gebracht hat, wie ihm heute angedichtet werden, dann wollen wir einmal feststellen, in welchem Zustande wir in die Währungsreform eintraten. Denn das eine möchte ich mit aller Deutlichkeit herausstellen: Eine Währungsreform ohne einen wirtschaftlichen Kurswechsel wäre, wie alle Einsichtigen einsehen, zu einem völligen Scheitern der Reform verurteilt gewesen.

Vor der Währungsreform konnte man überhaupt nicht mehr von einer funktionsfähigen Wirtschaft sprechen. Eine hochkomplizierte und hochentfaltete Marktwirtschaft war durch das währungspolitische Chaos und den darüber getürmten bürokratischen Übermut der Zwangswirtschaft in die Methoden einer primitiven Tauschwirtschaft zurückgefallen. Es gab keine geordnete Produktion mehr, es gab vor allen Dingen keinen Güteraustausch mehr, es gab keine arbeitsteilige Wirtschaft, sondern es gab nur noch einen zusammengewürfelten, seelenlosen, verantwortungslosen Haufen von Lebensangst geplagter Individuen, wo jeder, so gut er konnte, seine rein physische Existenz zu bewahren suchte. Diesen Zustand haben wir überwunden. Es hat wie ein Wunder angemutet, obwohl es nur wohldurchdachte Planung im besten Sinne des Wortes war, daß wir dieses gesellschaftlichen Chaos auf der Grundlage einer neuen Währung dank eines entschlossenen wirtschaftspolitischen Kurswechsels in wenigen Tagen Herr werden konnten.

Wenn heute von der Not gesprochen wird, in die uns diese Wirtschaftspolitik zusammen mit der Währungsreform gebracht habe, dann wollen wir doch eines nicht vergessen und den unwiderlegbaren Beweis führen, daß in den Wochen seit der Währungsreform der deutsche Normalverbraucher, der überhaupt in Vergessenheit geraten war, unendlich viel mehr konsumieren konnte als in den drei Jahren der Zwangswirtschaft zusammengenommen.

Es ist im übrigen eine völlige Illusion, eine wahre Utopie, zu glauben, daß zu einem Zeitpunkt, in dem wir erwarten konnten und erwarten mußten, daß ein Kaufkraftstoß von mehr als fünf Milliarden Mark auf einen unbekannten Markt aufprallt, etwa mit Mitteln der Bewirtschaftung und des Preisstops die äußere Ordnung und ein völlig reibungsloser Ablauf der wirtschaftlichen Ereignisse gewährleistet sein konnte. Das ist eine völlige Unmöglichkeit. Das Beste, was uns hätte passieren können, wäre die gründliche Untergrabung der staatlichen Autorität gewesen, indem ebendiese Flut von Kaufkraft, gedrängt von der Not einer durch viele Jahre darbenden Masse, alle Barrieren übersprungen und niedergewalzt hätte, und wenn es schlecht gekommen wäre, dann wären wir gar völlig in den Zustand der vergangenen drei Jahre versunken und darin umgekommen. Damit wäre dann aber auch die Währungsreform zum Scheitern verurteilt gewesen.

In diesem Zusammenhange noch einmal ein Wort über die Hortung. Sie wissen ja, daß mir vorgeworfen wird, ich wäre gewissermaßen der Schutzheilige der Horter gewesen und hätte die Hortung zur nationalen Tat gestempelt. Meine Damen und Herren! Mich fechten derartige gemeine Verleumdungen ganz bestimmt nicht mehr an, sonst könnte ich an dieser Stelle, an der ich stehe, nicht weiter wirken. Aus dem Gefühl meines guten Gewissens und des ehrlichen Strebens aber, unserem ganzen Volk aus diesem Elend herauszuhelfen, werde ich diese Politik fortführen, solange ich nur Ihres Vertrauens sicher sein kann. Sosehr ich die Hortung als individuelle Maßnahme verabscheue, so sehr fühle ich mich doch verpflichtet, darauf hinzuweisen, daß eine radikale Entleerung unserer volkswirtschaftlichen Läger notwendig dahin geführt haben würde, daß der aus der Währungsreform freigewordene Kaufkraftstrom ins Leere stößt. Damit wäre die Währung entweder vom ersten Tage an zum Scheitern verurteilt gewesen, oder aber man hätte, wie es offenbar manche Leute wollen, mit Mitteln der staatlichen Bewirtschaftung und der staatlichen Preisbildung das Volk weiter unter der Knute und unter der Fron dieser Bürokratie halten müssen. Einen anderen Ausweg hätte es nicht gegeben, und wer sich heute über die Hortung entsetzt – deren Sünder allerdings durch eine künftige Steuerreform und insbesondere durch den Lastenausgleich ihrer Früchte wieder beraubt werden sollen und auch beraubt werden müssen –, mag doch bedenken, daß diese Hortung als solche, d. h. als volkswirtschaftliches Phänomen betrachtet, eben doch ein Stück der ganzen Währungsreform war. Es ist unehrlich, sich auf der einen Seite zu entrüsten, wenn man ganz genau weiß, daß, wenn dieses Polster uns nicht zur Verfügung stand, die Währung Schiffbruch erlitten hätte. Mit der zusammengebrochenen Währung aber wären wir noch ein Stück tiefer, und zwar in einen ausweglosen Abgrund verfallen.

Wenn heute weiter als Kritik angeführt wird, daß es vermessen war, in diesem Zustand, in dem sich unsere Wirtschaft befand, den Übergang von der Zwangswirtschaft zur Marktwirtschaft zu vollziehen, weil den Bedarf durch das Güterangebot zu decken keine Aussicht bestand, dann möchte ich diese Auffassung noch einmal als eine Illusion kennzeichnen. Es wird so dargestellt, als ob die eine Komponente unserer Wirtschaft das Bedürfnis wäre, das Bedürfnis als eine psychologische oder physiologische Kategorie, und auf der anderen Seite stünde das etwas schmälere oder etwas breitere Güterangebot. So aber liegen die Dinge ja gar nicht. Sicherlich – gemessen an dem Bedürfnis unseres Volkes, das durch so viele Jahre bittere Not gelitten hat – würde keine Güterproduktion ausreichen, um diesen zurückgestauten Bedarf decken zu können. Das könnte aber keine Wirtschaft, sie könnte geordnet sein und aussehen, wie sie wollte! Die volkswirtschaftlich relevanten Größen sind auf der einen Seite die kaufkraftgedeckte Nachfrage und auf der anderen Seite die Güterproduktion oder eben unser Sozialprodukt. Diese beiden Größen sind nicht auseinanderzureißen; denn in jeder geordneten Volkswirtschaft, die nicht mehr gestört wird durch staatliche finanzpolitische Falschmünzerei, ist die Bildung des Volkseinkommens mit der volkswirtschaftlichen Güterproduktion unlösbar verkoppelt. Das Einkommen entsteht zusammen mit der Produktion in gleichem Umfange und im gleichen Tempo. Wir sind arm, wenn wir wenig produzieren und dementsprechend nur über ein geringes Volkseinkommen verfügen; wir sind reicher, wenn wir mehr produzieren und so auch mehr Einkommen aus dieser erhöhten Leistung beziehen können. Aber etwa zu glauben, daß die relative Armut, in der wir uns befinden, die mangelnde Produktivität unserer Volkswirtschaft, ein Anlaß wäre, nicht zur Marktwirtschaft übergehen zu können, widerlegt sich von selbst. Das würde bedeuten, daß das Ziel der Volkswirtschaft die Verwaltung der Armut ist, während ich als volkswirtschaftliches Ziel nur eines

kenne: durch Mehrarbeit, durch höhere Leistung, durch höhere Ergiebigkeit unserer Volkswirtschaft unser Volk aus der Armut herauszuführen.

Es gibt keinen Grund, einzusehen, warum diese relative Armut, von
der ich sprach, uns zwingen müßte, die Zwangswirtschaft mit allen Mitteln
aufrechtzuerhalten. Wenn Sie nach historischen Entwicklungen suchen
und sich in den europäischen Volkswirtschaften umsehen, dann können
Sie feststellen, daß nicht reiches Land und Marktwirtschaft oder armes
Land und Zwangswirtschaft bzw. Planwirtschaft zusammenfallen, sondern daß es immer der freie Entschluß eines freien Volkes ist, nach welchen Prinzipien es eine Wirtschaft zu gestalten und zu ordnen gedenkt.

Es genügt ein Blick auf die französische Zone, um an diesem Beispiel
darzutun, daß gar kein anderer Weg übriggeblieben wäre als eben der von
uns beschrittene. In der französischen Zone sind die Dinge nach der
Währungsreform, die dort ja genauso aussieht wie die unsere, nicht etwa
besser geworden, sondern sie waren wesentlich schlechter. Zu einem
erheblichen Teil sind dort die Bewirtschaftung und alle staatlich errichte-
ten Schranken einfach überfahren worden. Daneben aber sind die früheren Mißstände: der Verkauf unter dem Ladentisch, die Korruption, die
Schiebung, die Kompensation und alle diese Errungenschaften und Merkmale der Zwangswirtschaft weiter bestehengeblieben. Es ist also gar nicht
so, als ob wir bei vernünftigem Handeln die freie Entscheidung gehabt
hätten. Was wir in dieser Situation tun mußten, war: die Fesseln lösen. Wir
mußten es tun, um in unserem Volke endlich wieder moralische Grundsätze zur Anwendung zu bringen und den Beginn einer Läuterung unserer
Gesellschaftswirtschaft zu unternehmen.

Die reale Lage unserer Volkswirtschaft ist zweifellos die, daß sie sich
gegenüber einem früheren Standard oder gemessen an der Situation rei-
cherer Volkswirtschaften in einer sehr unglücklichen Position befindet. Ich
brauche nur zu sprechen von den Vernichtungen unseres Produktionsapparates durch Einflüsse des Krieges, von der technischen Rückständigkeit,
in die wir durch die Abschnürung von der Welt gerieten, von der geistigen
und materiellen Isolierung – ich brauche nur zu erinnern an die mangelnde Arbeitsfähigkeit des durch Hunger ausgemergelten deutschen
Volkes, um darzutun, daß diese unsere Volkswirtschaft mindestens in dem
Zustand, in dem sie mit der Währungsreform in eine neue Phase getreten
ist, zwangsläufig nur ein geringes Sozialprodukt erstellen konnte. Dieses
geringe Sozialprodukt mit Mitteln der Zwangswirtschaft gerecht zu verteilen, hat sich, wie ich noch einmal herausstellen möchte, als eine so voll-
kommene Illusion erwiesen, daß es völlig abwegig gewesen wäre, auf
diesem bitteren Weg fortzuschreiten. Wir verfielen mehr und mehr der
Atomisierung. Jede Woche gab es neue Sonderkontingentträger und wie
diese Institutionen alle hießen – mit der Folge, daß die Masse des Volkes,

der Normalverbraucher, überhaupt völlig vom Konsum ausgeschaltet war. Jeder Versuch, nach dieser Richtung hin eine Änderung herbeizuführen, hat nicht etwa zu einem Erfolg geführt, sondern war begleitet von den schlimmsten Demütigungen und Entwürdigungen, die überhaupt ein Mensch hinnehmen kann. Wenn Sie heute hinausgehen auf die Straße und fragen das Volk, was es lieber möchte, entweder den vergangenen Zustand wieder aufzurichten mit der sehr fragwürdigen Chance, nun vielleicht etwas mehr konsumieren zu können, oder Freiheit und Würde zurückgewonnen zu haben, nicht vor Amtsstuben anstehen zu müssen, um dort mit unwürdigen Mitteln seine Armut zu belegen, dann, bin ich überzeugt, bekommen Sie von unserem Volk nur eine Antwort: Wir sind glücklich, daß wir endlich wieder Menschen sein dürfen, aus der Versklavung der Herzen und der Hirne endlich herausgerissen zu sein.

Unsere heutige Wirtschaft leidet darunter, daß wir alle mit falschen Vorstellungen an unser gesellschaftliches Leben herangehen. In uns sind Erinnerungen aus der Vergangenheit, die wir um so weniger tilgen können, als wir die letzten Jahre in einem Zustande gelebt haben, der keinen Vergleich und keine Basis für eine reale Betrachtung zuließ. Jeder einzelne macht sich heute, da er wieder echtes Geld in der Hand hat, Gedanken darüber, wie er sein Leben früher hat gestalten können; und wenn er solche Vergleiche mit der »guten alten Zeit« zieht, muß er selbstverständlich zu dem Ergebnis kommen, daß es ihm heute schlechter geht als früher. Diese Erkenntnis mag bitter sein, um so bitterer, wenn es Menschen gibt, die bereit sind, an die primitiven Instinkte zu appellieren und mit verlogener Demagogie dem einzelnen vorzugaukeln, daß nicht die äußere materielle Not, nicht das, was wir in jenen unglückseligen zwölf Jahren verschuldet haben, die Schuld trägt, sondern die Männer, die es übernommen haben, das Volk aus dem Elend herauszureißen. Sie sollen verantwortlich sein, wenn in acht Wochen nach dem Chaos noch nicht die reibungslos funktionierende, die soziale Wohlfahrt voll garantierende Wirtschaft erreicht ist. Diese Methode richtet sich in den Augen aller gerecht und ehrlich Denkenden von selbst.

Die falschen Vorstellungen gehen aber auch dahin, daß in uns Erinnerungen wachgerufen werden, die auf der Ordnung einer hierarchischen Einkommenspyramide beruhen. Fast unwillkürlich wird gefolgert, daß, gemessen an dem Lohn des Arbeiters, der Angestellte soviel und der Beamte etwas mehr, der Handwerker dies, der Händler jenes und der Industrielle entsprechend noch mehr verdienen dürfe. Und aus dieser Vorstellung leitet dann der einzelne die sittliche Berechtigung zu seinem Lebensstandard auch für die Gegenwart ab. Das aber ist eine Täuschung, die sich bitter rächen muß. Ich glaube, wir wären als gesamtes Volk und als Volkswirtschaft schon wesentlich weiter, wenn wir einzusehen bereit wären, daß diese Rechnung mit großen Irrtümern und Fehlern behaftet ist. Wenn Sie sich vergegenwärtigen, daß unser Sozialprodukt heute ungefähr 35 Milliarden Mark ausmacht und daß sich in dieses Sozialprodukt 45 Millionen Menschen zu teilen haben, deren Lebensanspruch wir nicht kürzen können und kürzen wollen, wenn wir an die vielen Flüchtlinge denken und an all die Menschen, die nicht mehr arbeiten können, dann läßt sich leicht errechnen, daß für eine stark überhöhte Einkommenspyramide in unserer Volkswirtschaft kein Raum mehr sein kann. Diese Einkommensstufungen können vielmehr nur relativ schwach sein, aber auf der anderen Seite brauchen wir den Leistungsanreiz – vom Arbeiter bis zum Unternehmer –, weil wir die Chance bieten müssen, durch Mehrleistung einen höheren Anspruch an das Sozialprodukt zu gewährleisten. Hier tut sich eine Problematik auf: Wir sind so arm geworden, daß für Differenzierungen wenig Raum bleibt; aber wir können auf die Differenzierungen nicht verzichten, um den Leistungswettbewerb zu fördern. Diese höhere Leistung erreichen wir nach den Erfahrungen der letzten drei Jahre bestimmt nicht durch Kommandos, durch eine Überspitzung der Bürokratie und die Auswirkung eines Verwaltungsapparates, der volkswirtschaftlich gesehen nur ein Schmarotzer am Volkskörper ist, sondern wir erreichen sie dadurch, daß jeder einzelne durch die natürliche Ordnung des Marktes an den Platz gestellt wird, wo er am meisten leistet, und auf diesem Platz dann seine Kraft für sich und für die Gesamtheit bis zur Neige ausschöpft.

Die Störungen, die wir in den letzten Wochen erlebt haben und die ich gar nicht leugnen möchte, basieren angesichts der allgemeinen Unsicherheit, in der sich alle Menschen bewegten, wesentlich darauf, daß der äußere Maßstab für das Mögliche noch nicht vorhanden ist. Denn daß die Behörden nicht alles durch Dekrete und Gesetze ordnen können, dessen sind wir uns wohl bewußt. Der Markt aber konnte in acht Wochen noch nicht in der Lage sein, den einzelnen – mit oder, wenn es not tut, auch gegen seine Einsicht – dazu zu zwingen, sich im Rahmen einer sozialen Ordnung in diese Gesellschaft einzufügen und sich entsprechend zu bescheiden.

Sosehr es angebracht erscheint, mit Appellen an die Moral und an das soziale Gewissen zu operieren, so deutlich möchte ich es aussprechen, daß die marktwirtschaftliche Ordnung, zu der wir zurückgekehrt sind, doch nicht auf so schwachen Füßen steht, daß sie mit der Vernachlässigung oder Nichtbeachtung dieses kategorischen Imperativs etwa zusammenbrechen müßte. Nein, ich bin vielmehr überzeugt, daß wir das Ziel einer reibungslos funktionierenden Marktwirtschaft mit der Zielsetzung eines maximalen Lebensstandards für unser ganzes Volk in jedem Fall erreichen werden, und zwar deshalb, weil diese Wirtschaft allein zur höchsten Leistung zwingt. Durch Geld-, Kredit- und steuerpolitische Maßnahmen wird von Tag zu Tag, von Woche zu Woche mehr ein Druck auf die Wirtschaft ausgeübt werden, der alles das ausschaltet, was faul und morsch ist und was nicht mehr an den Leistungsstandard der Fleißigen und Tüchtigen heranreicht. Auch von außen her – ich erinnere nur an den Export zum 30-Cents-Kurs – sind uns jetzt feste Grenzen gesetzt, die wir, ohne die Währung zu sprengen, einfach nicht übersteigen können. Wenn wir weiter danach streben, die gesamte Kaufkraft, die am Markt wirksam werden kann, mit dem gesamten Güterangebot, das die Volkswirtschaft zur Verfügung zu stellen hat, in Übereinstimmung zu halten, dann werden wir auch erkennen, daß diese letzten Wochen unter dem Kopfgeldrausch keinen Maßstab abgeben können.

Woran lagen die Störungen? Sie lagen daran, daß wir dem Konsumenten endlich die Freiheit wiedergegeben haben – in meinen Augen eine der wichtigsten aller demokratischen Freiheiten, nämlich die freie Konsumwahl neben der freien Berufswahl. Aus diesem Grunde ist, wie zu erwarten war, eine gewisse Massierung der Kaufkraft, insbesondere bei Textilien und Schuhen, entstanden, und deshalb blieb auch in diesen Bereichen noch ein Rest von Verbrauchsregelung aufrechterhalten. Obwohl ich mir der Problematik dieser Art von Verbrauchslenkung durchaus bewußt war, sollte der Nachfrage auf solche Weise doch eine Bremse angelegt werden. Die Alternative ist klar gestellt: Entweder Sie behalten die Zwangswirtschaft mit all ihren Scheußlichkeiten bei, oder aber Sie nehmen die Pressionen der Marktwirtschaft bewußt in Kauf in der Erwartung, daß die lebendigen Kräfte des Marktes den Ausgleich schaffen. Es ist heute ja nicht so, daß der Verbraucher, der kaufend zu Markte geht, nur ein ganz bestimmtes Bedürfnis abdecken will und daß er, falls der Markt dieses Gut nicht feilbietet, mit seinem Latein dann zu Ende wäre. Ein Volk, das an allem und jedem Not leidet – sei es an Wäsche, Hausrat oder was auch immer –, kann von einem Bedürfnis und von einem Bedarf auf den andern überwechseln, ohne daß das als allzu starke Störung empfunden werden wird. Und das Volk in seiner Gesamtheit hat auch so reagiert. Sicher will es in erster Linie auch Bekleidungsgegenstände oder Schuhe kaufen, aber wenn diese Waren »über Gebühr« steigen und auf der andern Seite ein Vakuum mit der Folge eintritt, daß Preise für ebenfalls begehrte Güter sinken, dann wird das immer mehr den Ausgleich beschleunigen, d. h., die Massierungen werden sich verflachen. Daß von der Erzeugungsseite her alles geschieht, dem jetzt stärker meßbaren Bedarf entgegenzukommen, ist eine Selbstverständlichkeit und liegt in der Linie einer sinnvollen Planung, wie ich sie verstehe.

Wenn Sie mich endlich fragen, wie ich mir die weitere Entwicklung vorstelle und ob ich der Meinung oder sogar der Überzeugung bin, daß sich die einer berechtigten Kritik unterzogenen Störungen in Zukunft überwinden lassen, dann möchte ich darauf mit einem eindeutigen »Ja« antworten. Es zeigt sich heute bereits, daß der Druck auf die Unternehmungen stärker wird, und von den Banken wird berichtet, daß die Geldflüssigkeit nachzulassen beginnt. Wenn ich mir weiter vorstelle, daß wir es in absehbarer Zeit erreichen, durch erhöhte Rohstoffzufuhren den Güterfluß bis hin zum Verbraucher reibungslos in Gang zu bringen – und nach einem Abbröckeln der Weltmarktpreise auch das Spekulantentum aus der Wirtschaft mehr und mehr auszumerzen –, dann werden durch den Druck des Exportierenmüssens und der Begrenzung der Exportpreise die Unternehmer zu wirtschaftlichem Verhalten gezwungen sein. Ich bin der festen Überzeugung, daß wir der Dinge Herr werden. Sie dürfen nicht vergessen, daß in den letzten acht Wochen alle kostenerhöhenden Faktoren mehr oder weniger in einem Sprung vorweggenommen wurden. Diese kostenerhöhenden Faktoren sind bekannt. Sie resultieren aus der Kostenausgleicherhöhung für Kohle, Eisen, Stahl, Energie, Gas und dergleichen mehr, und sie basieren weiter auf der gleichzeitig eingeführten Verrechnung der Außenhandelsgeschäfte zu dem 30-Cents-Kurs für die D-Mark. Sie wissen, daß damit viele industrielle Rohstoffe, und gerade die in sozialer Hinsicht entscheidenden, im Preise eine Verdreifachung erfahren haben. Und alles das ist nun über Nacht wirksam geworden in einer psychologischen Situation, in der unter dem Eindruck einer scheinbar unbegrenzten Kaufkraftfülle die Reaktionen dann nicht immer marktgerecht sein konnten. Diese Verteuerung durch die unterlassene Preisangleichung und die Verteuerung durch die Erhöhung der Importpreise bedeutet in Wahrheit gar keine echte Preissteigerung, sondern stellt den Ausgleich von entfallenen Subventionen in Höhe von vielen Milliarden Mark dar. Wer da glaubt, daß diese Milliarden vom Himmel gefallen wären und nicht auch wieder von der ganzen Masse unseres Volkes hätten getragen werden müssen, dessen Kenntnisse von der Volkswirtschaft sind so primitiv, daß mit ihm darüber zu diskutieren sich überhaupt nicht lohnt. Aber dieser Zustand kennzeichnet die Entwicklung der letzten acht Wochen.

Daß da auch gesündigt worden ist und daß allenthalben über das Ziel hinausgeschossen wurde, daß sogar groteske Mißstände zutage getreten sind, das alles – sei es aus Dummheit oder aus bösem Willen – ist nicht zu leugnen und soll auch nicht beschönigt werden. Aber es ist eine völlige Illusion, zu glauben, daß solche Erscheinungen Bestand haben könnten, daß das etwa ein Kennzeichen einer marktwirtschaftlichen Politik wäre oder daß gar die für die Marktwirtschaft verantwortlichen Männer kalten Herzens eine solche Politik herbeisehnen oder ihr den Boden bereiten wollten. Das ist so entsetzlich dumm, daß nur Gemeinheit aus dieser Wurzel Kritik erheben kann.

Und wie wird nun die weitere Entwicklung verlaufen? Die mit der Währungsreform verbundene Leistungssteigerung der menschlichen Arbeitskraft im Ausmaß von 20 bis 30 % muß eine wesentliche Kostensenkung herbeiführen. Es zeigt sich schon jetzt, daß sich der Wettbewerb belebt, daß der Fabrikant darauf Bedacht nimmt, was sein Konkurrent anbietet und welche Preise er dafür fordert. Die Kaufkraft beginnt, wenn wir jetzt von dem zweiten Stoß von 20 Mark absehen, langsamer zu fließen; denn allmählich gewinnt auch der Verbraucher wieder die notwendige wirtschaftliche Vernunft zurück, die ihn mit seinen Mitteln hauszuhalten zwingt. Mit einer tendenziell steigenden Güterproduktion – denn dieses Faktum ist nicht zu leugnen – kommen wir von Tag zu Tag mehr und mehr dahin, daß die kostensenkenden Tendenzen sich immer stärker durchsetzen. Ich bleibe dabei – und die Entwicklung wird mir recht geben –, daß, wenn jetzt das Pendel der Preise unter dem einseitigen Druck kostenerhöhender Faktoren und unter dem psychologischen Druck dieses Kopfgeldrausches die Grenzen des Zulässigen und Moralischen allenthalben überschritten hat, wir doch bald in eine Phase eintreten, in der über den Wettbewerb die Preise wieder auf das richtige Maß zurückgeführt werden – und zwar auf das Maß, das ein optimales Verhältnis zwischen Löhnen und Preisen, zwischen nominalem Einkommen und Preisniveau sicherstellt.

Wenn wir etwas aus der Vergangenheit lernen können, dann dies, daß in der Planwirtschaft und in der Zwangswirtschaft der Lohnanteil am fertigen Produkt immer niedriger war als in der Marktwirtschaft, und der Lohnanteil ist stets am allergeringsten in der staatlich gelenkten Kollektivwirtschaft, wie etwa unter dem Bolschewismus. Es wäre auch merkwürdig, wenn es anders wäre; denn dieser überspitzte bürokratische Apparat zehrt zwangsläufig einen wesentlichen Teil des Sozialprodukts auf. Ich glaube, es wird niemand auch nur den Versuch wagen, zu behaupten, daß die volkswirtschaftliche Leistung der staatlichen Befehlswirtschaft eine höhere wäre, weil es zu offenkundig ist, daß das nicht zutrifft.

Wie war es denn in der seitherigen Wirtschaft? Sie hat nicht die geringsten Leistungsanreize geboten. Der einzelne Händler oder Erzeuger hat seine Kosten errechnet, wie sie zufällig bei ihm angefallen sind. Er hat nach dieser Richtung ja keine Anstrengungen zu machen brauchen, denn er war entweder auf Grund einer generellen Genehmigung der Behörde berechtigt, diesen Kostenpreis zu fordern, oder wenn es notwendig war, ist er zur Behörde gelaufen, hat seine Kalkulation überprüfen lassen und mit dem staatlichen Stempel gewissermaßen die Zusicherung bekommen, daß jetzt alles in Ordnung wäre und daß er richtig und tüchtig gewirtschaftet habe.

Diese Verblendung müssen wir überwinden. Das ist auch ein Faktum unserer Zeit, daß der Unternehmer vielfach noch diesem Denken verhaftet ist. Wie sind demgegenüber die Regeln der Marktwirtschaft? Dort wird nicht von unten nach oben kalkuliert, sondern hier wird unter dem Druck des Wettbewerbs von oben ein realisierbarer Preis gesetzt, und nur derjenige, der in der Lage ist, innerhalb dieses Preises seine Kosten unterzubringen, der Gnade vor den Augen der Verbraucher findet, hat seine wirtschaftliche Existenzberechtigung unter Beweis gestellt. Wer eine solche Leistung nicht aufweisen kann, muß eine andere Funktion verrichten; jedenfalls muß er aus der Sphäre dieses Kreises ausscheiden, und er hat das Recht verwirkt, weiterhin zu Lasten des Volkes die Preise der Volkswirtschaft künstlich zu erhöhen. Das war doch das Zeichen der letzten Zeit, daß jeder Leistungsanreiz fehlte, daß wir den ganzen Ballast des Faulen und Morschen mit uns herumgeschleift haben. Und dann will uns jemand weismachen, mit diesen Methoden könnten wir eine Wirtschaft errichten, die der Masse des Volkes einen höheren Lebensstandard sichert. Nein – wir müssen unter allen Umständen dafür sorgen, daß ein Maximum an Leistung und der Wegfall alles dessen erreicht wird, das das Sozialprodukt schmälern könnte.

Wie soll es denn überhaupt zuwege gekommen sein, daß das deutsche Volk in den letzten acht Wochen angeblich so sehr Mangel gelitten hat? Warum soll es ihm denn schlechter gegangen sein als in der Zeit vorher? Die deutsche volkswirtschaftliche Produktion hat allein vom Monat Juni bis Juli eine Steigerung von 20 Prozent erfahren. Und diese Güter sind nicht mehr in Hortungslägern verschwunden, sind nicht mehr unter dem Ladentisch gehandelt und nicht mehr »kompensiert« worden – sie sind auf den Markt gelangt. Wir haben es erlebt, daß der Konsument, der Normalverbraucher, kurzum, jeder Einkommensbezieher an diesem Güterstrom teilgehabt hat; endlich konnte er seine Bedürfnisse einmal befriedigen. In diesem gleichen Zeitraum zu sagen, wie schlimm die Situation ist, welche Gefahren, welche Schäden diese marktwirtschaftliche Ordnung mit sich gebracht hat, das ist verantwortungsloseste Demagogie, die nicht scharf genug gebrandmarkt werden kann.

Ich wollte das nicht als Beweis, aber doch als Symptom hier in die Waagschale werfen. Ich bekomme täglich Hunderte, ja manchmal wirklich mehr als tausend Briefe an einem Tag – und die bekomme ich zum allergeringsten Teil aus Händler- und Unternehmerkreisen – in der überwiegenden Mehrzahl von kleinen Leuten, von Lohn- und Gehaltsempfängern, von ganzen Belegschaften mit Hunderten von Unterschriften, in denen sich die Schreiber dafür bedanken, daß wir sie endlich aus diesem Chaos befreit und ihnen ein menschenwürdiges Dasein ermöglicht haben.

Glauben Sie also nicht, daß Sie sich bei den in nächster Zeit anhebenden Auseinandersetzungen gegenüber solchen Angriffen in einer schwachen Position befinden. Wir können im Hinblick auf das Erreichte und auf das Geleistete mit gutem Gewissen jeder Auseinandersetzung entgegentreten, und wir werden diese Angriffe darum auch nicht ruhig hinnehmen. Wir sind nicht in der Verteidigung, sondern wir können im Angriff vorgehen. Wir haben unserem Volk endlich wieder etwas von der Lebensfreude und der Lebenssicherheit zurückgegeben, auf die es durch viele Jahre verzichten mußte.

Gewiß, die Dinge sind noch nicht ideal. Das soll auch nicht behauptet werden. Wir können und müssen die Leistungen noch erhöhen, und jedem einzelnen möchte ich sagen, daß er umdenken lernen muß, freiwillig oder unter Zwang. Ich sage das, indem ich gleich hinzufüge: Ich fühle mich nicht als Interessenvertreter der besitzenden Schichten, insbesondere nicht als Interessenvertreter des Handels und der Industrie – eine solche Annahme wäre völlig irrig. Verantwortlich zu sein für die Wirtschaftspolitik, heißt verantwortlich sein dem ganzen Volk, und ich bin zutiefst überzeugt, daß wir die schweren Probleme, vor denen wir stehen, nur lösen können, wenn es uns gelingt, mit der Marktwirtschaft nicht einzelne Schichten zu begünstigen, sondern der Masse unseres Volkes durch die höchste Anstrengung und durch die immer mehr gesteigerte Leistung den Lebensstandard zu sichern und zu verbessern.

Es ist wieder eine der üblichen Verleumdungen, wenn ich hingestellt werde als der Mann, dem es nur darauf ankommt, ganz bestimmte Interessen zu verteidigen. Das Gegenteil ist der Fall. In letzter Konsequenz verlange ich von den verantwortlichen Unternehmen, die über den Produktions- und Verteilungsapparat der Volkswirtschaft verfügen, die größten Opfer, die höchste Einsicht. Wir dürfen ja nicht vergessen: Die Dinge spielen sich nicht allein im ökonomischen Raum ab, wo man mit einer gewissen theoretischen Gelassenheit den Dingen ihren Lauf lassen könnte in der Sicherheit, daß sie sich ordnen, konkret ausgedrückt, daß sich die Preise auspendeln.

Wir müssen vielmehr mit allen Mitteln danach streben, diese Elemente, die stabilisierend wirken, so bald als möglich zur Geltung und zu voller Wirksamkeit zu bringen. Anders ausgedrückt: Die Störungen und Spannungen, die da und dort in unserer Volkswirtschaft auftreten, obwohl die Konsolidierung bereits deutlicher wird, müssen endgültig verschwinden. Aber wir wollen dazu noch mehr tun, und aus diesem Grunde möchte ich Ihnen hier erstmalig das Programm bekanntgeben, das meine Verwaltung auf Grund sorgfältiger Überlegungen und Beratungen entwickelt hat.

Wir haben die Absicht, im engsten Zusammenwirken zwischen der Industrie, Handel und Gewerkschaften nicht durch neue Mittel der Zwangswirtschaft, sondern durch freie Vereinbarungen dafür Sorge zu tragen, daß in den wesentlichen Bereichen des menschlichen Verbrauchs, also insbesondere der Bekleidung, des Schuhwerks und auch des Hausrats, bestimmte Artikel in großen Serien aufgelegt werden. Ich denke also z. B. an Stapelschuhe, an Arbeitshemden, Arbeitshosen, an Straßenkleidung und bestimmte Hausratgegenstände. Wir wollen und wir werden rationelle Betriebe dafür gewinnen unter der Garantie der optimalen Ausnützung. Gedacht ist an die Fabrikation solcher Gegenstände, deren Gestaltung den einzelnen Betrieben innerhalb gewisser Qualitätsnormen freisteht. Die Programme und deren Ausgestaltung werden jedoch, wie gesagt, in gemeinsamer Auslese von Industrie, Handel und Gewerkschaften festgelegt, um damit zu erreichen, daß der Markt in steigendem Maße mit guten Gebrauchsqualitäten gespeist wird, deren Preise auch in der Endverbraucherstufe gebunden sein sollen. Ich habe von allen Seiten die Zusicherung, daß man alles tun wird, um solche Programme auf freiwilliger Grundlage im freien Kontrakt zu erfüllen. Wir werden dafür sorgen, daß diese Stapelwaren in so reichlichem Maße in die Läden und in den Verkauf fließen, daß jedermann – natürlich nicht gerade von heute auf morgen jeder ein Paar Schuhe – in der Lage ist, zu bestimmten Preisen, die auf rationeller Fertigung und auf verantwortungsbewußten Verteilungsspannen beruhen, auch tatsächlich in den Genuß dieser Waren zu kommen.

Das bedeutet keine Rückkehr zu einer zwangswirtschaftlichen Ordnung, das bedeutet keinen Verrat an marktwirtschaftlichen Prinzipien, sondern es bedeutet eine vorsorgliche Maßnahme, daß bis zu dem Zeitpunkt, da der Markt wieder seine volle Funktionsfähigkeit zurückerlangt hat, das soziale Gebot der Sicherung des Verbrauchs durch ein Minimum an Kaufkraft gewährleistet wird. Wir haben weiter die Absicht, in periodischen Abständen durch eine Preistafel, in der ganz spezifische Gegenstände aufgeführt sind, für eine Unterrichtung des Publikums zu sorgen.

Nicht zuletzt rühren die jetzigen Zustände und eben manche Mißstände daher, daß der einzelne Verbraucher, weil er durch viele Jahre völlig vom Markt ausgeschaltet war und seine Erinnerungen viel zu weit zurückreichen in eine Zeit, die keinen Standard für die jetzigen Preise bietet, über heute angemessene Preise nicht mehr orientiert sein kann. Er soll jetzt eine Unterrichtung erfahren, damit er weiß, welcher Preis berechtigterweise für eine gute Gebrauchsqualität anzulegen ist. Durch beide Maßnahmen werden wir einmal die notwendige Aufklärung des Verbrauchers erreichen, und wir werden zum andern sowohl die Erzeuger als die Händler und auch die Verbraucher stärker in eine gewisse Spanne hineinpressen, innerhalb deren die normale Bedarfsversorgung vor sich zu gehen hat. Wir werden dadurch, daß wir durch stärkere Spezialisierung auf rationellste Weise eine fortlaufende Speisung des Marktes mit typischen und ausgesprochenen Verbrauchsgegenständen guter Qualität erreichen, auch dafür sorgen, daß diese Preistafel nicht ein totes Schemen bleibt, sondern im Markt der Güter eine Realität wird.

Es wird weiter der Plan erörtert, zwischen Industrie und Handel durch alle Stufen hindurch eine Art Ring zu schließen mit der Wirkung, daß die darin vereinten Firmen die Garantie für billigste Verbrauchsversorgung übernehmen. Außerdem prüfen die Handelskammern und möglicherweise auch die gewerblichen Vereine, inwieweit in demokratischer Selbstkontrolle durch eine Art Ehrengerichtsbarkeit die an den preispolitischen Mißständen wirklich Schuldigen an den Pranger gestellt werden können. Und endlich möchte ich noch sagen, meine Damen und Herren, daß nach gewisser Auslegung das Preiswuchergesetz nur eine billige Verbrämung des mangelnden Willens darstelle, wirklich energisch einzugreifen. Auch das möchte ich als eine Lüge kennzeichnen. Wenn das richtig ist, was gerade von der politischen Kritik behauptet wird, daß nämlich jeder Händler und Industrielle ein Verbrecher ist, der sich am Volke versündigt, dann muß es eine Kleinigkeit sein, mit diesem Gesetz wirksam vorzugehen. Es sei dahingestellt, in welchem Ausmaß solche Vorstellungen berechtigt sind, dort aber, wo solche Sünden vorliegen, bietet dieses Gesetz tatsächlich die Möglichkeit des Eingreifens. Ich möchte auch mit aller Deutlichkeit zum Ausdruck bringen, daß ich die feste Absicht habe, dieses Gesetz als eine Realität mit aller Schärfe zu handhaben, und ich hoffe nur, daß die Landeswirtschaftsverwaltungen als die zuständigen Exekutivorgane mich dabei unterstützen werden.

Sosehr die Hortung zu verabscheuen ist, bedeutet diese Strukturumschichtung von der Hortung zur Kapitalanlage, insbesondere dann, wenn sie produktiver Art ist, einen positiv zu bewertenden Vorgang.

Der Freiheit, der wir durch den Übergang zur Marktwirtschaft im deutschen Leben wieder Geltung verschafft haben, muß selbstverständlich mehr und mehr auch die Freiheit nach außen entsprechen. Es zeigt sich schon jetzt ganz deutlich, daß wir mit der Marktwirtschaft endlich in die Lage versetzt werden, die Grenzen unserer Leistungskraft auch nach außen nicht nur durch Klagen, sondern endlich durch eine nüchterne, reale Rechnung unter Beweis zu stellen. Das ist das, was uns bisher gefehlt hat, was uns allenthalben mit dem Odium mangelnder Einsicht oder gar fehlenden guten Willens belastete. Jetzt aber zeigt es sich ganz deutlich, wo unsere Leistungsgrenzen liegen; denn solange es unter der Zwangswirtschaft als ein Normalzustand galt, daß der Normalverbraucher praktisch überhaupt nichts konsumiert, daß die Illusion aufkommen konnte, ein Volk könne auf lange Sicht auch ohne genügend Nahrung und gewerbliche Verbrauchsgüter bestehen, so lange schien auch der Belastungsfähigkeit keine Grenze gesetzt zu sein. Jetzt endlich kann der Normalverbraucher von seiner Kaufkraft konsumtiven Gebrauch machen, und diese Kaufkraft reicht nicht einmal aus, um der dringendsten Bedürfnisse Herr zu werden. Jetzt zeigt es sich, daß die uns im Marshallplan zugedachte Hilfe bei allem Dank, den wir dafür schulden, kaum hinreicht, um einem Volk, das wieder auf geordneter Grundlage arbeitet, die Existenzmöglichkeit zu sichern.

Wenn wir im Zeichen der Marktwirtschaft in der Lage wären, genügend Rohstoffe nachzuschieben, um die spekulativen Faktoren aus der Wirtschaft auszuschalten, wenn es sich erweist, daß der Fabrikant nicht mit der Ware zurückhalten muß, weil er Rohstoffschwierigkeiten befürchtet, dann würde schon viel gewonnen sein, und die aufgetretenen Störungen ließen sich allein aus dieser Wurzel heraus überwinden. Es ist darum meine Absicht, gerade in der nächsten Zeit meine ganze Kraft dafür einzusetzen, um auf alliierter Seite das Verständnis dafür zu wecken, daß wir Rohstoffe und noch einmal Rohstoffe brauchen, um die in Gang und Schwung gekommene Industrie weiter zu beschäftigen, damit sie so viele Verbrauchsgüter ausspeit, daß das Volk nach langen Jahren der Not das Gefühl haben kann, es sei endlich die Zeit angebrochen, in der ehrliche Arbeit auch wieder ehrlichen Lohn findet.

Die Aussichten sind nicht einmal schlecht. Wenn es gelingt, die alliierten Militärregierungen davon zu überzeugen, daß das bisherige Verfahren der Verfügung über die Marshallplangelder eine Unmöglichkeit darstellt für eine Wirtschaft, die jeden Puffers beraubt ist und darum von der Hand in den Mund lebt – wenn wir freizügiger über unsere Exporterlöse verfügen können und nicht bei allen Importkontrakten sofort belastet werden, während beim Export die Gutschrift erst nach Geldeingang erfolgt, dann erhalten wir noch in diesem Jahre einschließlich der bereits abgeschlossenen und der noch zu tätigenden Kontrakte immerhin eine Verfügung über rund 400 Millionen Dollar, das sind 1 ⅓ Milliarde D-Mark. Damit läßt sich der Industrie die Anweisung geben: Ihr könnt arbeiten, soviel ihr wollt, ihr könnt alle Maschinen laufen lassen, der Rohstoff wird nachfließen, und dann werden Sie sehen, welche günstigen Wirkungen das auf die Preise ausübt.

Gemessen an dem, was die Währungs- und Wirtschaftsreform bereits Gutes gebracht hat, was sie uns an Sicherheit für die Zukunft bietet und was sie an Positivem erwarten läßt, ist das, was sie an Störungen mit sich gebracht hat, so minimal, daß eine ehrliche Kritik davor verstummen müßte. Wenn Sie sich der Stärke Ihrer Position bewußt und bereit sind, für diese Politik einzutreten, dann seien Sie sich aber Ihrer Verantwortung bewußt! Was sich heute und in der Folgezeit abspielt, ist nicht etwas, was nebensächlich das äußere Kennzeichen eines kurzlebigen Geschehens darstellt. In diesen Wochen seit der Währungsreform bis dahin, da wir auch staatsrechtlich wieder eine stärkere Fundierung finden, entscheidet sich zuletzt das Schicksal des deutschen Volkes. Wenn wir die Nerven verlieren und dieser gehässigen demagogischen Kritik nachgeben –, dann sinken wir zurück in den Zustand der Sklaverei. Ich kann diesen Zustand nicht anders nennen, denn dann verliert der Mensch die Freiheit aufs neue, die wir ihm jetzt glücklich zurückgegeben haben. Dann verlieren wir wieder die freie Konsumwahl, die freie Berufswahl und alle Errungenschaften einer wahrhaft demokratischen Ordnung. Dann kommen wir wieder zurück, in die Planwirtschaft, die stufenweise, aber sicher zur Zwangswirtschaft, zur Behördenwirtschaft bis hin zum Totalitarismus führt.

Ich sagte, wir sind jetzt endlich in der Lage, die Grenzen unserer Leistungsfähigkeit sowohl dem deutschen Volke gegenüber als auch nach außen unter Beweis zu stellen. Wenn Sie unter Berücksichtigung der bereits bestehenden Steuern bedenken, welche Lasten wir durch den Lastenausgleich noch zu tragen und wie viele Schäden und Wunden wir noch zu heilen haben, dann ist leicht zu erkennen, daß für eine Kapitalbildung darüber hinaus aus eigener Kraft nur wenig Raum bleibt und daß wir allen Grund haben, allen denen in der Welt zu danken, die bereit sind, uns durch ihre Hilfe aus der Verstrickung zu lösen. Wäre es tatsächlich so, daß wir allein stünden, dann bedeutete der deutsche Wiederaufbau ein so dornenvolles Beginnen, daß wir verzweifeln müßten, das Ziel jemals zu erreichen. Ich glaube, wir müßten dann damit rechnen, aus dem Verband der zivilisierten Völker auszuscheren, und uns bliebe dann nichts anderes übrig, als eben in der Primitivität unser Genüge zu finden. Mit den Forderungen oder besser gesagt mit den Wünschen, die wir an die Besatzungsmächte und darüber hinaus an die ganze Welt zu richten haben, verbindet sich selbstverständlich die Verpflichtung der Dankbarkeit und der Anerkennung einer Hilfeleistung, die es uns doch ermöglicht, in wesentlich rascherem Tempo, mit größerer Zielsicherheit und mit berechtigter Hoffnung auch wieder an unsere deutsche Zukunft zu glauben. Daß sich dabei noch manches wandeln wird, daß dann auch die Besatzungskosten und die Demontagen in einem ganz neuen Lichte erscheinen werden, kann angenommen werden, ohne daß dieses Thema hier weiter diskutiert zu werden braucht. Aber wenn Deutschland nicht nur für sich selbst zu einer Gesundung kommen soll, sondern wenn es darüber hinaus teilhaben darf an dem europäischen Wiederaufbau, dann kann sich seine Leistung nicht im Export von Kohle, Holz und Schrott erschöpfen; dann müssen wir auf Grund der spezifisch deutschen Begabung auch der Welt die Güter darbieten dürfen – und sie muß bereit sein, jene Güter aufzunehmen –, die Deutschlands Stellung in der internationalen Arbeitsteilung im Kreise der Völker begründet haben. Jedes Mittel, das geeignet erscheint, uns zu zwingen, den deutschen Wirtschaftsapparat von Spekulationen frei zu machen, ist uns recht. Aber wenn wir unsere deutsche Arbeit friedlichen Zwecken zur Mehrung der sozialen Wohlfahrt widmen können und einen Beitrag zum europäischen Wiederaufbau und zur Befriedigung Europas leisten wollen, so hoffen wir damit in eine neue Phase der internationalen Zusammenarbeit einzutreten.

Der Optimismus, der aus meinen Worten vielleicht sehr deutlich zu Ihnen gesprochen hat, gründet sich darauf, daß ein Volk, das keinen anderen Willen hat, als mit ehrlichem Herzen, aber dann auch mit freier Stirn, seine Lebensrechte zu verteidigen, erkennt, daß dieses Ziel nur erreicht werden kann durch ehrliche Leistung, durch die harte Arbeit aller einzelnen, im treuen Zusammenstehen eines Volkes, das weiß, daß es um seine Existenz geht und daß wir heute nur ein Ziel haben dürfen – alle zusammen über alle Parteien hinweg –, unser Volk gesunden zu lassen und ihm die Lebensgrundlage für die Zukunft, für uns und für unsere Kinder, sicherzustellen.

Ich glaube, dann ist Optimismus berechtigt. Es wäre frevelhaft, wenn ich damit die Hoffnung erwecken wollte, als ob wir schon mit einem Sprunge daran wären, alle Not zu überwinden. Das vermag keine Wirtschaft, sie mag konstruiert und geordnet sein, wie sie wolle, ob Marktwirtschaft oder irgendeine Form der Planwirtschaft. Gott sei Dank, muß ich sagen, kann an diesen materiellen Gegebenheiten niemand vorbeigehen, und wehe dem Volk, das sich durch Demagogen verblenden läßt, um die Wahrheit nicht erkennen zu wollen und nicht erkennen zu dürfen.

Wir haben so gesehen zweifellos einen harten und dornenvollen Weg vor uns. Aber wen die Arbeit nicht schreckt, auch dann nicht, wenn sie noch nicht die gleichen Früchte bringen kann, wie wir das von früher gewohnt sind oder wie vielleicht der einzelne neiderfüllt empfinden mag, wenn er auf benachbarte Völker blickt – wer sich frei davon weiß, wer gegen sich selbst ehrlich und sich auch dessen bewußt ist, daß wir die Sünden der Vergangenheit an uns selbst wiedergutzumachen haben durch unser eigenes Opfer und unseren Fleiß, den kann dieser Weg, diese Not nicht schrecken. So gesehen ist also der Optimismus wohl berechtigt.

Mein Referat soll nicht den Eindruck erwecken, als ob ich aus dem Sektor der Wirtschaft heraus das Allheilmittel für alle unsere politischen und sozialen Nöte finden möchte. Ich bin weit davon entfernt. Lassen Sie mich einen Vergleich anführen: So wie der einzelne Mensch seines physischen Lebens bedarf, um überhaupt im göttlichen Sinne Mensch zu sein, um seinen Geist und seine Seele entfalten zu können, so ist es auch im Leben eines Volkes. Die Wirtschaft ist, wenn Sie so wollen, vielleicht das Primitivste, aber sie ist das Unentbehrliche; und erst auf dem Boden einer gesunden Wirtschaft kann auch die Gesellschaft ihre eigentlichen und letzten Ziele erfüllen. Diese Grundlage muß also gesund sein, wenn nicht schon von dort aus die Verzerrung und die Zerreißung eines Volkes stattfinden soll. Der Wirtschaft die geistige, die seelische und materielle Ausrichtung zu geben, das ist zuletzt Sache der Politik, Sache der Gesellschaft. Politik ist so gesehen der Ausdruck des Willens der Gesamtheit des Volkes.

Wohin der Weg auf dieser Ebene gehen wird – wer vermag es mit aller Sicherheit zu sagen? Sicher ist das: Der Termitenstaat mit bienenhaft emsigen Massenwesen ist nicht die uns gemäße Form eines organisch gegliederten gesellschaftswirtschaftlichen Lebens. Wir brauchen die verpflichtende Hingabe des einzelnen an das Staatsganze.

Wenn wir den Weg und das Ziel erkennen, dann mag uns auch die Gnade zuteil werden, das Werk zu vollbringen.

Auf die Reform der Wirtschaft kommt es an

Rede vor dem Wirtschaftsrat des Vereinigten Wirtschaftsgebietes, Frankfurt a. M., 30. September 1948

Die Auseinandersetzungen um den neuen Kurs der Wirtschaftspolitik steigern sich im Herbst 1948 immer mehr. Ungenügende Rohstoffeinfuhr hemmt die volle Entfaltung der Produktivkräfte. Die noch nicht vom Warenangebot absorbierte Liquidität begünstigt weiterhin Preisauftriebstendenzen auf den freien Märkten. Notwendige Maßnahmen zur Überwindung der Reste der Zwangswirtschaft werden von den Gegnern der neuen Wirtschaftspolitik mit dem Vorwurf beantwortet, Erhard »betreibe die Geschäfte der Kapitalisten«. Erhard verteidigt demgegenüber die Idee der Marktwirtschaft.

Ich habe erwartet, daß es heute im Laufe dieses Tages notwendig zu einer grundsätzlichen Aussprache über die Wirtschafts- und Preispolitik kommen würde. Ich möchte aber vorausschicken: Wenn die Verwaltung für Wirtschaft und, ich glaube, hier auch sagen zu können, die Verwaltung für Ernährung und Landwirtschaft, die beide durchaus nicht die feindlichen Brüder sind, wie es in der Öffentlichkeit oft dargestellt wird, heute Preiserhöhungsanträge gestellt haben, dann um eine Bereinigung durchzuführen, um die Entsprechungen zu besorgen, die in einer Wirtschaft unbedingt notwendig sind, soweit hier der behördlich gelenkte Sektor in Frage kommt. Denn vergessen Sie nicht: Die Preiserhöhungsanträge, die hier gestellt werden, betreffen nicht Teile der freien Wirtschaft, der Marktwirtschaft, sondern es sind die Preiserhöhungsanträge im Sektor der noch staatlich bewirtschafteten Waren, und ich glaube, wir können nicht rasch genug vom Wirtschaftsrat und von den Verwaltungen aus mit aller Deutlichkeit erklären: Jetzt ist es mit den staatlich beeinflußten Preisen beziehungsweise den Preiserhöhungen auf diesem Gebiet Schluß, denn das gibt erst der Wirtschaft und, wie ich glaube, auch dem gesamten deutschen Volk die Sicherheit, daß wir in eine Konsolidierung eintreten.

Ich habe nie einen Zweifel darüber gelassen, daß ich allen kalkulierten Preisen skeptisch gegenüberstehe. Wenn das meine generelle Einstellung ist, dann gilt sie auch für diese Preiserhöhungsanträge, die hier vorgetragen werden. Ich bin der Meinung und habe das immer zum Ausdruck gebracht, daß in dem Augenblick, in dem die Behörde Preise bindet, sie das nur auf Grund irgendwelcher Kalkulationen tun kann, deren Nachprüfung, so gewissenhaft sie auch durchgeführt wird, doch immer etwas Problematisches anhaftet, vor allen Dingen dann, wenn wir z. B. wie heute im Zuge einer fortschreitenden Leistungssteigerung und Produktionserhöhung ja praktisch eigentlich jeden Tag vor anderen Kalkulationsgrundlagen stehen. Wir stehen mitten in einem dynamischen Geschehen von größtem Ausmaß. Es ist nach meiner Überzeugung ein völlig fruchtloses Beginnen, hier mit festen, behördlich gebundenen Preisen zu operieren.

Aber hiermit vertrete ich nicht meine Wirtschaftspolitik. Das ist nicht ein Teil meiner Wirtschaftspolitik, sondern umgekehrt: Das sind die Reste einer Wirtschaftspolitik, die Sie, meine Damen und Herren, ja für richtig halten.

Wir müssen zwei Phasen unterscheiden. Die erste Phase nach der Währungsreform war, wie wir wissen, die künstliche Schaffung einer Kaufkraft im Ausmaß von 10 Milliarden DM. Jetzt möchte ich Sie fragen, da Sie zu konstruktiven Lösungen beitragen wollen, was Sie getan hätten, um einen Kaufkraftstoß von rund 10 Milliarden und dazu noch der laufenden Einkommen aus Löhnen und Gehältern durch Mittel der Bewirtschaftung und des staatlichen Preisstops, der staatlichen Preisbindung zu regulieren. Es bleiben nur zwei Wege übrig: Entweder Sie nehmen die 10 Milliarden in irgendeine Form der Bindung, der Bewirtschaftung, oder Sie nehmen die Preise und drücken sie künstlich tiefer, als sie sich nach der ganzen Marktsituation bewegen würden. Sie schaffen also in jedem Fall, wenn Sie eingreifen, das Phänomen einer überschüssigen Kaufkraft, das bekanntlich das äußere Zeichen einer preisgestoppten Inflation ist, die wir erlebt haben. Selbstverständlich werden die Diskrepanzen nicht mehr in dem gleichen Ausmaß wie vor der Währungsreform auftreten, aber jede Weiterführung der Bewirtschaftung, sei sie güterwirtschaftlich oder preispolitisch, hätten Sie nur erreichen können um den Preis eines in Zukunft nicht geordneten Geldwesens; denn eine gesunde Währung können Sie nicht betreiben, wenn Sie das Phänomen einer überschüssigen, nicht verausgabungsfähigen Kaufkraft schaffen. Das wäre die einzige Möglichkeit gewesen.

Um das ganz deutlich zu machen: Es schien eine Zeitlang so, als ob nicht 5 %, sondern 10 % freigegeben werden sollten. Das hätte dann bedeutet, daß noch einmal 6 Milliarden und mehr auf den Markt gelangt wären. Glauben Sie denn, das wäre das Heilmittel gewesen? Dann wäre die Diskrepanz ganz offenkundig geworden. Sie hätten immer das Phänomen der überschüssigen Kaufkraft fortschleifen müssen. Wir hätten niemals eine gesunde Währung bekommen. Wir wären niemals zu einem gesunden Außenhandel gekommen. Und das lehne ich allerdings ab, das halte ich im Zuge einer wirtschaftlichen Gesundung nicht für tragbar. Wir mußten zunächst ein Gleichgewicht schaffen zwischen der Kaufkraft, die durch die Währungsreform entstanden ist, und dem Gütervorrat, der in der Volkswirtschaft gewesen ist. Hier hat sich allmählich ein Ausgleich herausgebildet. Dieser Ausgleich konnte nur durch gewisse Preissteigerungen erfolgen.

Ich darf im übrigen noch hinzufügen – was hier sattsam bekannt ist, mindestens unter denen, die es wissen wollen –, daß große Teile dieser Preissteigerungen nicht etwa in Verfolg der marktwirtschaftlichen Politik eingetreten sind, sondern durch die Auflösung der Subventionen im Binnen- und Außenhandel. Es ist eine völlige Illusion, anzunehmen, diese Subventionen hätten das Realeinkommen des deutschen Volkes nicht ebenso geschmälert wie eine Preissteigerung. Doch das nur nebenbei.

Wir hätten erwarten müssen, daß nach der Währungsreform gewisse Einbrüche in die Produktionsmittelindustrie und in die Investitionswirtschaft erfolgen. Die übergroße Liquidität, die diese 10 Milliarden im Konsum geschaffen haben, hat bewirkt, daß von dort auch Teile der Kaufkraft in die Produktionsmittelindustrie abgewandert sind und daß hier das soziale Elend einer Arbeitslosigkeit nicht eingetreten ist. Die Dinge sind also nicht nur negativ, sondern sie haben doch auch ihre positiven Seiten. Die Verteilung der Kaufkraft über den Gesamtbereich unserer Wirtschaft hat diese übergroße Flüssigkeit und Liquidität in einem gewissen Maße beseitigt.

Selbstverständlich hat auch die Preissteigerung eine gewisse Verdünnung bewirkt, aber nicht zuletzt ist durch das steigende Volumen unserer Wirtschaft, durch die höheren Aufwendungen der einzelnen Unternehmungen an Löhnen und durch die Versteuerung der ausländischen Rohstoffe der Betriebsmittelbedarf der Wirtschaft größer geworden. Die Gefahr der durch die Währungsreform geschaffenen Kaufkraft von 10 Milliarden ist allmählich neutralisiert worden. Es zeigt sich ja auch – das möchte ich doch mit aller Deutlichkeit aussprechen, wenn man es auch nicht wahrhaben will –, daß seit drei Wochen ganz sichtbar eine Konsolidierung der Preise stattfindet, daß wir in eine neue Phase der Wirtschaft eintreten, die dadurch gekennzeichnet ist, daß in Zukunft das laufende Einkommen aus der produktiven Tätigkeit zwangsläufig übereinstimmt mit der Güterproduktion oder mit dem von der Wirtschaft und Gesellschaft in ihrer Gesamtheit erstellten Sozialprodukt.

Hier bin ich allerdings der Meinung – und bei der bleibe ich –, hier können Sie kein Wunder mehr erleben. In einer finanzwirtschaftlich gesunden Wirtschaft ist jede Spekulation auf eine Inflation von dieser Seite aus ausgeschlossen, da in einer so gearteten Wirtschaft jede Kaufkraft, die entsteht, ihr Äquivalent hat in einem entsprechenden Quantum auf der Güterseite und da die Preissteigerungen zu Ende sein müssen, wenn die

Störungen aus den ungeklärten und von uns nicht einmal voll beeinflußbaren Faktoren aus der Währungsreform zu Ende gegangen sind.

Die Währungsreform schafft selbstverständlich Kaufkraft. Warum habe ich mich denn gegen die Auflösung der volkswirtschaftlichen Lagerreserve gewandt? Ich sagte: Diese Kaufkraft, die durch die Währungsreform geschaffen wird, darf nicht ins Leere stoßen, sondern muß vom Markt absorbiert werden. Wenn 10 Milliarden Kaufkraft da sind und der Markt hat keine Güter bereit, dann müssen Sie die Zwangswirtschaft weiterführen, um die 10 Milliarden an die Leine zu legen, oder Sie müssen die Dinge zu einem natürlichen Ausgleich kommen lassen.

Man kann über die Hortung subjektiv denken, wie man will, und man kann sich völlig einig sein in der Verabscheuung, aber wenn Sie 10 Milliarden Kaufkraft durch die Währungsreform schaffen, dann gibt es nur den Weg, entweder die Kaufkraft an die Leine zu legen, um die ganze Zwangsbewirtschaftung in vollem Umfange aufrechtzuerhalten, oder aber dafür zu sorgen, daß diese Kaufkraft nicht ins Leere stößt, und das allerdings war meine Ansicht, daß dieser Weg der gesündere und der sozial wohltätigere ist.

Es ist eine andere Frage, was nun im Zuge des Lastenausgleichs getan werden muß, um diese Währungsgewinne, wie ich sie nennen möchte, zu absorbieren. Aber darüber können wir uns wirklich alle einigen; hier erwarten wir dann wirklich Ihre konstruktiven Vorschläge.

Ich will nicht leugnen, daß Mißstände eingetreten sind, und ich glaube, viel deutlicher, als Sie das hier zum Ausdruck bringen, habe ich das jeweils vor der Wirtschaft selbst zum Ausdruck gebracht. Ich habe alle Mittel angewandt, um dieses Übel zu heilen.

Sie haben während der Zwangswirtschaft eine Geduld entwickelt, um die ich Sie bewundert habe. Hier war die Rede davon, daß das Vertrauen in die soziale Gerechtigkeit verlorengeht. Darf ich Sie fragen, wer während der 15 Jahre Zwangswirtschaft Vertrauen in die soziale Gerechtigkeit haben konnte, während einer Wirtschaft, die dadurch gekennzeichnet war, daß der Normalverbraucher als Konsument überhaupt praktisch ausgeschaltet war? Jetzt auf einmal, nachdem 15 Jahre von Wirtschaft dieser Art überspitzt abgelaufen sind, verlangt man, daß in drei Monaten das ganze Übel aus dieser Art von Wirtschaft, aus dem Krieg und aus den Kriegsfolgen beseitigt werde und die Dinge nun tadellos in Ordnung wären. Wenn man auf der einen Seite so viel Geduld hat, darf man auf der anderen Seite nicht so viel Ungeduld entwickeln, zumal dann nicht, wenn die Verhältnisse zweifellos nicht schlechter, sondern im ganzen gesehen günstiger geworden sind.

Um das unter Beweis zu stellen, möchte ich Ihnen aus den letzten Produktionsstatistiken nur ganz wenige Zahlen vorlesen.

Weil hier so viel von Roheisen gesprochen wird, möchte ich Ihnen folgende Zahlen nennen: Die Rohstahlproduktion ist gestiegen im Juni von 378 000 auf 510 000 Tonnen im August; Fahrräder sind monatlich erzeugt worden im Juni 49 000, im August bereits 93 000, Milchkannen sind gestiegen von 33 000 auf 56 000, Heugabeln von 2 Millionen auf über 3 Millionen.

Die Produktion der Baumwollwebereien ist von 25 Millionen auf 35 Millionen angestiegen, Arbeitsschuhe von 240 000 auf 462 000, Straßenschuhe von 680 000 auf 1 796 000, Hilfsschuhe von 420 000 auf 1 095 000, Haushalt- und Zierporzellan von 1,4 auf 2,2 Tausend Tonnen und Sperrholz von 4,8 Tausend Kubikmeter auf 10,6 Tausend Kubikmeter usw.

Ich könnte Ihnen eine sehr lange Liste vorlegen. Immerhin scheint mir das doch ein Beweis zu sein, daß wir auf dem richtigen Wege sind und weiterhin etwas Geduld aufbringen sollten, um den Gesundungsprozeß nicht zu stören.

Wenn hier von dem Tatbestand der Preiserhöhungen ausgegangen wird, dann möchte ich Sie fragen, warum sich jetzt nicht mit absoluter Folgerichtigkeit die Tendenz einer Preissenkung durchsetzen wird und durchsetzen muß. Ich gebe Ihnen vollständig recht, wenn Sie sagen, die Steigerung der individuellen Arbeitsleistung um 30 Prozent und die Zunahme der industriellen Produktion, der Kapazitätsausnutzung der Betriebe um 37 Prozent muß zu einer Kostendegression geführt haben, die sich notwendig auf die Dauer in einer Preissenkung auswirken muß, wenn sich nicht die einzelnen Unternehmer in geradezu grotesker Weise bereichern wollen. Da gebe ich Ihnen vollkommen recht, und nun kommt es darauf an, diese preissenkenden Tendenzen auch tatsächlich durchzusetzen, die Wirtschaft zu zwingen, den Dingen Raum zu geben. Daß das Mittel der staatlichen Preisbildung nicht das rechte ist, hat die Diskussion um die Eisenpreisgestaltung erwiesen.

Ich möchte mal wissen, was die Behörde oder Sie, meine Herren im Wirtschaftsrat, tun müßten, wenn wir darangingen, die Zehntausende, um nicht zu sagen Hunderttausende, von Preisen in der gewerblichen Wirtschaft im Zuge einer wachsenden Leistung und einer progressiven Kostendeckung von Tag zu Tag behördlich weiterzuverfolgen, um diesem Druck nach unten Raum zu geben. Sie können das praktisch und vernünftigerweise nur dann tun, wenn Sie durch eine freie Marktgestaltung und durch die Entfachung des Wettbewerbs die Wirtschaft zwingen, diese kostensenkenden Chancen und kostensenkenden Faktoren auch tatsächlich in die Tat umzusetzen.

Es hat sich ja jetzt bereits auch noch etwas anderes im Zuge der Währungsreform gezeigt. Ich sagte, die übergroße Flüssigkeit und Liquidität ist weggegangen, und von den Banken wird uns das auch berichtet.

Wir verfolgen sehr wohl die Vorgänge auf dem Geld- und Kreditmarkt und stellten fest, daß die Anforderungen auf dem Kreditmarkt im Wachsen begriffen sind, daß also diese übergroße Liquidität nicht mehr vorhanden ist. Wir stellen weiter fest, daß sich allmählich der Wettbewerb belebt. Man erkundigt sich, was der andere anbietet und zu welchen Preisen. Wir stellen fest, daß sich auch schon allmählich bemerkbar macht, daß die Kaufkraft nachzulassen beginnt. Wir wissen weiter, daß sich, solange wir gerade in den letzten drei Monaten hinsichtlich des Nachschubs von Rohstoffen aus dem Auslande eine Unsicherheit hatten, spekulative Erwägungen bildeten, die nach jeder Währungsreform wahrscheinlich nicht zu vermeiden sein werden. Aber wir haben es erlebt – und das ist durchgegangen vom Unternehmer bis zum Arbeiter –, daß mit der Leistung in dem Augenblick zurückgehalten worden ist, wo man nicht sicher sein konnte, daß die Rohstoffe nachkommen. Ich habe dafür durchaus Verständnis. Ich kann dem Arbeiter nicht zumuten, seine ganze Arbeitskraft in der Fertigung auszunutzen, wenn er befürchten muß, dadurch der Arbeitslosigkeit beschleunigt anheimzufallen. Aber alle diese störenden Faktoren können wir als beseitigt ansehen.

Wir verfügen jetzt bis zum Ende des Jahres aus Exporterlösen und dem Marshallplan über 900 Millionen Dollar. Es sind jetzt so große Lieferungen an Rohstoffen eingetreten, daß uns in dieser Hinsicht die Industrie keine Sorge mehr bereitet. Ich darf an das Wort von General Clay erinnern, der sagte: Sie werden im nächsten halben Jahr mehr Rohstoffe erhalten, als Sie in der deutschen Wirtschaft zu verarbeiten in der Lage sind. Ich glaube, daß die Voraussetzungen für die Marktwirtschaft jetzt außerordentlich günstig sind, und ich glaube, im theoretischen Raum gesehen ganz gewiß, daß meine Voraussagen nicht falsch sind, sondern daß sie nach wie vor richtig sind und richtig bleiben. Aber ich bin mir auch bewußt, wir sind nicht nur im ökonomischen, sondern auch im soziologischen und politischen Raum auf dem richtigen Weg, und aus diesem Grunde hat die Verwaltung für Wirtschaft Pläne entwickelt, um diesen Prozeß zu beschleunigen.

Wir haben jetzt den Preisspiegel ausgearbeitet für Textilien und Schuhe. Er wird in diesen Tagen veröffentlicht werden für Hausrat und Waren aus Metall, und es wird ein Preisspiegel kommen für Glas und Keramik, für Holz und Holzwaren und außerdem auch für landwirtschaftliche Geräte.

Um auf das volkswirtschaftlich gerechte Maß zu kommen, werde ich durch Preisspiegel und Druck auf die Preisspiegel die Wirtschaft – und auch die industrielle und händlerische Wirtschaft – zwingen, mit den Preisen so zurückzugehen, daß das optimale Verhältnis zwischen Preisen und Löhnen gewährleistet wird.

Die Produktionsprogramme werden weiterentwickelt und werden mit allem Nachdruck vorangetrieben, und wenn Sie wollen, dann können Sie sich überzeugen, daß die Verwaltung für Wirtschaft hier nicht etwa die Interessen der Unternehmer besorgt, sondern daß sie darauf aus und mit allen Kräften bestrebt ist, dafür zu sorgen, daß Güter und Waren zu einem Preise und in einer Menge auf den Markt kommen, daß der Bevölkerung geholfen wird.

Daß wir dabei andere Methoden anwenden als das englische Utility-Programm, kann doch nicht darüber hinwegtäuschen, daß die soziale Wirkung die gleiche sein würde. Und warum wenden wir andere Methoden an? Doch nur, um von dieser Seite noch einmal den nicht ganz wachen Wettbewerb in der Unternehmerwirtschaft, die praktisch 15 Jahre geschlafen hat, zu beleben. Wir machen es nicht so, daß die Behörde nach wie vor den Zehnten verteilt – wie es früher gewesen ist –, sondern hier entscheidet die Leistung; die beste Leistung nach Qualität und nach Preis bekommt den Zuschlag für die Einschaltung in die Programme.

Grundsätzlich kann sich jeder daran beteiligen, jeder kann mitwirken, aber er kann nur dann mitwirken, wenn er bereit ist, eine Leistung zu tätigen, die in Preis und Qualität den sozialen Anforderungen entspricht. Und wer da mittut, wird von der Behörde begünstigt in der Sicherung des Rohstoffnachschubs und in der Sicherung einer optimalen Betriebsausnutzung. Ich glaube, daß die anderen, die da meinen, noch zurückstehen oder sich den sozialen Verpflichtungen entziehen zu können, oder die vielleicht die Zeit noch nicht für reif halten, um sich im Preise der allgemeinen volkswirtschaftlichen und der sozialen Situation anzupassen, durch diese Methode sehr lebendig werden. Wir werden die Wirtschaft in den Wettkampf und damit in die Linie bringen, die notwendig ist, um dem normalen Einkommen einen möglichst hohen realen Inhalt zu geben.

Meine Damen und Herren! Sie sagen so oft, es sei unehrlich, wenn Sie der Zwangswirtschaft beschuldigt werden. Das möchte ich auch ganz bestimmt nicht tun. Ich bin nach wie vor der Meinung, daß wir, wenn Sie auf Grund der wirklich undogmatischen und unorthodoxen Haltung, wie ich sie einnehme, mitarbeiten, tatsächlich einen Weg finden werden. Aber ich glaube, wir müssen uns über das klarwerden und verständigen, was wir unter Planwirtschaft verstehen. Wenn Sie nicht wollen, daß Sie mit dem Odium der Zwangswirtschaft belastet werden, dann muß ich auch sagen, daß umgekehrt auch die Rechte des Hauses mit der gleichen Forderung gehört werden muß, daß sie nicht verschrien und belastet wird mit dem Odium eines freibeuterischen Liberalismus aus der Zeit vor hundert Jahren.

Ich glaube, wenn wir uns das gegenseitig angewöhnen, werden wir auch weiterkommen. Und dann würden wir auch weiterkommen, wenn wir an die planwirtschaftlichen Vorstellungen herangehen. Wie müssen die aussehen?

Ich habe den Eindruck, daß Sie sich in der Kritik gegen mich und meine Wirtschaftspolitik immer wunderbar einig sind. Nach außen sind Sie sich ja bekanntlich auf Grund Ihrer Geschlossenheit immer einig. Aber ich habe auch Ihre Ausführungen auf dem Parteitag über Wirtschaftspolitik gelesen, und da möchte ich Sie fragen: Welches ist denn eigentlich die Wirtschaftspolitik der SPD? Denn das interessiert mich. Fassen Sie das nicht als Angriff auf, und nehmen Sie es auch nicht persönlich! Aber ich möchte wissen, welches eigentlich Ihre Wirtschaftspolitik ist. Sie waren sich immer einig in der Kritik gegen mich. Aber es ist doch auch bei Ihnen von einer regulierten Marktwirtschaft gesprochen worden, die sicherstellen soll, daß die freie Konsumwahl nicht gefährdet ist, von einer Marktwirtschaft, die es ausschließt, daß die Erzeugerwirtschaft und Verbraucherwirtschaft durch allzu starke Reglementierungen beeinflußt wird. Ich habe allmählich den Eindruck: Wenn ich das Wort Marktwirtschaft in den Mund nehme, dann wird es ausgelegt als Bekenntnis zum Freibeutertum. Wenn Sie dagegen das Wort »Marktwirtschaft« aussprechen, wird es geheiligt und gesalbt durch das Öl der sozialen Gesinnung.

Ich habe in der Zeitung gelesen, der Direktor der Verwaltung für Wirtschaft wolle mit seiner Politik Geschäfte der Kapitalisten betreiben oder handele in geheimem Auftrag. Ich kann mich eines Schmunzelns darüber nicht erwehren. Es ist für mich eine erheiternde Vorstellung, daß ich in geheimem Auftrag gegen gute Bezahlung die Geschäfte der Kapitalisten besorgen soll. Ich stelle mir das so vor, als ob der kleine Moritz sich anschickt, große Politik machen zu wollen. Ich habe das in der Zeitung gelesen, und der Autor kommt von der gleichen Seite.

Also: Welches ist nun eigentlich Ihre Politik? Ist Ihre Politik marktwirtschaftlich, oder ist sie planwirtschaftlich? Und wenn sie planwirtschaftlich ist, frage ich Sie: Was verstehen Sie unter Planwirtschaft? Zu den Ausführungen von Herrn Minister Dr. Zorn, der die Marktwirtschaft ja gedeutet hat, kann ich – von Nuancen abgesehen – hundertprozentig ja sagen. Wir könnten da sehr viel erreichen, wenn wir gemeinsam vorgehen würden, wenigstens in der Zielsetzung. Wenn Sie die Planwirtschaft, meine Damen und Herren, so verstehen, daß die Behörden alle Mittel und Wege in Anwendung bringen, um die Wirtschaft im Sinne einer bewußten Zielsetzung zu lenken, sei es steuerpolitisch, geldpolitisch, kreditpolitisch, sozialpolitisch und, weiß Gott, was alles, dann bejahe ich die Planwirtschaft vollkommen, denn selbstverständlich sind dies alles Teile der Wirtschaftspolitik im ganzen. Und hier liegt selbstverständlich die Notwendigkeit einer bewußten Planung vor. Wird die Planung so verstanden und fassen Sie die Marktwirtschaft so auf, wie sie bei Ihnen von Herrn Minister

Dr. Zorn ausgelegt worden ist, so sind wir uns einig. Aber man kann es nicht so machen, daß man, wenn man einmal den Mut gehabt hat, das Wort »Marktwirtschaft« auszusprechen, dann gleich wieder gewissermaßen »planwirtschaftliche Beschränkungen« draufsetzt. Man hat den Mut vor der eigenen Courage verloren. Eine Wirtschaftspolitik nach Art der Echternacher Springprozession, wie es mir manchmal vorkommt, scheint mir nicht geeignet zu sein, um unser Volk und unsere Wirtschaft in der notwendigen kurzen Zeit aus der Situation herauszubringen.

Zum Preis-Lohn-Problem im ganzen, meine Damen und Herren – denn darum geht es heute wahrscheinlich auch bei der weiteren Diskussion –, möchte ich sagen: Ich bin mit Ihnen der Meinung, daß in dem Augenblick, in dem wir uns unterhalten, tatsächlich die meisten gewerblichen Preise überhöht sind und heruntergedrückt werden müssen; denn die Löhne stehen auch in einem bestimmten Verhältnis zu den landwirtschaftlichen Preisen. Ich möchte also sagen: Es besteht im Augenblick sehr wohl in gewissem Ausmaß die Möglichkeit zu einer Lohnsteigerung, d. h. zu einer Lohnsteigerung, die nicht die Preisspirale in Bewegung setzt, sondern eine Angleichung bedeutet. Aber wenn ich eine Empfehlung aussprechen darf, die im Zuge der Wirtschaftspolitik liegt, dann ist es die, daß es im großen und ganzen, obwohl ich mit der Freigabe des Preisstops der Angleichung nach oben ganz bestimmt keine Grenze setzen möchte, volkswirtschaftlich sinnvoller wäre, den Weg zu gehen, die Preise herabzudrücken, und jeder Vorschlag, den Sie mir da über den geschilderten Rahmen hinaus machen können, ohne wieder in Preisstop und Preisbindungen zu verfallen, wird – davon können Sie überzeugt sein – sorgfältigst geprüft werden. Wenn wir das tun – und ich glaube, wir sind auf dem Wege, und die Zeichen dafür sind auch da, die Preise herunterzudrücken –, dann wird das günstiger sein. Denn vergessen Sie nicht: Einmal werden die Hilfen, die wir aus dem Marshallplan usw. zu bekommen haben, geringer werden!

Schon im nächsten Jahr müssen wir darauf bedacht sein, unseren Export von rund 600 Millionen Dollar auf rund 1,8 Milliarden Dollar zu steigern, d. h., wir müssen im Ausland exportfähig bleiben. Abgesehen davon, daß der 30-Cent-Kurs auch diese Preisgrenze nach oben setzt, wird natürlich die deutsche Konkurrenzfähigkeit um so größer sein, je mehr es uns gelingt, die Preise auf ein optimales Verhältnis auch zum Lohn herabzudrücken, statt den Löhnen, was tendenziell vielleicht auch möglich wäre, die Angleichung an das jetzige Preisniveau zu ermöglichen.

Im ganzen bin ich aber der Meinung: Wir müssen jetzt einmal eine Angleichung der Preise vollziehen, soweit für die Festsetzung der Preise die Behörde verantwortlich ist, und darum geht es heute. Dann wollen wir aber auch mit aller Deutlichkeit erklären: Jetzt Schluß! Es werden jetzt keine Preise mehr erhöht! Es werden jetzt nur alle Anstrengungen gemacht, um eine Konsolidierung zu erreichen!

Sie werden wirklich nicht bezweifeln können, daß alles das, was die Verwaltung für Wirtschaft getan hat und worauf Sie größten Wert legen, nämlich mit den Gewerkschaften zusammenzuarbeiten, dem Ziel dient, das auch Sie wollen. Wir können in den Methoden vielleicht verschiedener Meinung sein, aber ich lehne es mit aller Entschiedenheit ab, daß Sie allein glauben, das soziale Gewissen für unser Volk gepachtet zu haben.

Ich will das Wohl des Volkes, das bringe ich hier mit aller Deutlichkeit zum Ausdruck. Wenn es dazu notwendig ist, die gewerbliche Wirtschaft unter Druck zu nehmen – selbst unter härtesten Druck, meine Damen und Herren, das verspreche ich Ihnen –, dann werde ich das tun, weil ich nicht im Auftrag handele, sondern weil ich genau weiß, daß eine gesunde Wirtschaftspolitik nur dann durchführbar ist, wenn sie dem Wohl des ganzen deutschen Volkes dient. Aber dem Wohl des ganzen Volkes dient es vor allen Dingen, wenn es aus der behördlichen Bevormundung herausgerissen wird und wenn es endlich frei wird. Und darum bin ich der Meinung: Die Wirtschaftspolitik, die wir eingeschlagen haben, hat zwar natürlich auch eine ökonomische Zielsetzung, aber sie hat vor allem eine soziale und eine politische Zielsetzung: die Auflösung des Zwangs, die Freiheit des Volkes und die Förderung des demokratischen Gedankens in Deutschland, ohne den wir nie zu einer Zusammenarbeit kommen können, ohne den wir nie zu einer wirklichen Form einer Demokratie kommen können, wie sie uns von anderen Völkern vorgelebt wird.

Generalstreik zur Rettung eines unhaltbaren Dogmas

Rundfunkansprache, 11. November 1948

Ein erster Aufschwung kommt in Gang. Durch die Luftbrücke für Berlin und die amerikanische Europa-Hilfe steigt das Zutrauen zur Zusammenarbeit mit den Alliierten und zur Selbsthilfe. Am 1. September 1948 tritt der Parlamentarische Rat in Bonn unter Dr. Adenauers Vorsitz zusammen. Aber der Streit um Preise und »Hortungen« ruft Unruhe in der Arbeiterschaft hervor. Am 8. November beschließen Bundesvorstand und Beirat des Bizonalen Gewerkschaftsbundes vollständige Arbeitsruhe für den 12. November. Gefordert werden u. a.: amtliche Verkündung eines »Wirtschaftsnotstandes«, Einsetzung eines Preisbeauftragten und Erfassung von Sachwertbesitz. Am 10. November wird im Wirtschaftsrat ein SPD-Mißtrauensantrag gegen Wirtschaftsdirektor Prof. Erhard mit 52 gegen 43 Stimmen abgelehnt. Am Vorabend des geplanten Generalstreiks mahnt Erhard mit folgender Rundfunkansprache zur Vernunft.

Der Deutsche Gewerkschaftsrat hat für Freitag, den 12. November, eine 24stündige Arbeitsruhe angeordnet. Er hat diese Entscheidung getroffen, noch ehe eine Stellungnahme des Verwaltungsrates zu den Forderungen der Gewerkschaften vorgelegen und die vereinbarte abschließende Besprechung zwischen Verwaltungsrat und Gewerkschaftsrat stattgefunden hat. Die Aktion wird gestartet in einem Augenblick, in dem nicht nur eine wesentliche Beruhigung und Konsolidierung in der Preisentwicklung eingetreten ist, sondern auch umfangreiche wirtschaftspolitische Maßnahmen schon getroffen oder eingeleitet worden sind, um die bestehenden Spannungen zwischen Löhnen und Preisen so weit und so rasch wie möglich zu überwinden. Es kommt einer Fälschung gleich, wenn – entgegen dem völlig eindeutigen ökonomischen Tatbestand – von gewerkschaftlicher Seite bewußt verschwiegen wird, daß die Preissteigerungen als eine Folgewirkung der Währungsreform bzw. der zu reichlichen Dosierung des Konsumentengeldes unvermeidbar waren, und wenn man dem Volk glauben machen will, daß ausschließlich eine falsche Wirtschaftspolitik für diese Erscheinung verantwortlich sei. Ohne diesen ökonomischen Ausgleich zwischen Geld- und Gütervolumen aber läßt sich eine gesunde, leistungsfähige Wirtschaft nicht aufbauen; ohne diesen Ausgleich würden wir im Zustand der preisgestoppten Inflation verharren müssen, und es würden fortbestehen der Schwarzmarkt, Kompensationen und all die anderen üblen Erscheinungen der Zwangswirtschaft, die allen gegen Nominallohn arbeitenden Menschen zur Last und zur Qual geworden sind. Die Gewerkschaften können diese Gefahren nicht leugnen, aber sie wollen sie bekämpfen mit der Bestellung eines Preiskommissars mit außerordentlichen Vollmachten, durch staatliche Lenkung der Rohstoffe, der Kredite und des Außenhandels, durch Überwachung und Lenkung des Warenflusses und ähnliche Maßnahmen mehr. Diese Auffassung von Planwirtschaft bedeutet aber praktisch nichts anderes als Zwangswirtschaft, oder sie mündet doch sehr schnell wieder in diese ein. Die gerade in sozialer Hinsicht verhängnisvollen Wirkungen dieser Wirtschaftsmethode sind uns aber zu bekannt, als daß ich es an verantwortlicher Stelle mit meiner Einsicht und meinem Gewissen vereinbaren und verantworten könnte, einer Entwicklung Raum zu geben, die nicht die Warenbesitzer treffen würde, wohl aber alle anderen Menschen – ich denke hier wieder an den Normalverbraucher – in neue Not und Drangsal stürzen müßte. Alle für das Schicksal unserer Währung verantwortlichen deutschen und alliierten Instanzen sind mit mir der Meinung, daß die Preissteigerung auf die notwendige Anpassung des Preisniveaus an das Geldvolumen zurückzuführen ist. Es heißt in einem Bericht von dieser Seite wörtlich: »Es muß dringend davor gewarnt werden, die eingetretenen Preisübertreibungen mit den überholten Mitteln der staatlichen Zwangswirtschaft, d. h. mit einer Wiedereinführung der Preisüberwachung, bekämpfen zu wollen. Nach den Erfahrungen der letzten Jahre würde eine Rückkehr zu den bisherigen Methoden der Preispolitik mit Sicherheit sofort wieder alle jene unerwünschten Erscheinungen hervorrufen, die durch die Preisfreigabe beseitigt worden sind. Die Waren würden vom Markt verschwinden, grauer und schwarzer Markt würden zu neuer Blüte gelangen, Kompensationsgeschäfte wären an der Tagesordnung, Deputatentlohnungen und Anspornsysteme müßten wieder eingeführt werden. Damit wären die bisherigen Erfolge der neuen Wirtschaftspolitik zunichte gemacht, und die Währung käme in ernste Gefahr. Auswüchse der Marktwirtschaft müssen mit marktwirtschaftlichen Mitteln bekämpft werden.« Soweit dieses Zitat.

Wenn die Arbeitsruhe dazu dienen soll, den verantwortlichen Instanzen den Ernst der Lage vor Augen zu führen, dann ist die Aktion mehr als überflüssig. Denn dessen waren sich der Verwaltungsrat, und meine Verwaltung im besonderen, auch ohne Gewerkschaften und schon vor deren eingeleiteten Schritten bewußt, daß die Preisentwicklung einerseits das Realeinkommen der Lohnempfänger auszuhöhlen droht und andererseits undisziplinierten Elementen übermäßige Gewinne ermöglicht. Über die Aufgabe, solche Mißstände ehestens zu überwinden, sowie auch über die Zielsetzung, das nach Lage unserer geschmälerten wirtschaftlichen Leistungskraft günstigste Verhältnis zwischen Löhnen und Preisen zu schaffen, kann es unter ernsten und verantwortungsbewußten Menschen keine Differenzen geben. Alle in sich koordinierten Maßnahmen der Wirtschaftspolitik, der Geld-Kredit-Politik und auch der Steuerpolitik dienen diesem einen Ziel. Insbesondere soll auch die jetzt nicht etwa von sozialistischer Seite, sondern von mir in Vorschlag gebrachte hohe Besteuerung der Warenvorräte im Rahmen der Sofortmaßnahmen zum Lastenausgleich den Druck zur Auflösung der Läger und zur Senkung der Preise verstärken. Der Streit der Meinungen geht aber nicht um die Sache, sondern um die Methode, und hier bin ich allerdings der Meinung, daß um der Rettung des unhaltbaren Dogmas der kollektivistischen Wirtschaft willen der materielle Verlust und die politischen Gefahren einer diktierten Arbeitsruhe unter staatspolitischem Aspekt nicht verantwortet werden können.

Seit Wochen arbeitet mein Amt mit den zuständigen wirtschaftlichen Stellen mit Hochdruck an der Intensivierung und Ausweitung des Jedermann-Programms, und es werden alle Anstrengungen unternommen, um noch in diesem Jahre in immer weiteren Bedarfsbereichen immer mehr Jedermann-Waren zu gebundenen Endverbraucherpreisen auf den Markt zu bringen. Die Auflösung der STEG-Läger wird beschleunigt und die laufende Konsumgüter-Produktion durch die Sicherung des Rohstoffnachschubs nach Kräften weiter verstärkt. In Verhandlungen mit der Militärregierung ist nunmehr auch die Wiedereinführung der Preisbindung der zweiten Hand ermöglicht worden, durch die die Industriebetriebe mit Zustimmung meiner Verwaltung das Recht eingeräumt erhalten, den Einzelhandelspreis ihrer Fabrikate festzulegen und seine Einhaltung zu überwachen. Ich stehe zur Zeit mit nicht weniger als fünf europäischen und außereuropäischen Ländern in Verhandlungen, um durch sofortige Zulieferung von Konsumgütern eine Speisung des deutschen Marktes vor allem mit preiswerten Textilien und Schuhen zu erreichen. Mit allen diesen Geschäften sind Kredittransaktionen verbunden, die erste Anfänge der internationalen Kredit- und Kapitalverflechtung bedeuten. Das Ausland gewinnt wieder Vertrauen in den deutschen Wiederaufbau, in unseren guten Willen und in unsere Kraft, und ich weiß sehr wohl, daß uns nicht zuletzt der Fleiß und die Leistung des deutschen Arbeiters dieses internationale Vertrauen zurückgewinnen ließen. Glaubt man denn von gewerkschaftlicher Seite wirklich, daß die Verkündung der Arbeitsruhe ein Mittel zur Heilung unserer Nöte sei, erscheint ein solcher Schritt angebracht in einer Situation, in der jeder gerecht und objektiv Denkende die Überzeugung gewinnen muß, daß die Schwierigkeiten nicht nur erkannt, sondern auch mit aller Kraft zu meistern versucht werden? Warum verschließt man sich seitens der Gewerkschaften gewaltsam der Einsicht, und warum sagt man es unseren deutschen Arbeitern nicht, daß das Übel der Preissteigerung auf der anderen Seite doch auch die heilsame Wirkung einer möglichen Verhinderung größerer Arbeitslosigkeit zeitigte? Spürt man es seitens der Gewerkschaften nicht, daß die verdächtige Sympathie der Ostzonen-SED mit dieser Aktion gefährlich ist und höchst bedenklich stimmen muß? Ich sage es darum noch einmal, was ich bereits gestern im Wirtschaftsrat ausgesprochen habe: Wenn unsere deutschen Arbeiter wüßten, wohin in letzter Konsequenz die Forderungen der Gewerkschaften führen müssen, nämlich zurück zur bürokratischen Fron der staatlichen Kommandowirtschaft, dann würden sie sich wohl mit Entschiedenheit gegen eine solche Zumutung verwahren.

Ich lege namens des Verwaltungsrates aber besonderen Wert auf die Erklärung, daß seine feste Haltung gegenüber den Forderungen der Gewerkschaften in keiner Weise eine negative Stellungnahme gegenüber dieser Institution als solcher und ihrer wirtschaftlich und sozial wichtigen Aufgabe bedeutet. Die von einer parlamentarischen Mehrheit getragene Wirtschaftspolitik aber darf, wenn die Demokratie nicht zur Farce werden will, nicht dem Diktat sozialer, wirtschaftlicher oder politischer Gruppen unterliegen. Auf dieser rechtlichen Grundlage steht den Gewerkschaften nicht nur die Mitarbeit offen, sondern sie wird sogar dankbar begrüßt werden. Der Verwaltungsrat lehnt die Arbeitsruhe ab, weil sie die Not des deutschen Volkes nicht zu lindern, sondern nur zu vermehren geeignet ist. Als Beispiel führe ich nur an, daß durch die Arbeitsruhe die Förderung von 300 000 t Kohle, das ist die Hausbrand-Versorgung der deutschen Bevölkerung für 2 Wochen, ausfällt, daß die Erzeugung von 20 000 t Stahl unterbleibt, 165 000 Paar Schuhe, 3000 Fahrräder mit 55 000 Bereifungen, rund 150 000 Glühlampen und andere dringend benötigte Konsumgüter nicht produziert werden. Sei sich jeder seiner demokratischen Freiheit bewußt, und handele jeder nach seinem eigenen Gewissen.

Im Streitgespräch mit Erik Nölting

Kundgebung der SPD im Zirkus Althoff, Frankfurt a. M., 14. November 1948

An einem Sonntag, zwei Tage nach dem Generalstreik, an dem sich fast zehn Millionen Arbeiter beteiligt hatten, und kurze Zeit nach der Ablehnung des Antrags der SPD-Fraktion im Wirtschaftsrat, Erhard zu entlassen, nimmt der Direktor der Verwaltung für Wirtschaft an einem Streitgespräch in Frankfurt mit seinem sozialdemokratischen Kontrahenten, Prof. Erik Nölting, dem Wirtschaftsminister von Nordrhein-Westfalen, teil. Daß sich Erhard in einer Atmosphäre starker Emotionen in einer Veranstaltung des politischen Gegners vor einem Publikum, das ihm mit großer Mehrheit kritisch gegenüberstand, zu einem rhetorischen Schlagabtausch stellte, wurde auch von den Zeitungen, die seine Wirtschaftspolitik ablehnten, positiv gewürdigt. Mehrere tausend Menschen hatten sich im Zirkus Althoff versammelt und begleiteten die Argumente der Redner mit Beifalls- und Mißfallensäußerungen. Im ganzen empfanden Teilnehmer und kritische Beobachter diese damals beispiellose Versammlung als eine Demonstration praktizierter Demokratie.

Im besonderen begrüße ich es, daß der zweite Redner dieses Tages Herr Professor *Nölting* ist, mit dem ich nicht nur seit dem Jahre 1946 immer wieder zusammenarbeite, sondern von dem ich weiß, daß wir aus einer gleichen wissenschaftlichen Schule stammen, Schüler eines Mannes gewesen sind, der sich liberaler Sozialist nannte. Und vielleicht tragen wir beide etwas von diesem Erbe in uns, nämlich die Überzeugung, daß diese beiden Begriffe »liberal« und »sozial« oder »sozialistisch« nicht unbedingt Gegensätze zu sein brauchen, sondern daß es einen Weg und eine Lösung geben muß, um beide Zielsetzungen und vielleicht auch beide Methoden miteinander in Einklang zu bringen.

Nun, meine Damen und Herren, stehe ich vor der Aufgabe, Ihnen in relativ kurzen Strichen eine Erklärung meiner Wirtschaftspolitik zu geben. Ich kann dabei nicht darauf verzichten, wesentlich auch auf Fragen der Währungsreform einzugehen, weil vieles, was der Wirtschaftspolitik aufgelastet wird, tatsächlich nichts anderes ist als Folgewirkungen einer nicht völlig fehlerfrei konstruierten Währungsreform. Und das, glaube ich, kann ich Ihnen sagen.

Als wir am 20. Juni vor der Überlegung standen: »Sollen wir mit den bisherigen Methoden der Bewirtschaftung weiter fortfahren, oder ist es nicht richtig, einen entschiedenen wirtschaftspolitischen Kurswechsel zu vollziehen?«, da war ich mir natürlich auch darüber klar, daß niemand – keine Partei und keiner unter Ihnen – etwa den Willen haben würde, nun die Zwangswirtschaft, so wie sie sich in ihrer äußersten Zuspitzung vor der Währungsreform dargestellt hat, aufrechtzuerhalten. Aber es war ja eine andere Frage zur Diskussion gestanden, nämlich die: Wird der marktmäßige Ausgleich, der unbedingt notwendig ist, um eine gesunde Wirtschaft aufzubauen – kann man den, soll man den und darf man den nach der Währungsreform unmittelbar sich vollziehen lassen, oder müssen wir nicht doch wieder die beiden Bremsen der preisgestoppten Inflation, nämlich die staatliche Preisbindung und die staatliche Bewirtschaftung, aufrechterhalten und – wie ich annehme, daß mein Herr Nachredner dann sagen wird – erst allmählich uns an den Markt herantasten?

Sie wissen, daß ich anderer Meinung gewesen bin. Und daß die Dinge nicht parteipolitisch etwa gelagert sind, mag Ihnen daraus deutlich werden, daß zum Beispiel bei der »Sonderstelle Geld und Kredit« – die ich als Vorsitzender leitete, wo wir bekanntlich den *deutschen* Währungsplan ausgearbeitet haben –, daß in diesem Gremium, das parteipolitisch gesehen paritätisch, aber ausschließlich sachverständig besetzt war, eine einzige Meinung vorherrschte, nämlich die: Wenn die Währungsreform nicht automatisch verbunden wird mit einer Freigabe der Preise und einer Aufhebung der Bewirtschaftung, dann kommen wir sowohl nicht zu einer geordneten und gesunden Wirtschaft wie vor allen Dingen auch nie zu einer geordneten und stabilen Währung ... Denn um was handelte es sich denn? Es handelte sich darum, die durch die Währungsreform geschaffene Kaufkraft auf dem Markte abzudecken. Und hier muß ich noch etwas weiter zurückgreifen, nämlich auf die Diskussionen vor der Währungsreform ...

Warum bin ich als der »Schutzheilige der Horter« gestempelt worden? Weil ich gesagt habe: Wenn wir vor der Währungsreform ... unsere Lagerreserven entblößen, dann stößt diese Kaufkraft ins Leere, und dann ist die Währungsreform schon am Anfang mißlungen ...

Ich habe aber auch keinen Zweifel darüber gelassen, daß wir dann nach Mitteln und Wegen suchen müssen, um die Gewinne, die dadurch entstehen, im Zuge des Lastenausgleichs oder durch welche Maßnahmen auch immer weitestgehend wieder aufzulösen ... Und hier war vorgesehen – Sie kennen es ja aus der Zeitung –, daß Haus- und Grundbesitz zunächst mit einer einmaligen Abgabe von 2 % und Warenlager – also die Bestände, die zum 20. Juni, zum Währungsstichtag, gemeldet werden mußten – mit 3 % besteuert werden sollen.

Wie mir das vorgetragen worden ist, war ich, wie ich ganz deutlich sagen möchte und immer wiederhole, entsetzt über diese Phantasielosigkeit, und ich habe gleich zum Ausdruck gebracht, daß ich mir eine wesentlich höhere Besteuerung der Warenvorräte zum 20. Juni vorgestellt hätte. Denn hier hat es die Möglichkeit gegeben, eine ganze Reihe von Maßnahmen in sehr organischer Weise miteinander zu verbinden. Einmal das unmittelbare soziale Ziel, im Rahmen einer Sofortmaßnahme des Lastenausgleichs den Ärmsten zu helfen, auf der anderen Seite aber, Fehler zu korrigieren, die aus der Währungspolitik herrühren, nämlich das Zuviel an Kaufkraft, das in unserer gewerblichen Wirtschaft ein Übermaß an Liquidität und ein Zuviel an Geldflüssigkeit gebracht hat, indirekt wieder aufzusaugen, damit: einen Druck ausüben auf die Wirtschaft, sich von ihren Warenvorräten weitergehend zu entblößen und auch zu entblößen zu Preisen, die niedriger sind als die, die Sie heute vielleicht noch gewohnt sind im einzelnen. Und deshalb habe ich in wiederholten Versuchen mich bemüht, diesen Warenbesteuerungssatz auf 25 % einmal zunächst heraufzuschrauben.

Man kann natürlich sagen, die beiden Dinge haben nichts miteinander zu tun; Lastenausgleich ist etwas anderes als die Korrektur einer Währungspolitik. Aber ich glaube, man sollte die wirtschaftspolitischen Maßnahmen, im weitesten Sinne verstanden, nicht so isolieren und atomisieren, daß man nicht beides miteinander verbinden könnte und sogar beides miteinander verbinden sollte.

[. . .] Das Charakteristische dieser Währungsreform war ja das, daß gewissermaßen Kaufkraft von oben heruntergestreut und konsumtiv wirksam wurde, ohne daß mit dieser Kaufkraftverausgabung, mit dieser Kaufkraftausstreuung, primär eine produktive Leistung verbunden war. Diese Kaufkraft war darauf angewiesen, daß im Markte Güter vorhanden sind, die zur Abdeckung der Kaufkraft hinreichen. Und nun zeigte sich ganz deutlich, daß dieses deutsche Sozialprodukt in seiner seinerzeitigen Zusammensetzung nicht ausgereicht hat, um diese 10,7 Milliarden DM Kaufkraft zu absorbieren. Es ist folgendes eingetreten: Diese 10,7 Milliarden DM Kaufkraft sind, wie wir selbstverständlich auch erwartet haben, ausschließlich in den Konsumgüterbereich unserer Wirtschaft eingeströmt. Denn jeder wollte nach jahrelangem Warten und Darben endlich wieder einmal konsumieren. Und dort hat natürlich dieser Stoß von Kaufkraft auch eine gewisse psychologische Wirkung ausgelöst und hat eine Preissteigerung bewirkt. Erstens aus dem Größenverhältnis heraus, zweitens aber auch aus der psychologischen Wirkung und drittens nicht zuletzt deshalb, weil man eben nicht Milliardenbeträge von Subventionen sowohl im Innern für die Förderung von Kohle, Eisen und Stahl wie auch durch die künstliche Verbilligung ausländischer Rohstoffe – Baumwolle, Häute und all dergleichen mehr – auflösen kann, ohne daß diese Auflösung von Milliardensubventionen nicht im Preise, in einer Preissteigerung, ihren Gegenwert und Ausdruck finden.

Das alles ist zusammengekommen, und das alles hat zweifellos eben diese Preissteigerung bewirkt. Nun, wie groß darf die Preissteigerung sein? Wieweit ist sie berechtigt, und wo fängt sie an, unsittlich zu werden? Das sind ja Fragen, mit denen wir uns auseinandersetzen müssen. Diese Kaufkraftballung, die hier in der Konsumgüterwirtschaft in der ersten Phase erzeugt worden ist, hat, wie ich schon sagte, ein so hohes Maß von Liquidität und Geldflüssigkeit bewirkt, daß die dort tätigen Unternehmer zweifellos flüssiger waren, über mehr Mittel verfügten, als sie brauchten, um ihrerseits Löhne und Gehälter zu zahlen und Rohstoffe zu beschaffen. Und diese Überliquidität hat dann noch einmal in den Konsum gedrängt. Da sind dann von dieser Seite aus Dinge gekauft worden, die zum Teil mit Recht das öffentliche Ärgernis erregten. Hier sind Teile dieser 10-Milliarden-DM-Kaufkraft dann noch ein zweites und ein drittes Mal konsumtiv wirksam geworden und haben diesen ganzen Stoß, diesen ganzen Anprall von Konsumentengeld auf einen relativ schmalen Markt dann immer noch verstärkt.

Hätte man die Dinge binden sollen, oder hätte man sie binden können? Meine Damen und Herren, in einer statischen Wirtschaft, das heißt einer, in der keinerlei Bewegung drin ist, wo also das Produktionsvolumen klar ist, wo eine gewisse Konstanz und Stabilität des Konsums obwaltet, hätte man vielleicht sogar den Versuch machen können, hier noch mit irgendwelchen Mitteln der Bewirtschaftung – ich will jetzt gar nicht von Zwangswirtschaft in dem totalen Sinn reden, aber vielleicht mit durchlaufendem Bezugsrecht und derartigen Dingen – die Dinge zu regeln. Ich gebe das zu, daß das in einer statischen Wirtschaft vielleicht noch hätte gelingen können. Niemals aber in einer Wirtschaft, die eine so starke Dynamik durch die Währungsreform erfahren hat, wie das mit der deutschen Wirtschaft der Fall gewesen ist. Denn es haben doch keine Berechnungen, keine Planzahlen in dieser Phase mehr gestimmt. Sie sind in einigen Wochen völlig über den Haufen geworfen worden. Wer hätte denn vorher berechnen können, welche Wirkungen, welche materiellen Wirkungen diese Währungsreform im einzelnen auslöst? Wer hätte annehmen können, daß schon innerhalb von acht Tagen die individuelle Arbeitsleistung um 30–40% zunimmt, daß im ersten Monat schon Produktionssteigerungen von 30% erzielt worden sind? Wer hätte annehmen können, daß bei den bisherigen Verfügungen über Kohle und Energie es überhaupt möglich gewesen wäre, derartige Produktionssteigerungen durchzuführen?

Sie wissen, daß immer die große Sorge war: Reicht unsere Kohle aus? Wenn ich vor der Währungsreform gefragt hätte: »Um welchen

Prozentsatz kann denn die deutsche Produktion gesteigert werden im Rahmen unserer jeweiligen Kohleverfügungen?«, dann hätten mir die Planer – und ich mache ihnen gar keinen Vorwurf daraus – gesagt: Na, bestenfalls um 10%. Wie sehr das zutrifft, mag Ihnen daraus beleuchtet werden, daß wir, als wir den Marshallplan aufstellten im Frühjahr dieses Jahres, für Juni 1948 bis Juni 1949, glaubten, optimistisch sein und annehmen zu können, daß es mit Hilfe des Marshallplans gelingen wird, eine Steigerung unserer wirtschaftlichen Leistung um 20% zu erreichen. Weil wir eben sagten: Das deutsche Transportwesen, die deutsche Kohleversorgung, die Energielage wird ein Mehr gar nicht zulassen. Und wir haben gesehen, wie diese Dynamik durch die Währungsreform alle diese Planungen gesprengt hat. Die Produktionssteigerung seit der Währungsreform, und zwar gemessen an dem günstigsten Monat April, beträgt jetzt doch ungefähr nahezu 50%. Und gerade in den Industriezweigen, wo die Dinge in sozialpolitischer Hinsicht besonders bedrohlich liegen, haben wir Produktionssteigerungen im allgemeinen bis zu 100%. Noch im Juni war die Menge der verarbeiteten Baumwolle, die eingeschleust worden ist in die Produktion, etwa 6000 Tonnen. Sie ist bis September gestiegen auf 11 500 Tonnen. Es sind im Juni produziert worden 450 000 Bereifungen; es sind jetzt im September produziert worden über 1 Million. Von 45 000 Fahrrädern auf 105 000 Fahrräder, von 830 000 Paar Schuhen auf über 2 Millionen Paar Schuhe. Und so könnte ich Ihnen . . . [Zwischenruf] – das sind Zahlen, die aus Statistiken rühren, die nicht von mir gemacht worden sind, meine Damen und Herren. Und selbst wenn ich zugebe, daß vor der Währungsreform die Meldungen vielleicht nicht übermäßig gewissenhaft waren, so wissen wir doch immerhin aus der Menge der Rohstoffe, die zur Verarbeitung gelangt sind, daß die Produktionssteigerung eine ungeheuerliche ist, denn wo hätte denn auch die höhere Ergiebigkeit der einzelnen Arbeitskraft hinwandern wollen, wenn nicht eben in diese Mehrleistung?

Also, ich wollte damit sagen: Bei dieser starken Dynamik wäre die Möglichkeit einer Bindung dieser Kaufkraft gar nicht möglich gewesen. Stellen Sie sich vor, was die Bewirtschaftungsbehörde überhaupt hätte tun sollen, wenn sie seinerzeit vor die Aufgabe gestellt gewesen wäre, etwa Bezugsrechte irgendwelcher Art und in welcher Form auch immer für 10 Milliarden DM Kaufkraft auszustellen, für einen Markt, von dessen Zusammensetzung wir wenig oder gar keine Ahnung hatten. Aber abgesehen davon: Es durfte auch deshalb nicht so gelöst werden, weil wir ja von den Größenordnungen auch nichts wußten. Wir wußten ja nicht, ob auf dem Markt diesen 10,7 Milliarden DM Kaufkraft auch volle Deckung gegenübersteht. Und wir hätten doch, wenn wir die Preisbindung hätten beibehalten wollen – das ist ja die andere Klammer –, aussuchen müssen, wer von den 10 Milliarden DM Kaufkraft hat denn nun Anspruch und

Anrecht auf Güterversorgung? Und welche Teile von den 10,7 Milliarden DM oder welche Träger dieser 10,7 Milliarden DM haben keinen Anspruch? Und dann hätte sich folgendes ergeben, was sich in dieser Situation noch bisher immer und überall bei uns und in aller Welt ergeben hat: Die Kaufkraft, die Sie künstlich an die Leine legen wollen, die Sie künstlich vom Konsum ausschalten wollen, die stößt ins Leere. Und weil sie damit sich nicht zufriedengibt, zieht sie die Ware von den regulären Märkten ab, und es kommt wieder der Schwarzmarkt, die Kompensation und all diese Dinge, die wir erlebt haben, und von denen wir uns doch immer ohne Unterschied – von denen wir doch zweifellos ohne Unterschied der Parteien und der Stände und was auch immer mindestens darüber klar sind, daß das niemals mehr wiederkommen darf, denn das ist der Krebsschaden jeder Wirtschaft.

Meine Damen und Herren, darüber, habe ich allerdings geglaubt, kann es keine Diskussion geben. Sie mögen ja vielleicht bezweifeln, ob diese Wirkung eingetreten wäre. Ich bin der Meinung, daß in dem Augenblick, wo Sie die Kaufkraft nicht zur Anwendung kommen lassen wollen, wo Sie sie noch mit besonderen Bezugsrechten versehen, mit irgendeinem Stempel der Behörde, um wirklich Kaufkraft zu werden, und wenn dieser Kaufkraft eben aus der Struktur der Dinge heraus kein hinreichend großes güterwirtschaftliches Angebot gegenübersteht, daß dann das sich ereignet, daß die Kaufkraft vom Markte abgezogen wird. Und wenn das so ist, dann, so meine ich, ist die logische Folgewirkung, daß die Ware vom Markte verschwindet. Und wenn Sie glauben, daß Sie mit Polizeimaßnahmen und mit Strafen und derartigen Dingen dann die Sache bändigen können, dann möchte ich sagen: Was haben wir denn in diesen ganzen drei Jahren erlebt? Sie wollen hier der Behörde Aufgaben zumuten, die sie auf Grund des ganzen Ablaufs der ökonomischen und der politischen Ereignisse heute nicht mehr leisten kann. Sehen Sie: Heute wird so viel geklagt über den Preiswucher. Mit Recht. Aber was kann man dagegen tun? Das allerprimitivste wäre doch zum Beispiel – und darauf haben wir wiederholt hingewiesen –, daß man einmal dafür sorgen müßte, daß die Waren, die ins Schaufenster kommen, ausgezeichnet werden. Denn es besteht eine Preisauszeichnungspflicht. Und darauf sind alle dafür zuständigen Behörden immer wieder hingewiesen worden, daß das notwendig ist. Und nicht einmal diese Aufgabe, die so primitiv und einfach ist, daß wirklich keine Schulung dazu gehört, die immerhin ja schon zur Überprüfung einer Kalkulation gehören würde, aber nicht einmal diese allerprimitivste Aufgabe kann mehr gelöst werden. Das heißt, der ganze Überwachungs- und Kontrollapparat ist in einer Weise abgenützt und verschlissen, daß nach meiner Überzeugung niemand mehr in der Lage ist, ihn zum Leben zu erwecken, und vor allen Dingen dann nicht, wenn durch künstliche Maßnahmen die Ventile in der Wirtschaft verstopft bleiben und jede natürliche Reaktion damit ausgeschaltet ist.

Meine Damen und Herren, ich kann vielleicht nicht erwarten, daß Sie mir das glauben, aber trotzdem möchte ich doch mit aller Deutlichkeit sagen: Wenn ich mich gegen die Wiedereinführung jener Art von Bewirtschaftung und gegen die Wiedereinführung einer staatlichen Preisbindung wende, dann nicht deshalb, weil ich jetzt irgendwelchen Leuten das Feld geben möchte zu einer möglichst freizügigen und, wie Sie wahrscheinlich sagen würden, »liberalistischen« Betätigung, wenn Sie an die Zeit eines früheren Freibeutertums denken. Nein! Sondern ausschließlich deshalb, weil ich nicht sehenden Auges mit meinem Gewissen und mit meiner Erkenntnis und meiner Verantwortung es in Übereinstimmung bringen kann, einen Weg zu gehen, der – wie ich die Dinge sehe und wie sie aus historischer Erfahrung sich uns darstellen – mit aller Sicherheit uns wieder in die vergangenen Zustände zurückführen würde. Und unter diesen Zuständen haben doch nicht etwa die Besitzer von Waren gelitten, meine Damen und Herren, die können unter sich immer so viel kompensieren, daß ihr Lebensstandard keinen Schaden leidet, sondern unter dieser Entwicklung hat doch ausschließlich der Empfänger von Nominaleinkommen, der Arbeiter, gelitten, der eben nur seine Arbeit anzubieten hat gegen Nominallohn. Denn daß auch die Entlohnung des Arbeiters gegen irgendwelche Naturalien, die er dann seinerseits wieder austauscht auf dem Land, nun keine ideale Wirtschaft ist, ich glaube, darüber brauchen wir uns auch nicht zu unterhalten.

Also, wenn jetzt bei diesem Angleichungs- und Anpassungsprozeß diese Gewinne entstehen, die ich doch genauso sehe wie Sie und die ich genauso verurteile wie Sie, dann ist dazu wieder notwendig, daß man diese Mißstände durch steuerliche Mittel heilt. Aber wir können auf den Ausgleich, auf diesen Anpassungsprozeß zwischen Gütervorrat und zwischen Geldvolumen, zwischen Güterproduktion und kaufkräftiger Nachfrage nicht verzichten, wenn wir wieder zu einer gesunden Wirtschaft kommen wollen. Und das ist die Quintessenz, die Grundlage meiner Wirtschaftspolitik, daß ich diesen Ausgleich unter allen Umständen herbeiführen muß. Und mit mir sind zum Beispiel alle Instanzen, die für den Schutz der Währung verantwortlich sind, auf deutscher und auf alliierter Seite, bewußt der Auffassung und bestärken mich darin jeden Tag, daß für die Währung die ernsteste Gefahr besteht, wenn wir jetzt wieder versuchen wollten – sei es durch die Bewirtschaftung, oder sei es generell durch die Preisbindung –, die Ventile in der Wirtschaft zu verstopfen und damit von dem einen Übel, das zunächst in den Anfängen relativ harmlos aussehen mag, dann weiterzuschreiten. Und nach meiner Überzeugung ist es eben so: Wenn man planwirtschaftliche Mittel anwendet auf der Ebene der künstlichen Preisfestsetzung und auf der Ebene der künstlichen Kaufkraft-bindung, beziehungsweise Kaufkraftlenkung, und wenn dazukommt noch die Lenkung der Rohstoffe und die Überwachung des Warenflusses und die Kontrolle und Ausrichtung des Warenflusses unter staatlicher Len-kung, dann will ich wirklich niemandem zu nahe treten und will ganz bestimmt niemanden beleidigen, wenn ich sage: Wenn's nicht von Anfang an Zwangswirtschaft ist, dann wird sie es auf alle Fälle morgen oder übermorgen, weil die Dinge ihre Eigengesetzlichkeit haben und sich nicht anders entwickeln können.

Ich glaube, wenn wir uns lediglich über die Zielsetzung zu einigen hätten, dann wären wir sehr schnell miteinander fertig. Denn daß das Ziel sein muß, ein nach Lage unserer ökonomischen Verhältnisse, unserer Leistungs- und Produktionskraft, optimales Verhältnis zwischen Löhnen und Preisen zu schaffen: da gebe ich Ihnen hundertprozentig recht, daß das mein Ziel ist. Und ich habe wiederholt erklärt – und nicht etwa aus Taktik, sondern aus innerer Überzeugung –, daß die Marktwirtschaft nur so lange und nur dann eine ökonomische und sittliche Berechtigung hat, wenn sie mehr und besser als jede andere Form der Wirtschaft eine optimale Be-darfsdeckung des ganzen Volkes gewährleistet, wenn sie das Nominalein-kommen der Staatsbürger im höchstmöglichen Sinne mit realer Kaufkraft ausstattet.

Also, ich glaube, hinsichtlich der Zielsetzung, da geht's auch gar nicht drum, wenn man nämlich näher hinblickt, sondern es geht tatsächlich um die Methode: Welcher Weg führt am besten zu diesem Ziel? Und wenn ich auch weiß, daß heute, nach der Währungsreform, die Dinge natürlich etwas anders liegen als vor der Währungsreform, daß sich das Problem mindestens quantitativ verlagert hat, weil es eben ein Unterschied ist, ob man bloß eine überschüssige Kaufkraft von einigen Milliarden DM oder gleich von hundert Milliarden DM hat, das sehe ich natürlich auch. Aber im Grunde genommen ist das Problem zwar nuanciert, aber in der Kon-zeption doch völlig das gleiche. Denn, darüber kann es auch keinen Zwei-fel geben: die Störungen, die wir jetzt erleben, sind Störungen aus der Währungsreform. Es ist zuviel Geld im Umlauf, und es ist zuviel Geld an einer Seite. Es ist zu massiert an zu wenigen Stellen.

Meine Damen und Herren, ich habe durchaus Verständnis dafür, daß derjenige, der kein Geld in der Tasche hat, für einen Satz, daß zuviel Geld im Umlauf sei, wenig Verständnis hat. Aber das gibt's effektiv in der Volkswirtschaft, und leider ist es so. Ich meine, wenn jeder das Geld in der Tasche hätte, dann bräuchten wir uns ja wahrscheinlich hier gar nicht zusammensetzen und uns unterhalten, denn dann wäre ja jeder zufrieden. Aber in der Volkswirtschaft ist zuviel Geld. Und es ist, wie ich schon sagte, am Anfang mindestens in sehr starker Ballung im Konsumgüterbereich aufgetreten und hat dort neben bewußter individueller Bereicherung aber auf jeden Fall eine Überliquidität, ein zu großes Maß an Geldflüssigkeit geschaffen. Aber ist das dann tatsächlich so geblieben, oder besteht nicht berechtigte Aussicht, daß das Problem sich von selbst löst, vielleicht sogar schon zu einem erheblichen Teil gelöst hat? Ich möchte das letztere behaupten. Denn, meine Damen und Herren, vor der Währungsreform – und erinnern Sie sich bitte an die Zeitungen, erinnern Sie sich an den Rundfunk und alles das, was Sie seinerzeit hörten –, da sagten wir alle mehr oder minder deutlich: Mit der Währungsreform ist zu befürchten, daß im Bereich der Kapitalgüterindustrie und der Investitionswirtschaft ein stärkerer Einbruch mit der Folgewirkung einer größeren Arbeitslosigkeit auftreten wird. Denn die Wegnahme von 95 % aller nominalen Geld- und Kapitalvermögen wird es natürlich nicht mehr zulassen, daß aus den restlichen 5 % neben dem laufenden Betriebsmittelbedarf der Unternehmungen auch noch Mittel frei sind für Investitionszwecke. Der mittel- und langfristige Kredit aus anderen Geldern, wie zum Beispiel aus den GARIOA-Mitteln oder Marshallplangeldern, stand ja seinerzeit nicht zur Verfügung, so daß man sagte: Wo soll diese Wirtschaft, die auf Kapital angewiesen ist, die Mittel hernehmen, um ihre Arbeiter zu beschäftigen?

Und ich mache auch niemandem einen Vorwurf daraus, wenn man seinerzeit geschätzt hat, daß die Zahl der Arbeitslosen, die wir mit der Währungsreform zu erwarten haben, so zwischen zwei und vier Millionen schwankt. Das war durchaus folgerichtig gedacht. Warum konnte man das nicht voraussehen? Weil man eben nicht voraussehen konnte, ob diese 10,7 Milliarden DM Kaufkraft durch die Währungsreform tatsächlich als Geld anwendbar sind und als Geld im Markt Güterdeckung finden oder ob das eine zu reichliche Dosierung überhaupt für unsere Wirtschaft und für unser Wirtschaftsvolumen sei. Sie wissen in der Zwischenzeit – und wir haben das nach einigen bangen Wochen erlebt –, daß dieser Kelch an uns vorübergegangen ist, daß diese Arbeitslosigkeit nicht auftrat, daß in der Kapitalgüterindustrie die gleich gute Beschäftigung vorherrscht wie in jedem anderen Industriezweig auch. Und wie ist dieses völlig überraschende Phänomen zustande gekommen? Ja, meine Damen und Herren, eben dadurch, daß diese Überfülle von Kaufkraft im Bereich der Konsumgüterwirtschaft nach einem anfänglichen Rausch, der sehr stark konsumtiv gewirkt hat in Luxusgegenständen, allmählich doch nach sinnvollerer Anwendung drängte. Das heißt, man hat sich wieder darauf besonnen, daß es vielleicht auf lange Sicht doch zweckmäßiger wäre, wieder Maschinen zu bestellen oder unterbrochene Bauvorhaben und dergleichen durchzuführen. Ich gebe Ihnen gerne zu: Diese Investitionen, die auf solche Weise getätigt worden sind, waren nicht immer volkswirtschaftlich sinnvoll, und ich hätte sie besser unter eine bewußtere Planung – hier steht das Wort

»Planung« zu Recht – genommen. Und deshalb ja auch mein Vorschlag, 25% hier abzuziehen, denn diese Mittel kann ich in die Investitionswirtschaft lenken als produktive Hilfe auch im Rahmen des Lastenausgleichs für Siedlungsvorhaben und dergleichen mehr ... Im gesamten volkswirtschaftlichen Prozeß stellen sich die Dinge zweifellos so dar, daß diese Überfülle von Kaufkraft, die größer war, als sie im Betriebsmittelbereich der Unternehmungen benötigt wurde, in den Kapitalgüterbereich übergeströmt ist und dort die Fortbeschäftigung und die Vermeidung von Arbeitslosen ermöglicht hat.

Heute sind diese Massierungen von Kaufkraft zwar immer noch vereinzelt vorhanden, es sind immer noch stark spekulative Momente vor allen Dingen im Hinblick auf den Lastenausgleich, im Hinblick auf den Bilanzstichtag vom 31. Dezember wirksam. Ich bin weit davon entfernt, hier irgend etwas verschweigen zu wollen. Die Dinge liegen so, und nur wenn man sie erkennt und wenn man sie auch ausspricht, kann man die Mittel der Heilung finden.

Aber es hat sich noch etwas Weiteres ereignet: Diese Überliquidität ist auch deshalb ausgelöst worden, weil eben durch das wachsende Produktionsvolumen doch ein Mehr an Löhnen für Lohn- und Gehaltszahlungen benötigt wird und weil die Auflösung der Subventionen für ausländische Rohstoffe auch mindestens für den Bezieher eine Verteuerung des Rohstoffbezugs mit sich gebracht hat. Selbstverständlich haben auch die Preissteigerungen eine gewisse Verdünnung der Kaufkraft mit sich gebracht, so daß man im ganzen heute sagen kann: Das, was am Anfang so gefährlich und so bedrohlich war, daß diese 10,7 Milliarden DM Kaufkraft immer als Konsumentengeld im Markt herumgeistert und immer wieder zusätzlich preissteigernde Wirkungen ausübt, dieser Prozeß ist heute weitgehend abgeschlossen ... Das bestätigt auch die Nachfrage nach Krediten bei den Banken, die sowohl immer dringlicher als auch immer zahlreicher wird, daß allmählich es schon immer mehr Unternehmungen gibt, die nicht mehr in der Lage sind, die ganze Finanzierung mit ihren eigenen Mitteln durchzuführen. Und da kommt dann jetzt noch hinzu, wie Sie ja auch in der Zeitung gelesen haben – und ich glaube, ich bin daran nicht unschuldig –, eine restriktive Kreditpolitik dahin gehend, daß die Kreditschraube angezogen wird, daß hier erschwert wird die Möglichkeit, Bankkredit aufzunehmen, weil hier eben die Unternehmungen, die zunächst unter diesem Run, der da eingetreten ist, zu üppig geworden sind, um die wieder unter Druck zu setzen, damit sie, um sich liquid zu erhalten, produzieren und absetzen müssen. Und auch zu billigeren Preisen absetzen müssen, als sie das heute gewöhnt sind.

Alle diese Maßnahmen sollen dazu beitragen, den Druck auf die Wirtschaft zu verstärken, die Liquidität der Wirtschaft zu verkürzen, um damit wieder den Wettbewerb, den Leistungswettbewerb, in die Wirtschaft zu tragen, der noch immer gute Früchte gezeitigt hat. Aus dem Grund auch der Vorschlag der Gewerbefreiheit, um hier die Hierarchien aufzusprengen und frisches Blut zuzuführen. Das alles immer wieder mit dem Hinblick: Es muß eine gewisse Bedrängung in der Wirtschaft sein; sie ist notwendig und muß Platz greifen. Es darf kein Rentnerdasein geben in der Wirtschaft, wenn sie gedeihen und wenn sie blühen soll. Denn, meine Damen und Herren, glauben Sie nur ja nicht, daß diese Wirtschaftspolitik etwa von der unternehmerischen Wirtschaft, von der gewerblichen Wirtschaft, allenthalben so sehr freudig begrüßt wird. Das ist keineswegs der Fall. Es hat eine ganze Reihe von Unternehmungen gegeben, die haben sich in der vergangenen Wirtschaft außerordentlich wohl gefühlt. Und denen ist es hier viel bessergegangen. Denn wenn die Behörde ihre Gunst verteilt – also Chancen und Lasten verteilt an Gerechte und an Ungerechte nach irgendwelchen geheimnisvollen Ratschlägen und Schlüsseln –, dann ist es ja möglich, daß der einzelne nicht durch Leistung, sondern durch gute Beziehungen und durch andere Maßnahmen gedeiht. Und davon ist auch tatsächlich in der Wirtschaft reichlich Gebrauch gemacht worden. Und das wollen wir mit dem neuen wirtschaftspolitischen Kurs zugleich abstellen. Es gibt in einer geordneten Wirtschaft – und ich möchte überhaupt sagen: in einer Gesellschaft, die wirklich sich noch etwas von Frische und von Stärke und von Selbstbewußtsein und von Kraft bewahrt hat – doch nur tatsächlich einen Maßstab zur Differenzierung, und das ist die Leistung . . .

Meine Damen und Herren! Wieviel im Rahmen der Produktivität unserer Volkswirtschaft, wieviel im Rahmen eines gegebenen Sozialprodukts, das wir eben gerade nach unserer Kraft erzeugen können, überhaupt auf den einzelnen kommt und wieviel auf jeden einzelnen kommen soll nach Maßgabe seiner Leistung, das können Sie doch um Gottes willen keinem Amt aufbürden. Das kann nur der Markt leisten. Ich gebe zu: Die Dinge muten mindestens heute im äußeren Bild sehr chaotisch an. Ich habe in vielen Versammlungen – vor allen Dingen vor Unternehmern – den Leuten immer wieder klarzumachen versucht: Wenn wir heute ein Sozialprodukt – sagen wir es mal einfachheitshalber – von 42 Milliarden DM erzeugen und wir stehen vor der Aufgabe, das unter 42 Millionen Menschen zu verteilen, wobei viele dabei sind, deren bevorrechtigten Anspruch wir nicht abstreiten können, wenn Sie an Flüchtlinge, Totalbombengeschädigte usw. denken, dann können Sie sich ja ausrechnen, wieviel auf den einzelnen kommt, nämlich doch verhältnismäßig sehr wenig. Und wenn wir mehr konsumieren wollen und mehr konsumieren müssen auf die Dauer, dann müssen wir uns eben mehr erarbeiten. Zunächst aber, wie die Situation im Augenblick ist, ist eben das Einkommen beschränkt. Und da selbstverständlich jeder leben muß, ist für Einkommensdifferenzierungen sehr wenig Raum. Und diese Einsicht, die sich aus einem solchen primitiven Beispiel ableitet, durchzusetzen in einer Wirtschaft, daß sie dort zur Wirklichkeit werden will, das ist natürlich schwierig; ist aber schwierig, ganz gleich, ob Sie Planwirtschaft treiben oder ob Sie glauben, die freie Marktwirtschaft würde dieses Ziel besser erreichen. Ich bin natürlich der Meinung, daß das die Marktwirtschaft besser erreicht; und zwar unter diesem Druck der Wirtschaftspolitik und dann über den Leistungswettbewerb, der jeden einzelnen auf das Maß seines Einkommens zurückführt, das eben von der Volkswirtschaft gerade noch getragen wird. Und ich habe schon wiederholt auf das Beispiel hingeführt: Wenn Sie einmal die Rechnung durchführen – und viele von Ihnen haben ja vielleicht Gelegenheit, das zu tun – und vergleichen einmal, dann werden Sie finden, daß in den Zeiten, in denen die Marktwirtschaft möglichst frei sich entfalten konnte – wobei ich »frei« nicht im Sinne betrachte wie liberalistisch, freibeuterisch –, daß dort der Anteil von Lohn und Gehalt am Volkseinkommen oder auch am Preis des einzelnen Produkts immer höher gewesen ist als dann, wenn der Staat die Dinge allzu stark in die Hand genommen hat. Je stärker der staatliche Eingriff in die Wirtschaft ist, je mehr der Staat durch die Mittel der Planung und der Lenkung glaubt, die Dinge zum Besseren wenden zu können, desto mehr werden diese Dinge tatsächlich für das Arbeitseinkommen ungünstiger. Das läßt sich rechnerisch sogar beweisen . . .

Was ist jetzt also getan worden, beziehungsweise was kann man tun, um das bestehende Übel zu heilen? Das bestehende Übel ist nämlich tatsächlich das, daß durch den Angleichungsprozeß zwischen Gütervolumen und Geldvolumen natürlich alle die in einen Vorsprung kommen, die über die Ware verfügen und eben mit dem Angleichungsprozeß, mit den Preissteigerungen, ihr Einkommen vermehren, während umgekehrt alle diejenigen, die Nominaleinkommen beziehen, in ihrem Lebensstandard dadurch verkürzt werden. Das ist doch – vielleicht von Ihrem Standpunkt aus etwas geschraubt ausgedrückt – das, was sich im Augenblick ereignet und was vielen unter Ihnen diese Lebensnot bereitet, für die ich durchaus Verständnis habe. Vor allen Dingen deshalb Verständnis habe, weil man ja doch nicht erwarten kann, daß das Volk in seiner Gesamtheit diese teils recht komplizierten volkswirtschaftlichen Zusammenhänge begreifen kann . . . Und manche Sorgen gehen ja vielleicht sogar dahin, ob nicht doch vielleicht wieder eine Inflation kommt und das gewissermaßen die Anfänge wären. Und deshalb möchte ich hier deutlich sagen, meine Damen und Herren: Diese Sorge ist völlig unbegründet. Es kann in Deutschland eine Inflation nicht geben, solange wir nur unsere öffentlichen Haushalte in Ordnung halten und die Bank deutscher Länder nicht bereit ist, einer zusätzlichen Kreditschöpfung und zusätzlichen Geldschöpfung Raum zu geben. Und ich glaube, diese beiden Sicherheitsventile – ich glaube nicht, ich weiß es – sind eingebaut. Und deshalb ist jeder Gedanke an eine Inflation illusorisch.

Auf einer Ebene, von der ich glauben möchte, daß sie relativ bald erreicht ist, denn in den letzten Wochen ist ja eine Beruhigung der Entwicklung mit aller Sicherheit zu verzeichnen, auf einem Niveau, über dessen nominelle Höhe man nichts sagen kann, weil es ja gewissermaßen einen Index darstellt, werden die Preise aufgehalten werden, weil eben dann das Übermaß an Kaufkraft, an Nachfrage, nicht mehr möglich ist. Auf der Ebene, auf der die 10 Milliarden DM gebunden sind und jetzt Gütervolumen und Kaufkraftvolumen im Einklang stehen, von dort aus wird die Stabilität möglich sein. Und von diesem Stand aus werden sich dann auch die Kosten senken. Denn wie sieht dann die Wirtschaft aus? Es wird heute oft so dargestellt, als ob wir deshalb unbedingt bei der Bewirtschaftung und bei den alten Methoden bleiben müßten, weil eben unser Güterangebot unter gar keinen Umständen ausreichen könnte, um die Nachfrage abzudecken; die Nachfrage wäre viel größer. Meine Damen und Herren, das ist heute so bei dieser künstlichen Kaufkraftschöpfung aus der Währungsreform, bei dieser unorganischen Kaufkraftschöpfung. Nicht aber, wenn nach dem erzielten Ausgleich tatsächlich nur soviel Kaufkraft auf den Markt kommt, als aus der laufenden Güterproduktion Kaufkraft entstanden ist. Es ist auf die Dauer in einer geordneten und gesunden Volkswirtschaft unmöglich, daß mehr Nachfrage auf den Markt gelangt, als Güter in diesem Markt angeboten werden. Und wenn wir dahin wieder gekommen sind – und wir sind in diesem Heilungsprozeß mit aller Sicherheit begriffen, eine Fülle von Symptomen sprechen geradezu dafür –, dann wird auch die Situation, dann wird die Stellung des Warenbesitzers, des Fabrikanten und des Unternehmers im Markt eine ganz andere. Auch unsere Stellung als Konsument wird eine andere. Denn dann ist es nämlich nicht mehr so, daß jede Ware scheinbar zu jedem Preise absetzbar ist, sondern dann muß sich die Ware ihren Käufer suchen. Und dann kommen wir in die gesunde Wirtschaft hinein, in der das wirtschaftliche Schicksal von dem Volk bestimmt wird, in der die Ausrichtung der Wirtschaft, die Ausrichtung der Produktion in quantitativer und in qualitativer Hinsicht ausschließlich vom Konsumenten bestimmt wird – im Rahmen der wirtschaftspolitischen oder nationalpolitischen Zielsetzungen, die selbstverständlich immer bleiben. Ich bin weit davon entfernt, jetzt etwa den Gedanken der übergeordneten volkswirtschaftlichen Planung und Lenkung leugnen zu wollen. Nein, meine Damen und Herren: weit davon entfernt! Wenn Sie das unter Planwirtschaft verstehen, dann dürfen Sie mich ab morgen auch Planwirtschaftler nennen. Denn selbstverständlich hat der Staat die Aufgabe, die

Wirtschaft dorthin zu führen, wo er sie hinbringen muß. Daß wir zum Beispiel vor vielen sozialen Notwendigkeiten stehen: des Wohnungsbaus, des Aufbaus unserer Energiewirtschaft, der Beschäftigung von Millionen Flüchtlingen, ihnen neue Produktionsstätten und Werkzeuge an die Hand zu geben – daß das Aufgaben sind, die einer staatlichen Planung und Zielsetzung bedürfen, ist selbstverständlich. Und daß hier auch mit allen kombinierten und in sich koordinierten Mitteln der Wirtschaftspolitik eingegriffen werden muß, um die Wirtschaft an dieses Ziel hinzuführen, in möglichst organischer Hinsicht hinzuführen, daran kann es gar keinen Zweifel geben.

Der Unterschied liegt darin: Diese Art von Planwirtschaft, wie ich sie sehe, das ist die, die in der großen Konzeption die Wirtschaft in bestimmte Richtung drängen und führen will, die aber durch die Eröffnung von Chancen oder durch die Setzung von Barrieren den einzelnen in freier Entscheidung dahin führt – nach Lage der ihm gesetzten äußeren ökonomischen Bedingungen –, sich sinnvoll zu verhalten und zu handeln. Oder jene andere Planwirtschaft, die glaubt, sie müßte jeden einzelnen Staatsbürger, ganz gleichgültig, ob er Produzent oder Konsument ist, von früh bis zum Abend am Gängelband haben und ihm sein Tun als Produzent und seinen Konsum auch noch im einzelnen vorgeben und alles vorschreiben, um wirklich eine Ordnung zu erzielen. Das eine ist, wie ich meine und wie ich es verstehe, eine organische Ordnung, die geschaffen wird, und das andere ist eine schematische, eine starre, eine künstliche Ordnung. Das eine ist die Ordnung, die zu freien Menschen und zu freien Persönlichkeiten führt, und das andere ist, wie ich es verstehe, eine Ordnung, die aus den Menschen Termiten und aus der menschlichen Gesellschaft einen Termitenstaat schafft. Und bei diesem Prozeß, diesem Angleichungsprozeß, sagten wir also, da kommt zweifellos in dieser Übergangsphase der Lohn- und Gehaltsempfänger, der nur sein Nominaleinkommen hat, zu kurz. Und daraus gründen sich dann eine Fülle von Überlegungen und wirtschaftspolitischen Maßnahmen, die wir ergriffen haben.

Ich will jetzt gar nicht vom Preisspiegel sprechen und diesen Dingen; die liegen zu sehr am Rande. Sondern von dem Jedermann-Programm. Meine Damen und Herren, das Jedermann-Programm will erreichen, daß die große Masse unseres Volkes und insbesondere die Bezieher kleinerer Einkommen die Möglichkeit einer guten, geordneten und preiswerten Bedarfsdeckung finden. Und trotzdem bedeutet es zunächst in diesem Augenblick noch etwas anderes: Ich kann die Preise für die gesamte Volkswirtschaft nicht binden, wenn ich den Ausgleich zwischen Gütervolumen und Geldvolumen herbeiführen will und herbeiführen muß. Aber ich kann auch nicht zusehen, wie im Sinne dieses Ausgleichs große Teile der Bevölkerung – wir müssen sagen: die meisten fast sogar – nicht mehr in der

Lage sind, mit ihrem Einkommen Schritt zu halten. Und deshalb der Gedanke des Jedermann-Programms, in dem wir folgendes sagen: Solange dieser Angleichungsprozeß dauert und bis wir wirklich eine gesunde Marktwirtschaft haben, wo jeder Preis in sich in Ordnung ist und in Einklang steht mit der kaufkräftigen Nachfrage, so lange müssen wir gewissermaßen ein Schutzgebiet schaffen, innerhalb dessen ein Konsum für diejenigen Menschen sichergestellt werden kann, die durch den Preisangleichungsprozeß zu kurz kommen oder mindestens Sorge tragen müssen, daß sie nicht mehr mitkommen mit dieser Dynamik. Und deshalb auch die Absicht – die schon seit vielen Wochen jetzt gefaßte Absicht –, dieses Jedermann-Programm auszuweiten. Ich kann nicht, wie vorgeschlagen worden ist, etwa 90% der gesamten Produktion in das Jedermann-Programm hereinnehmen, denn ich muß den Ausgleich herbeiführen, und der kleine Rest von 10% der Produktion wäre in sich zu schmal, um bei dieser Diskrepanz zwischen Geld und Gütern innerhalb dieses engen Sektors wirklich einen einigermaßen organischen Ausgleich herbeizuführen. Ich glaube, das ist aber auch deshalb nicht notwendig, weil diese Jedermann-Waren, die ja im Endverbraucherpreis gebunden sind, auch auf die übrigen Preise einen ziemlich starken Sog ausüben werden. Es wird eben, wenn das Paar Schuhe 20–25 Mark kostet und wenn dieses Programm ausgeweitet wird und wenn diese Jedermann-Schuhe, möchte ich sagen, unserem Marktbild einen gewissen Stempel aufdrücken, dann nicht mehr möglich sein, daß hier dann gleich von 20–25 Mark ein Sprung ist auf 50 oder 60 Mark oder noch mehr, sondern es wird dann ganz automatisch so sein, daß sich die anderen Preise stärker an diese Jedermann-Preise binden werden.

Und wenn dann noch hinzukommt, daß wir im Augenblick begründete Aussicht haben – sogar recht bald –, vom Ausland Fertigwaren zu beziehen, dann wird ein Preisdruck nach unten erzielt. Denn diese importierten Güter werden auch nach der Importpreisregelung billig, zu gebundenen Endverbraucherpreisen auf den Markt gelangen. Ebenso, wie es bei der STEG-Ware der Fall ist. Wir schaffen also einen relativ hohen Marktsektor, der von diesem Angleichungsprozeß ausgeschlossen sein soll . . .

Meine Damen und Herren, wenn wir jetzt außerdem bei der Militärregierung erreicht haben, daß die Preisbindung der zweiten Hand durchgeführt werden kann, das heißt, daß in Abweichung der Dekartellisierungsbestimmungen der Industriebetrieb jetzt das Recht erhält, dem Einzelhandel seine Endverbraucherpreise vorzuschreiben und sie zu überwachen, wenn wir dadurch die Möglichkeit haben, die nicht mehr funktionsfähige, zentrale behördliche Preisüberwachung aufzuspalten und aufzulösen in eine Vielzahl von privatwirtschaftlichen Preisüberwachungen und Preiskontrollen, die viel wirksamer sind, weil hier ein unmittelbares privatwirtschaftliches Interesse vorliegt, wenn Sie das alles zusammennehmen – Jedermann-Ware, STEG-Ware, importierte Fertigwaren, dann die Preisbindung der zweiten Hand –, dann kommen Sie im ganzen immerhin dahin, daß im Konsumgütersektor mehr als die Hälfte – ich möchte sogar annehmen, daß es in der nächsten Zeit wesentlich mehr werden wird als die Hälfte – zu gebundenen Endverbraucherpreisen auf den Markt gelangt. Den Rest müssen wir freilassen – und da muß ich mich mit aller Entschiedenheit gegen die Preisbindung wenden –, um ebendiesen Ausgleichsprozeß, der die Grundlage einer gesunden Wirtschaft ist, zu ermöglichen.

Sind wir auf diesem Gleichgewicht angelangt, haben wir das nach dieser schmerzensreichen Zeit erreicht, mit dieser ganzen Fülle von Mitteln, von kombinierten Maßnahmen aller Art, dann ist auch die Zeit gekommen, wo man den Druck ausüben kann, daß die Kosteneinsparungen, die getätigt worden sind in der Wirtschaft, durch die höhere Arbeitsleistung des einzelnen, durch die Kostendegression aus der wachsenden Kapazitätsausnützung – daß die dann auch im Preise wirksam werden müssen. Dann haben wir auch die Möglichkeit, den Preisdruck zu erzeugen, den wir nicht erzeugen können, solange durch den notwendigen Ausgleich immer noch da und dort in der Wirtschaft diese Überliquidität vorhanden ist, solange die spekulativen Erwägungen noch so kräftig sind und auch noch die Möglichkeit haben, sich in den Handlungen der einzelnen, sei es in bezug auf Lagerhaltung oder auf Preisforderungen, auszutoben. Aber das geht zu Ende, mit aller Sicherheit. Und dann, meine Damen und Herren, stehen wir vor der eigentlichen gesellschaftswirtschaftlich bedeutsamen Aufgabe: daß wir dann darangehen müssen, durch den Preisdruck einerseits und auf der anderen Seite durch Lohnbewegungen, durch Lohnangleichungen, die Relation herzustellen, die notwendig ist, um nicht nur eine gesunde Volkswirtschaft zu schaffen, sondern auch eine gesunde und soziale Gesellschaft heranwachsen zu sehen, die der Aufgabe gewachsen ist, in gemeinsamer Arbeit uns aus der Armut und aus der Not herauszuführen.

Die wirtschaftliche Lage zu Beginn des Jahres 1949

Rundfunkansprache, 25. Januar 1949

Mit dieser Ansprache setzt Erhard die Tradition der Betrachtungen zur Jahreswende fort, diesmal zu einem Zeitpunkt – sechs Monate nach der Währungs- und Wirtschaftsreform –, der besonderen Anlaß gab, den Versuch einer Bilanz zu unternehmen. Erhard kommt es dabei nicht so sehr darauf an, ein Zahlenwerk zu präsentieren, sondern mehr auf das Sichtbarmachen des durch Fakten gestützten Umbruchs in der öffentlichen Meinung, der sich in den letzten Monaten abgezeichnet hatte. Er konnte darauf verweisen, wie leichtfertig und oft unseriös seine Gegner mit dem Instrument der Angst Politik zu machen suchten und daß die Mittel der allgemeinen Wirtschafts-, Kredit- und Finanzpolitik seinen Erwartungen gemäß Schritt für Schritt zu einer allgemeinen Konsolidierung der Verhältnisse führten.

Es zeigt sich immer deutlicher, daß wir im Zuge unserer wirtschaftlichen Erholung und Gesundung mit dem Abschluß des Jahres 1948 zugleich auch jene erste und gefährlichste Phase überwunden haben, die aus den Spannungen zwischen Geld- und Gütervolumen resultierte und in scheinbar chaotischen Preissteigerungen Ausdruck fand. Ich habe in dieser Zeit, allen Schmähungen und Verhöhnungen standhaltend, immer und immer wieder den Standpunkt vertreten, daß bei sinnvollem Zusammenwirken von wirtschafts-, kredit- und finanzpolitischen Mitteln jene konstruktiven Fehler der Währungsreform überwunden werden können und daß die steigenden Preise in Verbindung mit der sich stetig ausweitenden Produktion, einer restriktiven Kreditpolitik und einer immer wirksamer werdenden Steuerpolitik zu einer Neutralisierung des preistreibenden Kaufkraftüberschusses führen müssen. Mit der Herstellung eines organischen Gleichgewichts war dann nicht nur die Voraussetzung für eine Stabilisierung unseres Preisniveaus, sondern über die Entfachung des Wettbewerbs auch zu Preissenkungen geschaffen, die den Kosteneinsparungen aus der rationelleren Erzeugung gerecht werden. Es waren also nicht Voraussagen nach Laubfroschart noch eine Prophetie aus dem Kaffeesatz, sondern nüchterne, sachliche Überlegungen und Folgerungen, die mir die Zuversicht in die Zwangsläufigkeit der aufgezeigten Entwicklung gaben und die mich vor allem den Verlockungen und Drohungen mannigfachster Art widerstehen ließen.

Meine Kritiker wußten ja in geradezu erschütternder Phantasielosigkeit immer nur *ein* Rezept, nämlich die Rückkehr zu Formen der staatlichen Bewirtschaftung und Preisbindung, d. h. also zu Maßnahmen, die im Ursprung und in der Konsequenz das Wesen der Zwangswirtschaft ausmachen, die Menschen wieder der Fron einer Bürokratie ausgesetzt und die Waren und Güter von den legalen Märkten in den Schwarzmarkt abgezogen hätten. Ich sollte sehenden Auges und wider bessere Erkenntnis die sozialen Zustände der preisgestoppten Inflation zurückrufen und wieder den Normalverbraucher von jeder Versorgung ausschließen. Mit den süßesten Flötentönen bot sich die Planwirtschaft alias Zwangswirtschaft zur Überwindung der sozialen Spannungen an, aber mit ihr ist es wie mit dem Wolf im Märchen. Mit mehlbestaubten weißen Pfoten und Honig auf den Lippen begehrt sie Einlaß, um dann die Lämmer zu reißen, die töricht genug waren, den Verlockungen Glauben zu schenken. Dabei macht es wenig aus, ob dogmatische Gebundenheit oder bei gutem Willen mangelnde Einsicht der Planwirtschaft das Wort redeten. Als letztes sollte nun endlich ein selbständiges Preisamt Besserung und Heilung bringen, obwohl eine solche Einrichtung nur die allein Erfolg verheißende Geschlossenheit der Wirtschaftspolitik aufzusprengen und damit den Verfall einzuleiten geeignet gewesen wäre. Dank der Entschlossenheit und des Weitblicks der unsere heutige Wirtschaftspolitik tragenden Parteien und Institutionen konnte diese Gefahr durch die jüngsten Entscheidungen des Wirtschaftsrates gebannt werden. Die Entwicklung bestätigt es ja auch immer deutlicher, daß eine organische Preisangleichung ohne die geradezu tödlichen Gefahren mechanischer behördlicher Preiseingriffe das soziale Ziel einer Hebung der Realkaufkraft viel besser und wirkungsvoller zu erreichen in der Lage ist. Möge das deutsche Volk daraus aber auch die Erkenntnis gewinnen, daß sich in diesen realen wirtschaftlichen Fragen materielle Gegebenheiten nicht durch politische Wunschträume überwinden lassen und daß deshalb der Rat des Fachmannes schwerer wiegen sollte als pseudowissenschaftliche oder gar demagogische Empfehlungen.

Seit Wochen häufen sich nun die Meldungen, die übereinstimmend und mit sich verstärkender Tendenz aus allen Gewerbezweigen und Ländern der Bizone von Preissenkungen zwischen 10 und 30 %, ja sogar mehr, berichten. Es wird gut sein, gegenüber sensationellen Meldungen von Preisstürzen und wirtschaftlichen Zusammenbrüchen auch hier die kühle Sachlichkeit zu bewahren, aber es kann andererseits doch kein Zweifel bestehen, daß dieser erfreuliche Vorgang keinen Zufall und folglich auch keine Eintagsfliege bedeutet, sondern daß es sich hier um einen echten Umbruch, eben um die Einleitung einer neuen Phase unserer wirtschaftlichen Entwicklung handelt. Jetzt auf einmal spricht man überall von den erwarteten Preissenkungen, während ich in dieser Überzeugung fast allein

126

stand, als es sich in dem scheinbar chaotischen Geschehen darum handelte, die guten Nerven zu bewahren und den organischen Anpassungsprozeß nicht gewaltsam zu stören. Ich sage das hier nicht im Gefühl eines Triumphes, sondern um unserem Volk vor Augen zu führen, daß es nicht immer gut beraten ist, wenn es parteidoktrinären Verdrehungen allzuviel Glauben schenkt, und daß es zuzeiten nützlich sein mag, so wie es im Volksmund heißt, »auch einmal vor seinen guten Freunden geschützt zu werden«. Erfreulich an der preispolitischen Entwicklung ist vor allen Dingen das eine, daß sich der Verbraucher seines Einflusses, ja seiner wirtschaftlichen Macht, immer mehr bewußt zu werden beginnt und dadurch zu ökonomisch sinnvollem Verhalten kommt. Ich habe es immer vorangestellt, daß der Zweck allen Wirtschaftens immer nur der Verbrauch sein kann, und verharre deshalb auch heute noch entgegen der Auffassung der Planwirtschaftler auf dem Standpunkt, daß die wirtschaftliche und soziale Gesundung Deutschlands nur über eine Belebung der Verbrauchsgüterwirtschaft erfolgen kann. Aus der vermehrten und damit rationelleren Erzeugung von Konsumgütern erwächst allein die Erhöhung der Realkaufkraft, die ihrerseits erst wieder die Voraussetzung für eine organische und freiwillige Spartätigkeit schafft. Ohne Spartätigkeit und Kapitalbildung hinwiederum wird jede wirtschafts- und finanzpolitisch gesunde Investitionstätigkeit sowohl hinsichtlich ihrer quantitativen Bemessung als auch ihrer qualitativen Ausrichtung unmöglich. Aus dem gleichen Grunde habe ich in jener Übergangsphase, da Preise und Löhne immer stärker auseinanderzuklaffen drohten, das Jedermann-Programm entwickelt und in ihm eine sozial geschützte Marktzone zu schaffen gesucht, die den Lohn- und Gehaltsempfängern eine preiswerte Versorgung mit Verbrauchsgütern aller Art sicherstellen sollte.

Nicht als neue, originäre Wirtschaftsform zur Ablösung der Marktwirtschaft, sondern umgekehrt als eine soziale Maßnahme der Marktwirtschaft wird das freigestaltete, beweglich und unbürokratisch gehandhabte Jedermann-Programm gerade der Wirtschaft des Jahres 1949 den Stempel aufdrücken. Alle anderen Meldungen und Vermutungen, von welcher Seite sie auch immer kommen mögen, widersprechen den Tatsachen und den weitgesteckten Zielen der Verwaltung für Wirtschaft. Während wir gerade im letzten Drittel des vergangenen Jahres, als die Aktion gestartet wurde, besonders in den sozial vordringlichen Bedarfszweigen mit außerordentlichen Rohstoffschwierigkeiten zu kämpfen hatten, landen nunmehr und in den kommenden Monaten dank der durch ein großzügigeres Verfahren möglich gewordenen Massierung von Kaufabschlüssen sehr bedeutende Mengen dieser begehrten Rohstoffe in deutschen Häfen an und entheben uns der vielleicht ernstesten Sorge, daß aus solchem Materialmangel die entfachten Energien ohne die befruchtende Wirkung schließlich wieder erlahmen. So wie die Schuhproduktion von 800 000 Paar im Monatsdurchschnitt des ersten Halbjahres 1948 auf nunmehr 3 ½ Millionen Paar gesteigert wurde, so werden in der nächsten Zeit alle Anstrengungen darauf gerichtet sein, trotz der bereits erreichten Verdoppelung der Textilproduktion auf diesem Felde noch weitere bedeutende Fortschritte zu erzielen. In das Jedermann-Programm aber werden auch aufgenommen alle Sparten des Hausrates, von Geschirrporzellan angefangen über Haus- und Küchengeräte aller Art bis zu hochwertigen Gebrauchsgütern, wie Fahrräder, Nähmaschinen, Radiogeräte und dergleichen mehr. Nach der jetzt erreichten Konsolidierung unserer wirtschaftlichen Verhältnisse stehen mit der fortschreitenden Ausweitung unserer gewerblichen Erzeugung nicht mehr Preiserhöhungen, sondern in Auswirkung der Kostendegression umgekehrt Preissenkungen zu erwarten, und die Verwaltung für Wirtschaft wird ihrerseits alles daransetzen, um dieser sozial wohltätigen Entwicklung zum Durchbruch zu verhelfen. Während die von meinen Gegnern durch düstere Vorhersagen künstlich gezüchtete Angst vor dem Zusammenbruch der Wirtschaft oder gar einer neuen Inflation auf den Verbrauchsgütermärkten eine wahre Hysterie auslöste und eine krankhaft übersteigerte, preistreibende Umlaufsgeschwindigkeit des Geldes zur Folge hatte, wird in der Folgezeit die wiederkehrende Disziplin – ich möchte fast mehr sagen der gesunde Menschenverstand – Angebot und Nachfrage nicht nur hinsichtlich der quantitativen, sondern auch der qualitativen Übereinstimmung zu einem organischen Ausgleich kommen lassen. Die jetzt eingeleitete Preisentwicklung wird auf solche Weise wohl manche irregeleiteten Verbraucher zur Besinnung bringen und sie lehren, daß überlegen, sorgfältig wählen und zeitlich richtig disponieren die Grundelemente haushälterischer Kaufkraftverwendung sind.

Aber schon wieder melden sich jene falschen Propheten, die die Lebensangst des Volkes schüren und an Stelle der jetzt sinkenden Preise, deren Realität sie vielfach noch bezweifeln, das Gespenst der Arbeitslosigkeit aufzeigen, obwohl in diesen Wintermonaten, trotz größten Energiemangels, entgegen der sonst üblichen saisonalen Rückläufigkeit sogar noch Produktionssteigerungen zu verzeichnen sind. Leute dieses Schlages empfinden keine Freude und Befreiung darüber, daß sich der Lebensstandard unseres Volkes verbessert, wenn ihr bleiches Dogma und Besserwissertum in Gefahr ist. Ich möchte darum dem deutschen Volke sagen: Laßt sie unken, den Teufel an die Wand malen, schimpfen und schmähen; das wirkliche und echte Leben wird an diesen negativen Elementen und traurigen Gestalten vorbeigehen und denen recht geben, die mutig genug sind, auch für unser deutsches Volk wieder an einen sozialen Aufstieg zu glauben.

Grundlagen der deutschen Wirtschaftspolitik

Referat vor dem Zonenausschuß der CDU der britischen Zone, Königswinter, 25. Februar 1949

Erhard beginnt, die politischen Früchte seiner Arbeit zu ernten. Als Gast des von Adenauer präsidierten Zonenausschusses der CDU der britischen Zone referiert er in Königswinter über die wirtschaftspolitischen Aufgaben der Zukunft. Er macht dabei im Hinblick auf die zu erwartenden Wahlen zu einem westdeutschen Parlament, dem Bundestag, die notwendigen programmatischen Vorschläge. Sein Referat stieß auf die Zustimmung Adenauers, aber auch auf Bedenken und Ablehnung vor allem durch Vertreter der Sozialausschüsse, die sich mehr in der Kontinuität des Ahlener Programmes verstanden. Aber das Ergebnis der Diskussion war nicht zuletzt unter dem Einfluß Adenauers am Schluß eindeutig. Die schriftliche Fassung des Vortrages Erhards sollte die Basis für den wirtschaftlichen Teil der Wahlplattform der CDU für die Bundestagswahlen von 1949 werden. Sie ist unter dem Namen Düsseldorfer Leitsätze in die Geschichte der Union eingegangen.

Lassen Sie mich ein Bekenntnis ablegen, daß ich mich zu Ihnen gehörig fühle und daß ich dieser Zugehörigkeit jetzt und vor allem bei der entscheidenden Wahl mit dem Einsatz meiner ganzen Person Ausdruck geben möchte.

Ich bin überzeugt, daß diese Wahl geführt werden wird – bei aller Wichtigkeit, die auch anderen Fragen zukommt, und die anderen Fragen sind auf lange Sicht im Grundsätzlichen sogar wichtiger – unter dem Zeichen der Wirtschaftspolitik und der sozialen Lage unseres Volkes. Gerade deshalb bin ich der Auffassung, daß die CDU in diesen Wahlkampf mit erheblichen Chancen eintritt, und ihre Position ist stärker als bei den Wahlkämpfen vorher. Nicht etwa, daß ich der Meinung bin, wir hätten Grund, auf unseren Lorbeeren auszuruhen, oder die Dinge wären schon alle zum besten geordnet, aber immerhin, was sich seit der Währungsreform abgespielt hat und die grundlegende Umwandlung, die sich vollzogen hat zweifellos nach der besseren Seite, und die Ausblicke, die sich ergeben für unsere wirtschaftliche Lage, stellen ein so bedeutendes Aktivum dar, daß es an uns liegt, an unserem Einsatz und an unserem Ausstrahlungsvermögen, um bei den nächsten Wahlen für die CDU die

Position zu erreichen, die sie für die nächsten Jahre das deutsche Schicksal formen läßt.

Es sind nur wenige Wochen her, da war die Situation so: Wenn ich in einem Kreise wie diesem sprach, stand auf allen Gesichtern die mehr oder weniger bange Frage, was ist mit unseren Preisen, treiben die Dinge so scheinbar nach oben weiter, wie sie sich zeitweise abgezeichnet haben? Nun, ich glaube, diese Frage steht nicht mehr im Vordergrund des Interesses. Aber unsere Sorgen sind nicht etwa gewichen, sie haben sich nur gewandelt.

Wenn wir zu den kommenden Wahlen unter Umständen soweit sein müssen, daß die CDU auf der Grundlage eines ganz klaren wirtschaftspolitischen Programms fester Konzeptionen nach dieser Richtung hin in Erscheinung treten muß, dann müssen wir die Erfahrungen und die Einsicht nicht zuletzt auch gewinnen aus dem Ablauf der Ereignisse, wie sie sich seit der Währungsreform vollzogen haben, denn seit dieser Zeit wird der marktwirtschaftliche Kurs gesteuert, der nach meiner Überzeugung allein die Grundlage eines wirtschaftspolitischen Programms für die CDU sein kann. Ich möchte die historische Betrachtung ganz bestimmt nicht als Selbstzweck begreifen, ich möchte diese Darlegungen über die Entwicklung, was augenblicklich geschieht, eigentlich dazu benutzen, um gewisse Erkenntnisse programmatischer Art dabei gleichzeitig herauszuarbeiten, um darzutun, daß die lange verstaubte Methode der Planwirtschaft in all ihren Formen uns an der Gesundung gehindert hat und daß tatsächlich das Heil nur kommen kann aus der größeren Freiheit und der Freizügigkeit der Menschen.

Es ist hier schon in den Vorreferaten deutlich zum Ausdruck gekommen, daß bei einer Partei wie der CDU selbstverständlich die Freiheit und die Würde der Persönlichkeit im Vordergrund stehen müssen und daß sich allein aus dieser Überzeugung hinsichtlich der wirtschaftspolitischen Betätigung ganz bestimmte Forderungen ergeben.

Sie wissen, daß es uns in der Zwischenzeit gegen alle düsteren Prophezeiungen, gegen alle Verleumdungen und Anprangerungen doch gelungen ist, mit organischen Mitteln mindestens jetzt einmal eine Stabilisierung und Beruhigung unserer wirtschaftlichen Verhältnisse zu erreichen. Sie wissen, daß ich das immer vorhergesagt habe und deshalb verhöhnt und verspottet worden bin. Ich habe gesagt, es handelt sich nicht um Störungen aus der Wirtschaft heraus, sondern um Störungen, die von außen hereingetragen werden in die Währungsreform.

Wenn es gelingt – ich war und bin der Auffassung, daß es gelingt –, dieses Übermaß an Kaufkraft, das das Gleichgewicht zwischen Angebot und Nachfrage gesprengt hat, zu neutralisieren, dann finden wir zu den gesunden Grundlagen unserer Wirtschaft zurück. Wir haben damit gleichzeitig erreicht, daß die angesichts des vorliegenden Kapitalmangels drohende Arbeitslosigkeit im Kapitalgütersektor vermieden werden konnte, ein Erfolg, der nicht gesehen wird oder nicht genügend gewürdigt worden ist, den wir heute vielleicht besser sehen, weil sich nach dieser Richtung mindestens Gefahren abzeichnen, und es uns weiter gelungen ist, auf Grund dieser Breitenstreuung durch die Umwandlung der Kaufkraft von der ursprünglichen Form des Konsumentengeldes zum Produzentengeld diese Kaufkraft an die Unternehmer zu binden. Um das durchzuführen, mußte der Betriebsmittelbedarf kräftig ansteigen. Deshalb mußte alle Energie geweckt werden, um unsere Wirtschaft zu hoher Leistung zu entfachen.

Sie wissen, in welch unvorstellbarem Maß es gelungen ist, daß wir gerade in wichtigen Bedarfsbereichen innerhalb eines halben Jahres Produktionssteigerungen von 50 %, 100 % und noch weit darüber hinaus, ja sogar bis zu mehreren hundert Prozent erreicht haben, daß wir die Schuhproduktion von 800 000 Paar im ersten Halbjahr auf 3 ½ Millionen Paar erhöht haben, daß wir in manchen anderen Bereichen, wie z. B. der Bereifungen und Glühlampen, die Friedensproduktion überschritten haben, daß wir insbesondere auf dem landwirtschaftlichen Maschinensektor eine Verdreifachung der Produktion erreicht haben und anderes mehr. Das würde Bände füllen, Ihnen diese Zahlen darzulegen und zu illustrieren. Das alles ist erreicht worden unter den unglücklichsten Rohstoffverhältnissen; denn wir verfügten im zweiten Halbjahr 1948 nur über geringe Einfuhren. Wir mußten auf die Rohstoffe zurückgreifen aus der Zeit vor der Währungsreform, aus der Zeit, als die Planwirtschaft im Lande war, aber die Planwirtschaft nicht die Kräfte entfalten konnte, die ausreichen, um sie in produktive Leistung umzuwandeln.

Durch den Wegfall der Subventionen ist dieses ganze Gestrüpp von Ausgleichskassen usw. beseitigt. Dadurch sind Preissteigerungen eingetreten, aber das sind nur indirekte Preissteigerungen; denn die Etats waren selbstverständlich nicht in der Lage gewesen, Milliardenbeträge von Subventionen aufzubringen. Wir haben außerdem durch die restriktive Kreditpolitik die spekulativen Elemente zurückgedrängt. Wir haben die Unternehmer dadurch gezwungen, mit ihren Mitteln hauszuhalten und sich nicht einer einmaligen uferlosen Konjunktur auszuliefern. Was darüber hinaus noch gefehlt hat, um zu einem Gleichgewicht, der Grundlage jeder gesunden Wirtschaft, zu gelangen, das mußte und konnte nur durch eine entsprechende Preiserhöhung wettgemacht werden.

Es ist hier nicht der Ort und würde zu weit führen, weil es in eine philosophische Betrachtung einmünden würde, zu untersuchen, ob die subjektiven und individuellen Maßnahmen nicht gegen die guten Sitten verstoßen.

Wenn wir den Versuch unternommen hätten, in dieser Zeit andere Mittel zur Anwendung zu bringen als marktwirtschaftliche, wenn wir etwa versucht hätten, mit den Mitteln der staatlichen Preisbildung der Dinge Herr zu werden, dann wäre es uns zweifellos nicht gelungen, innerhalb einer geschichtlichen immerhin kurzen Frist eines halben Jahres die Spannungen zu überwinden. Diese Frage ist so grundsätzlicher Art, daß sie meiner Ansicht nach in den Mittelpunkt eines Programmes gehört.

Eine gesunde Wirtschaft, die wirklich die Freizügigkeit des Menschen wahrt und die nicht schon in den Anfängen wieder den Keim neuer Störungen und neuen Unglücks legen soll, kann auf das Medium der freien Preisbildung unmöglich verzichten.

Sicher, wenn die Preise ansteigen durch irgendeine Bewegung nach oben oder nach unten, muß man sagen, daß in unserer Wirtschaft irgendwelche Dinge einen unerwünschten Verlauf nehmen. Dann ist selbstverständlich die Stunde des Eingreifens gekommen. Aber damit fällt jetzt die große Entscheidung. Meiner Ansicht nach ist sie gekommen, um die ökonomischen Daten zu verändern, um in der Beeinflussung der Produktion oder auch in der Beeinflussung des Verbrauchers, meinetwegen auch in der subjektiven und psychologischen Beeinflussung des Verbrauchers, Wandlungen herbeizuführen. Aber es ist völlig abwegig und vom volkswirtschaftlichen Standpunkt aus primitiv, anzunehmen, daß man durch einen Verwaltungsakt der Behörde und durch eine Preisfestsetzung die Dinge gesunden lassen kann. Es ist das genau so, als wenn man vom Dampfkessel das Manometer abmacht und sich nun der Illusion hingibt, jetzt kann der Kessel nicht mehr explodieren, oder wenn der Arzt dem Fieberkranken durch ein Gewaltmittel das Fieber herunterdrückt und dann glaubt, er hätte damit auch den Krankheitsprozeß beseitigt. Das ist die Kur an den Symptomen, und die wäre der Anfang des Übels.

Die Folge des Zwanges ist der Preiskommissar, vom Preiskommissar geht es zur Diktatur und Tyrannei und zur Aufhebung jeder Freizügigkeit in der Wirtschaft überhaupt. Das möchte ich ganz klar herausstellen.

Es gibt zwei Arten von Preispolitik. Die erste ist die planwirtschaftliche Preispolitik, die äußerlich und formal mit einem Federstrich im Verwaltungsakt die Dinge ordnet. Der zweite Weg, den wir beschritten haben, ist die organische Preispolitik, die die ökonomischen Verhältnisse ändert und auf dem Umweg wirtschaftlicher Mittel – und dies im weitesten Sinne verstanden, und zwar in der Geld-, Kredit-, Finanz-, Steuer- und Sozialpolitik – die Dinge zu ordnen versucht durch die Veränderung der Größenordnungen. Das ist scheinbar das gleiche und doch ein entscheidender Unterschied.

Durch die mechanische Ordnung wird die Ware vom Markt verdrängt, erhält sie unerschwingliche Preise auf dem schwarzen Markt und scheidet damit für einen sozialen Konsum aus. Beim zweiten Weg, den wir gegangen sind, drängt die Ware zum Markt, löst den Wettbewerb aus, verbessert die Leistungen in qualitativer, quantitativer und preislicher Hinsicht und dient somit im wahrsten Sinne des Wortes der sozialen Wohlfahrt.

Deshalb ist es wohl berechtigt und hat seinen guten Sinn, wenn wir die Form der Marktwirtschaft, die uns vorschwebt und die nichts mehr zu tun hat mit einem Liberalismus vorsintflutlicher Prägung, mit Recht als die soziale Marktwirtschaft bezeichnen und als solche mit aller Deutlichkeit herausstellen.

Nachdem uns also diese Konsolidierung gelungen ist und nachdem sich ein gewisser Umbruch vollzogen hat schon im Dezember, der sich jetzt wachsend durchsetzt, jetzt fängt die gegenteilige Kritik an und malt den Teufel an die Wand, macht in Depression und spricht von einem deflationistischen Prozeß, der zur Arbeitslosigkeit treibe, wenn man nicht sofort wieder der Planwirtschaft zum Siege verhelfe. Die Phantasielosigkeit, die seitens der Kritiker an den Tag gelegt worden ist von seiten der Sozialisten, beleuchtet nichts drastischer als folgendes Beispiel.

Bei der letzten Länderrats-Tagung, wo die Wirtschaftsminister bei mir gewesen sind, die in der Hauptsache Sozialisten sind, konnten sie nicht ein Wort der Kritik gegen mich vorbringen. Und als ich weitere Lockerungen der Bewirtschaftung in Vorschlag brachte, fand ich die Zustimmung aller Wirtschaftsminister (Bewegung und mehrere Zurufe: hört, allerhand). Sie sehen, wir scheinen doch auf dem rechten Wege zu sein, oder zumindest scheinen die dogmatischen Kritiker nicht den Mut zu haben, dagegen aufzutreten. Es wäre töricht, wenn wir jetzt unser Licht unter den Scheffel stellen würden. Ich spreche jetzt nicht pro domo, sondern sachlich. Ich spreche in der Woche etwa dreimal, und mir kommt etwas von der »Reaktion« entgegen aus der großen Masse der Bevölkerung. Ich habe noch keine Versammlung erlebt, wo nicht eine gleich große Anzahl von Besuchern umkehren mußte, weil sie nicht mehr in den Saal hineinkamen.

Was mir entgegenschlägt, ist Vertrauen und Zustimmung auf der ganzen Linie.

Wenn ich daraus Hoffnungen schließen soll für den kommenden Wahlkampf, dann komme ich vielleicht zu einem zu großen Optimismus, aber im ganzen gesehen ist es doch zweifellos günstig.

Ich möchte Ihnen sagen, sowohl das Geschehen des zweiten Halbjahres 1948 wie die Entwicklung, die sich heute anzeigt, darf unter keinen Umständen unter konjunkturpolitischen Gesichtspunkten betrachtet werden. Das wäre völlig abwegig. Die Steigerung der Produktion im zweiten Halbjahr 1948 bedeutet nicht etwa einen Konjunkturumschwung und -aufschwung in dem Sinne, wie es die liberale Lehre darstellt, sondern es bedeutet eine Befreiung der Menschen aus einer unwürdigen Fron. Und die Preissteigerungen waren auch eben nicht im konjunkturpolitischen Sinne Preissteigerungen, sie waren Ausdruck einer Störung, die wir überwinden mußten.

Die Sorgen, die wir heute haben, sind nicht die Sorgen einer Depression. Die Wirtschaft ist nicht mehr im Niedergang, nachdem die Preise umgebrochen sind. Davon ist gar keine Rede, sondern umgekehrt liegen die Dinge.

Im Jahre 1949, wenn das Frühjahr herankommt und die Rohstoffe einlaufen, und zwar in zunehmendem Umfange, dann wird die Verbrauchsgüterindustrie eine weitere kräftige Belebung erfahren. Wir haben keinen Rückgang in der Produktionswirtschaft erlebt, aber, was jeder Konjunkturauffassung zuwiderläuft, wir kommen zu tendenziell sinkenden Preisen, nicht im Sinne eines Preissturzes und eines Preisverfalls, sondern zu einer Stabilisierung unseres Preisniveaus mit einem Abwärts, mit absinkender Tendenz. Das müssen wir haben und mit allen Mitteln darauf hinarbeiten.

Wie ist die Situation jetzt? Wenn seit dem Juni 1948 die einzelne individuelle menschliche Arbeitsleistung um durchschnittlich 30 % gestiegen ist, wenn die industrielle Kapazität um 50 bis 100 % besser ausgenützt worden ist, so ergaben sich daraus selbstverständlich in jedem Bereich, umgerechnet auf die Produktionseinheit, sehr starke Kosteneinsparungen. Hätten wir eine richtige Währungsreform gehabt, wie sie in den deutschen Plänen vorgesehen war, hätten wir sofort nach der Währungsreform die Preisänderungen bekommen. So wurden diese kostensenkenden Tendenzen überkompensiert durch Störungen aus der Währungsreform. Es mußten erst die gegen das Üble der Währungsreform organisch aus der Wirtschaft selbst heraus erwachsenden Faktoren zum Durchbruch gelangen. Das ist jetzt gelungen. Wir haben die Kaufkraft gebändigt. Sie ist nicht mehr Konsumentenkaufkraft, sondern Produzentengeld geworden.

Deshalb bin ich fest entschlossen, diesen Weg entschieden weiterzugehen. Jetzt müssen in den Unternehmen entsprechend der höheren Rentabilität, der Kalkulation und der gestiegenen Produktivität usw. so große Reserven stecken, daß sie im Preis Ausdruck finden. Deshalb muß dieser Weg weiter beschritten werden. Es gibt kein anderes Mittel dazu als die Entfaltung des Wettbewerbs.

Während es im zweiten Halbjahr 1948 so schien, als ob viele Elemente in der Unternehmerschaft völlig verlorengegangen wären, sehe ich jetzt geradezu mit Entzücken, wie diese Kräfte wieder lebendig werden und sich rühren. Es ist verständlich, solange es schien, daß jede Ware zu jedem Preis absetzbar war, kann ich von dem einzelnen, wenn ich ihm nicht befehle, nicht erwarten, daß der Wettbewerb sich belebt.

Heute aber, wo wieder das Gleichgewicht hergestellt worden ist, wo

Nachfrage und Angebot nicht mehr beziehungslose Elemente sind, sondern miteinander verkoppelt und verbunden wie die siamesischen Zwillinge, kehren sich die Verhältnisse um. Jetzt muß die Ware ihren Käufer suchen, jetzt drängt sie zum Markt. Deshalb das Bestreben des Unternehmers, die Ware billiger werden zu lassen, um für sich die sichere Position am Markte zu bekommen, die ihm die wirtschaftliche Existenz gewährleistet.

Alles, was sich im Augenblick abspielt, ist lebendiges Zeugnis dieser Wahrheit, die nicht außer Kraft gesetzt werden kann. Wir müssen diese sinkenden Tendenzen auch weiter aufrechterhalten, weil sich Kosteneinsparungen und Preissenkungen mit jeder weiteren Ausweitung unserer Beschäftigung ganz organisch ergeben und wahrscheinlich auch ohne jedes Zutun, ohne wirtschaftpolitische, ohne steuerpolitische und kreditpolitische Eingriffe sich vollziehen werden.

Im Grunde genommen haben wir heute, wenn Sie Geld- und Kredit-Volumen zusammennehmen, die gleiche Masse verfügungsfreier Kaufkraft im Markt wie im Jahre 1948, aber mit einem entscheidenden Unterschied. Im Jahre 1948 war jeder so liquid und flüssig, daß scheinbar für alle Spekulationen Raum war, und die Nachfrage war scheinbar unersättlich. Heute haben wir bei dem gleichen Volumen ein völlig anderes Bild. Die ganze Unternehmerschaft klagt über mangelnde Liquidität, schreit nach Krediten, und vom Verbraucher wird Zurückhaltung geübt; aus welchen Gründen auch immer, materielle und psychologische Gründe kommen hier zusammen.

Wir dürfen diese Kaufkraft, die immer noch draußen ist, unter keinen Umständen wieder virulent werden lassen. Sie wird so lange keinen wirtschaftlichen Unfug stiften, als bei leicht absinkenden Preisen keine Notwendigkeit oder kein Anreiz dazu vorhanden ist.

Insofern liegt die weiter flach absinkende Preistendenz im Zuge nicht nur unseres wirtschaftspolitischen Zieles, sondern überhaupt der Gesundung unserer Wirtschaft, nicht zuletzt auch unter dem sozialen Aspekt, der immer darin liegt und zu dem ich mich immer bekenne. Das ist das Ziel unserer Wirtschaftspolitik und unserer ganzen wirtschaftlichen Tätigkeit, die Relation zwischen Einkommen und Preis, insbesondere zwischen Löhnen und Preisen, so günstig wie immer nur möglich zu gestalten, mit anderen Worten, das Nominaleinkommen gerade der breiten Masse unseres Volkes nach Maßgabe unserer Produktivität mit der höchsten Kaufkraft auszustatten.

Es ist eine völlige Illusion, etwa zu glauben, daß die Planwirtschaft sich von sozialen Aspekten leiten ließe und daß dieses Prädikat »sozial« der Marktwirtschaft nicht zukomme. Gerade das Gegenteil ist der Fall, und die Wahrheit beruht im Gegenteil. Die Planwirtschaft ist das Unsozialste, was es überhaupt gibt, und nur die Marktwirtschaft ist sozial. Abgesehen davon, daß die Dinge sich rechnerisch feststellen lassen, daß der Nachweis erbracht werden kann, daß der Anteil von Lohn und Gehalt am Fertigprodukt in der Marktwirtschaft immer höher ist als in der Planwirtschaft und daß die Planwirtschaft der Diktatur und Sklaverei immer mehr abnimmt an Volkseinkommen, ist diese Wahrheit auch noch anders zu begründen. Jede Planwirtschaft beruht auf der Vorstellung, daß irgendeine Behörde so weise sein kann und daß sie einen so großen Apparat hat mit Statistiken usw., daß es möglich ist, besser als das Volk selbst zu entscheiden, was dem Volke frommt. Auf Grund solcher Überlegungen muß dann notwendigerweise ein vorgefaßter Produktionsplan entstehen. Der Produktionsplan kann nur so entstehen, daß die Behörde sich einbildet, annehmen zu können, der durchschnittliche Mensch will soundso viel sparen und soundso viel verbrauchen, und für den Normalverbraucher wird gewissermaßen eine optimale Verbrauchsregelung konstruiert. Und diese wird mit 45 Millionen multipliziert, und dann bildet sich die Planwirtschaft ein, daß das der Verbrauch eines Volkes wäre und daß diese Methode die Harmonie der Gesellschaft verbürgen würde.

Was da herauskommt, das ist nicht der soziale Verbrauch eines Volkes, sondern das ist vollendeter Unfug im wirtschaftlichen Sinne. Und was auf der sozialen Ebene herauskommt, ist nicht die Harmonie, sondern das ist das Chaos und die Tyrannei. Wohl oder übel muß die Planwirtschaft sehr bald zur Aufhebung jeder menschlichen Freizügigkeit kommen. Darum muß die freie Berufswahl und die freie Konsumwahl kommen. In der Planwirtschaft muß zunächst der Mensch gezwungen werden durch den kategorischen Imperativ, dann durch Bezugsscheine und zum Schluß durch brutale Gewalt, das zu fressen, was der Staat ihm zu fressen gibt, einmal brutal ausgedrückt.

So schafft man keinen organischen und gesunden Staat, so schafft man zwischen Staat und Volk einen Riß, so reißt man eine Kluft auf, die unüberbrückbar ist. Damit ist der Staat nicht mehr der inkarnierte Wille des Volkes, sondern er wird zur Zuchtrute des Volkes. Ich kann das nicht oft genug ausdrücken und wiederholen. Wem das Wohl des Volkes am Herzen liegt, darf nicht Planwirtschaft, sondern muß die soziale Marktwirtschaft mit allen Fasern seines Herzens herbeisehnen.

Wenn man die aktuellen Fragen aufzeigen will, so liegt es nahe, auf die Lohnpolitik zu sprechen zu kommen. Ich weiche gerade dem schwierigen Problem nicht aus, weil ich auch hier der Meinung bin, daß die soziale Marktwirtschaft die sozialen Lösungen dazu bereithält. Ich bin der Meinung, daß noch Reserven in unserer Volkswirtschaft stecken.

Man kann in konsequenter Fortführung unserer jetzigen Wirtschaftspolitik die Preise weiter herunterdrücken, bis eben die günstige Relation zwischen Lohn und Preis hergestellt ist. Das würde sich deshalb empfehlen, weil sinkende Preise unsere Wettbewerbsfähigkeit auf den fremden Märkten erhöhen. Wenn es uns gelungen ist, von 1947 auf 1948 unseren Export von 190 Millionen Dollar auf 650 Millionen Dollar zu erhöhen, dann stellt das sicher einen wesentlichen Fortschritt dar, was dadurch noch charakterisiert ist, daß der Fertigwarenanteil, der im Jahre 1947 17 % betragen hat, im Dezember 1948 auf 50 % heraufgekommen ist mit der Tendenz, noch weiter diesen Anteil zu erhöhen. Aber 650 Millionen Dollar sind nichts angesichts einer längeren Zielsetzung. Im Rahmen der vorgesehenen Programme stehen wir vor der Aufgabe, bis zum Jahre 1952/53 mindestens einen Export von 2 ½ Milliarden Dollar zu erreichen.

Ich habe die ehrliche Absicht, im Jahre 1949 auf 1,2 Milliarden Dollar zu kommen, also noch in diesem Jahr eine Verdoppelung zu erreichen. Dabei muß man berücksichtigen, daß bei dem heutigen Preisniveau eine Reihe von Industriezweigen ausfällt. Ich bin hier der Meinung, wer nicht leistungsfähig ist auf dem Weltmarkt unter dem Aspekt einer internationalen Arbeitsteilung, der soll draußen bleiben, sonst vergiftet er die Atmosphäre, und die Behörden haben kein sittliches Recht der Welt gegenüber, durch künstliche Manipulationen und Berechnungen zum Mißbrauch der Währungspolitik nun alles, was nicht auf der Stufe eines internationalen Wettbewerbs steht, dahin gehend zu frisieren. Es gibt eine ganze Reihe von Industriezweigen, die bei der heutigen Marktlage nur unter alleräußersten Anstrengungen – oder sie kommen nicht ganz heran – in der Lage sind, zu exportieren. Es würde natürlich eine Erleichterung bedeuten, wenn angesichts der zunehmenden Produktivität und Ausweitung unserer Erzeugung es gelingen könnte, das Preisniveau noch herabzudrücken. Und hier kommt eben die Lohnpolitik als entscheidender Faktor mit hinein. Vom Standpunkt des Lohnempfängers bedeutet natürlich ein allmähliches Absinken der Preise psychologisch nicht genau das gleiche wie eine einmalige Lohnerhöhung, auch wenn es im Endeffekt hinsichtlich der realen Kaufkraft völlig das gleiche ist. Darum habe ich Verständnis, wenn die Gewerkschaften auf dem Standpunkt stehen: Wir können auf Lohnerhöhungen nicht verzichten, aber dieser Gesichtspunkt muß dabei berücksichtigt werden.

Wir könnten den anderen Weg wählen und das Preisniveau gewissermaßen auf der jetzigen Höhe stabilisieren und die Löhne so heraufsetzen, bis wieder die günstige Relation mit der realen Kaufkraft erreicht ist. Das empfiehlt sich nicht, denn der Lohn ist nicht in dem Sinne frei wie der Preis in der Bindung an den Tariflohn. Während der Preis jeder Nuancierung im Markte sofort nachgibt und immer unter dem Druck des Wettbewerbs die Tendenz nach unten haben wird, können Sie, wenn Sie das Preisniveau stabilisieren, hinsichtlich der Löhne nicht mit der gleichen Beweglichkeit operieren, ohne nicht dauernde Reibungen zu erzeugen.

Und schließlich kann man den Weg gehen – der sich auch in der Praxis bilden wird –, daß man grundsätzlich die preissenkende Tendenz aufrechterhält, aber von der Lohnseite gleichzeitig operiert.

Was mir wichtig zu sein scheint, ist das: Ehe man an diese grundsätzlichen Probleme herangeht, soll man erst einmal ein gesundes Lohngefüge in sich selbst schaffen. Durch 12 Jahre Lohnstop sind die Löhne genau so in Unordnung geraten wie die Preise, und wir müssen hier erst zu einer gesunden Relation kommen.

Dann droht hier noch eine Gefahr, die meiner Ansicht nach nicht verkannt werden darf. Ich habe dafür keine schriftlichen Beweise, aber es sprechen sehr viele Zeichen dafür, daß manche – ich weiß nicht, ob ich Länder oder Kreise sagen soll – ein Interesse daran haben, die deutsche Wettbewerbsfähigkeit nicht weiter sich verstärken zu lassen, und daß man, soweit der Einfluß in Deutschland reicht, ihn ausnützen will, um nach dieser Richtung initiativ zu werden. Wenn z. B. die Lohnforderungen das Maß überschreiten, würde es dadurch unmöglich gemacht, auf dem 30-Cent-Kurs zu verharren. Dann taucht die Gefahr auf, daß wir wieder auf den 27-Cent- oder 25-Cent-Kurs gehen müssen, um einen Export zu erreichen, so daß damit eine wesentliche Verteuerung unserer Lebensmittel- und Rohstoffeinfuhren erwachsen würde und die deutsche Lebensmittelerzeugung sich diesem neuen Preis anpassen müßte.

Was der Arbeiter durch eine Lohnerhöhung scheinbar erworben hätte an Kaufkraft, müßte er wieder verlieren durch die Verteuerung der Lebenshaltung, durch Wiederansteigen der gewerblichen Preise. Und wir kämen dahin, daß er feststellen müßte, der neue Kurs ist nicht der richtige.

An einer solchen Lohn- und Preisbewegung kann niemand in Deutschland ein Interesse haben, wohl aber diejenigen, die den deutschen Wettbewerb von den Märkten fernhalten wollen. Das muß den Gewerkschaften gesagt werden.

Ich möchte den Unternehmern sagen: Die Löhne können nicht als Kosten gewertet werden. Löhne und Gehälter stellen die große Masse des Kaufkraftreservoirs der Volkswirtschaft dar, aus dem die Nachfrage fließt. Und wenn die Nachfrage nicht fließt, dann ist alle Produktion sinnlos. Darum muß hier immer ein organischer und harmonischer Ausgleich erzielt werden. Wenn die Dinge alle starr sind, wenn die Preise und die Löhne starr sind, wenn der ganze Ablauf der Wirtschaft nach planwirtschaftlichen Regeln vor sich geht, dann ist dieses Problem überhaupt nicht zu meistern, oder es ist mit derartig ungeheuren sozialen Spannungen verbunden, daß wir überhaupt nicht mehr aus dem Zwist herauskommen.

Wenn ich sage, der Wettbewerb entfaltet sich, dann haben wir dafür deutliche Zeichen. Es wächst die Einsicht, daß unsere Wirtschaft heute falsch strukturiert ist; denn eine Wirtschaft, die immer nur Unfug getrieben hat mit Aufrüstung, Kriegs- und Planwirtschaft, kann nicht richtig strukturiert sein. Hier müssen sich Umformungen ergeben. Nach meiner Überzeugung ist die Kapitalgüterindustrie zu kräftig entwickelt, überdimensioniert, während in der Verbrauchsgüterindustrie noch Platz für neue Kapazitäten ist, abgesehen von dem auf alle Fälle übersetzten Verteilungsapparat. Denn unser Sozialprodukt wird bei allem Optimismus in der weiteren Entwicklung nicht das Volumen annehmen und nicht so differenziert und mannigfaltig sein, daß die ganze aus der Vergangenheit übernommene Handlungsapparatur, die zusätzlichen Einrichtungen, die die Planwirtschaft in den letzten drei Jahren mit Behördenstempel usw. geschaffen hat, nötig sein wird und lebensfähig sein kann. Stellen sie sich vor, daß irgendeine Behörde vor die Aufgabe gestellt wäre, von sich aus zu entscheiden, um welchen Prozentsatz ist in den verschiedenen Stufen der Wirtschaft eine Überdimensionierung vorhanden. Und wenn sie glaubte, das feststellen zu können – was sie bestimmt nicht kann –, hätte sie die Entscheidung darüber zu fällen, wer jetzt Gnade vor ihren Augen findet und wer nicht. Die Willkür und das Unrecht würden geradezu Triumphe feiern und würden aufs neue Gift in unseren Volkskörper hineintragen. Da kann auch wieder nur der Wettbewerb diese Funktionen übernehmen. Und hier gibt es keine Appellation und keine Berufung, sondern dieses Votum ist endgültig, und es ist gerecht!

Alle diese Probleme, die uns in den nächsten Monaten beschäftigen werden und müssen, zwingen zur Marktwirtschaft, wenn wir nicht zur Aufspaltung und zur Atomisierung unserer Wirtschaft kommen wollen.

Im ganzen gesehen bin ich hinsichtlich der weiteren Entwicklung optimistisch. Ich habe allerdings eine Sorge. So günstig, wie sich im Verbrauchsgütersektor die weitere Produktion und auch die Versorgung der Bevölkerung abspielen wird, dürfen wir die Chance für die Kapitalgüterindustrie nicht erwarten. Es wird eine gewisse Gabelung Platz greifen; denn die Übung des Jahres 1948, daß die Kapitalgüterindustrie und der ganze Investitionssektor finanziert wird mit dem überflüssigen Geld aus dem Konsumgüterbereich, die ist nicht mehr gegeben, sie ist verschwunden. Wir kommen hier auf die gesunde Basis, wenn sie auch Spannung auslösen mag und die Wirtschaft Kapital bereitstellen muß, um diesem Industriesektor Beschäftigung zu geben und um gleichzeitig die notwendige Investition durchzuführen, die zum Aufbau einer so weit zerstörten und technisch veralteten Apparatur gehört.

Wie sind diese Chancen? Wir haben eine Art unsichtbarer Kapitalbildung durch die Kredite, die hereinkommen. Die Marshallplangelder und die D-Mark-Gegenwerte, die mit einigen Hypotheken belastet sind, stellen für den deutschen Kapitalmarkt einen Fonds von mindestens 2 Milliarden zur Verfügung. Es ist charakteristisch, daß die Spartätigkeit seit dem

Preisumbruch im Zunehmen begriffen ist und daß die Spareinlagen steigen. Auch die neue Steuergesetzgebung, auch wenn sie keine Steuerreform bedeutet, sondern nur ein erster Schritt dazu, läßt gewisse Chancen zu, daß die Spartätigkeit im Zunehmen begriffen sein wird, so daß auch die unternehmerische Kapitalbildung gewisse Erleichterungen mindestens erfährt. Ich bin nicht so optimistisch, anzunehmen, daß innerhalb eines Jahres schon sehr viel Kapital aus dem deutschen Markt gezogen werden kann, aber wenn die Erwartungen erfüllt werden, stehen uns etwa 3 ½ Milliarden zur Verfügung. Es kommen hinzu die Mittel aus dem beweglichen Vermögen, und es kommt unter Umständen hinzu der Überschuß der Länder, der im Augenblick mindestens in manchen Ländern gegeben ist. Das wäre für den Kapitalmarkt bereitzustellen.

Hier sind gewisse Rangordnungen zu treffen. In dieser Rangordnung möchte ich an die erste Stelle den Wohnungs- und Siedlungsbau in allen seinen Formen stellen. Wir müssen die Kapitalbildung mit allen Mitteln fördern. Es muß auch hier ein marktwirtschaftlicher Anreiz geschaffen werden. Es wäre aber verhängnisvoll, wenn wir zu der Überzeugung kämen, hier müßte auch der Zwang einsetzen. Wenn Sie die Kapitalbildung völlig totmachen wollen, brauchen Sie nur das Zwangssparen einzuführen. Ich bin auch ein entschiedener Gegner, daß man die Preis- und Steuerpolitik für Kapitalbildungszwecke verwendet oder mißbraucht. Der Verbraucher, der einen höheren Preis zahlt, um in diesem höheren Preis gleichzeitig Kapital zu bilden, der spart, ohne den Gegenwert seiner Spartätigkeit zu erhalten. Bei der Steuerpolitik ist es genauso. Wenn der Staat das, was auf dem Kapitalmarkt investiert werden muß, durch die Steuerpolitik hereinnehmen soll, enteignet er den Sparer ohne Gegenleistung.

Deshalb gibt es nur ein vernünftiges und gerechtes Mittel, das den Sparer auch wirklich in den Genuß seines Konsumverzichtes kommen läßt, und das ist die freie Spartätigkeit, die freie Kapitalbildung. Hier zeichnen sich die marktwirtschaftlichen Grundsätze als die sozial gerechtesten ab.

Man könnte noch eine Fülle von Problemen hier andeuten, aber ich glaube, das würde wirklich zu weit führen. Ich will Ihnen nur an einigen Beispielen, die uns in der nächsten Zukunft beschäftigen werden, klar vor Augen führen, daß wir unbedingt diesen marktwirtschaftlichen Kurs gehen müssen.

Im Außenhandel werden wir zu gesunden Prinzipien nur zurückfinden, und in Deutschland wird die Gesundung der Wirtschaft nur dann in einem sozial erträglichen Maß vor sich gehen, wenn man sich auf eine bessere Tradition zurückbesinnt, wenn eine völlige Renaissance des Denkens Platz greift, wenn man auch hier von der planwirtschaftlichen Verkrampfung abkommt. Die Planwirtschaft hat es tatsächlich dahin gebracht, daß aus einer blühenden Weltwirtschaft allmählich ein Tohuwabohu von Einzelaktionen und einzelnen Institutionen sich herausgebildet hat, die jeden vernünftigen güterwirtschaftlichen Ausgleich und jede wirtschaftliche Arbeitsteilung völlig verwischt und in das Gegenteil verkehrt haben, die den gefährlichen Nationalismus haben aufkommen lassen, der nicht auftreten kann, solange Privatleute unter sich Handel treiben. Ich weiß nicht, wie groß die Chance zu beurteilen ist, ich weiß aber, daß kein Land zu schwach oder zu klein sein kann, als daß es nicht einen Beitrag hier zu leisten befähigt oder sogar verpflichtet wäre.

Wenn wir nun an dem 30-Cent-Kurs festhalten, der uns das Leben schwermacht und den Export nicht erleichtert, dann deshalb, weil wir – entgegen dem Vorwurf, der uns von englischer Seite gemacht worden ist, daß wir in unserer Wirtschaft gar nichts mehr tun, um durch künstliche Mittel den Export zu steigern – die Atmosphäre entgiften wollen. Nicht mehr durch den Mißbrauch eines Umrechnungskurses wollen wir uns irgendwelche Vorteile erlisten und erschleichen, sondern wir wollen als ehrliche Kaufleute unter gleichen Startbedingungen mit den übrigen Völkern in Wettbewerb treten. Heute geht die Auffassung dahin, als ob die Aufnahmefähigkeit irgendeines Marktes eine feste Größe hätte. Das ist eine typische planwirtschaftliche Vorstellung und so falsch wie nur irgend möglich. Die Aufnahmefähigkeit eines Marktes ist praktisch unendlich, weil alle Märkte bereit sind, ihre Güter gegeneinander auszutauschen. Aber soweit sind wir noch nicht. Das ist ein Beispiel, daß wir mit den planwirtschaftlichen Regelungen nicht durchkommen.

Die Marshallplan-Manipulationen in Paris sind nicht der Anfang einer europäischen Zusammenarbeit, sondern das Ende; denn von irgendeiner Gemeinsamkeit und einer Zusammenarbeit ist da keine Rede. Es ist eine Zusammenfassung von Statistiken und im übrigen ein Mißbrauch der Gewalt. Also, wir müssen überall von den festgefahrenen Wegen der Planwirtschaft hin zur Marktwirtschaft, hin zur Freiheit und Freizügigkeit, hin zur Würde des Menschen. Wenn wir uns für diesen Weg entschieden haben – und hier komme ich wieder auf die Wahl zurück –, dann bin ich überzeugt, daß diese Thesen, die wir noch herausarbeiten und in einem Programm zusammenfassen wollen, eine starke und werbende Kraft besitzen und daß das Geschehen des Alltags ein lebendiges Zeugnis ablegt für die Richtigkeit des Weges, für die gesunden Prinzipien einer nicht mehr verbogenen Denkweise und für die Befreiung, die wir damit der Menschheit bringen. Wir müssen das nur wollen, und wir dürfen nicht in den Wahlkampf gehen mit der Miene, als ob wir uns zu entschuldigen hätten für irgend etwas. Wir haben uns nicht zu entschuldigen. Wir haben anzuklagen, und zwar kräftig.

Die gleichen Leute, die nicht einen Hosenknopf produzieren und verteilen konnten, sind gar nicht berechtigt, uns Empfehlungen über eine gesunde Wirtschaft zu machen.

Zur Lockerung der Kreditrestriktionen: Manche Leute sagen, für den und den Zweck könnte man doch vielleicht etwas Besonderes einführen. Nein, so geht es nicht. Die Freiheit ist etwas Ganzes und Unteilbares. Sie kann nicht in einer wirtschaftspolitischen Konstellation richtig und in einer anderen falsch sein, sondern sie wird und muß in allen Fällen richtig sein.

Also, der Weg ist klar. Wenn ich Ihnen von den guten Nerven, die wir alle brauchen, und von der Zuversicht, die Sie ausstrahlen – und das ist nicht zuletzt das Wesentliche unserer jetzigen Zeit –, etwas vermitteln kann, will ich dankbar sein. Was an mir liegt, so können Sie mich meinetwegen im Wahlkampf jeden Tag zwei- oder dreimal einsetzen. Ich strahle etwas davon aus. Dann werden wir den Wahlkampf gewinnen, und damit werden wir nach meiner Ansicht nicht nur deutsche Geschichte machen, sondern wir werden das Gesicht Europas formen. Die Verantwortung, die uns obliegt, wie schon Herr Adenauer andeutete, vor der Geschichte und vor unseren Kindern, ist so ungeheuerlich, daß jedes Versäumnis, dessen wir uns zeihen müßten, hier zum Verbrechen und zur Schuld werden könnte. Deshalb müssen wir arbeiten und wirken und Kraft und Zuversicht von uns geben, was wir nur in uns tragen.

Ich habe angefangen, etwas Programmatisches niederzulegen. Aber in dem Augenblick, wo ich den Bleistift zur Hand genommen habe, bin ich ein Professor geworden. Beim Reden kann ich es einigermaßen vermeiden. Wir haben vor, uns in einem kleinen Kreis von Fachleuten zusammenzusetzen und eine textliche Formulierung vorzunehmen, die klar, sinnvoll und logisch ist, aber auch populär – alles zusammen ist es nicht gerade leicht. Wenn wir das zu Papier gebracht haben, möchte ich bitten, daß der von diesem Gremium gewählte Ausschuß, in dem alle Strömungen vertreten sind, zusammentritt, daß wir dann gemeinsam die Formulierungen treffen und dann hier in der Diskussion den einzelnen Punkten die letzten Fassungen geben; denn das dürfen wir auf keinen Fall erleben, daß ich mich hinstelle und irgend etwas verkünde, um dann am anderen Tage in der Zeitung zu lesen, daß ein Mann der gleichen Partei das Gegenteil von dem gesagt hat. Das strahlt nicht Überzeugung und nicht Sicherheit aus.

Ich sehe keinen Grund, warum wir uns nicht einigen könnten. Ich glaube, unter dieser grundsätzlichen geistigen Haltung, die uns zuletzt zusammenführt, muß es hinsichtlich einer relativ primitiven Sache, wie es die Wirtschaft immer ist – denn die Wirtschaft ist nur Mittel zum Zweck zur Erreichung eines höheren Zieles, das im Ethischen liegt –, möglich sein, daß wir uns leicht einigen. Und wenn wir uns geeinigt haben, wollen wir auch alle dazu stehen. Das ist mein Wunsch und meine Empfehlung.

Anschlußbemerkung

Ich bin so unkapitalistisch wie nur möglich. Sie werden in unseren Reihen kaum einen finden, der so ist wie ich. Es ist kein Zufall, daß ich mich zu Ihnen bekenne, sondern es ist eine bewußte Wahl. Und wenn ich noch nicht formal die Mitgliedschaft habe, dann muß ich sagen, ich komme aus Bayern. Das sieht man mir nicht ohne weiteres an. Ich weiß nicht, zu wem ich mich da bekennen soll. Das sind keine Zufälligkeiten, sondern es hat seinen guten Sinn, wenn ich mit meiner Überzeugung und mit meinem festen Willen für Sie eintrete. Ich kann mir nicht vorstellen, daß Sie sozialpolitische Forderungen erheben, die ich nicht zu akzeptieren bereit wäre, wenn sie sich auf Realitäten stützen und nicht deutsche Wunschträume bleiben; denn ich muß als verantwortlicher Träger eines Amtes sachlich sein und unterscheiden zwischen dem, was ein politisches Wunschziel ist, und dem, was eine politische Realität darstellt, mit der ich operieren kann. Ich würde mir z. B. nie anmaßen, ein sozialpolitisches Programm entwerfen zu wollen. Ich habe selbstverständlich meine Vorstellungen, aber ich bin zu wenig Fachmann, um da über Empfehlungen urteilen zu können. Im übrigen müssen hier die Fachleute ans Werk, die wissen, wie die Zusammenhänge sind und wie die Funktionen ineinandergreifen. Außerdem bestätige ich das, was Herr Adenauer sagt: Mir kommt es im Augenblick nur auf eines an: auf den Erfolg der Wahl – und auf alles andere nicht. Warum sollen wir denn diese starke Position nicht ausnützen? Schauen Sie die Sozialdemokratie an, die hat überhaupt keine wirtschaftspolitischen Vorstellungen. Ich meine, es ist eine Echternacher Springprozession, was die aufführt, zwei Schritte vor und einen zurück. Sie ist in sich gespalten und kann in den entscheidenden Fragen der Wirtschaftspolitik nichts sagen, weil überhaupt keine zwei Teile da sind, die gleicher Meinung sind. Wir sind in der glücklichen Lage, daß wir in den entscheidenden Dingen einig sind, wobei wir uns über Einzelheiten, wie sie Herr Ernst angeführt hat, noch unterhalten und einigen können. Wenn wir aber in der Grundlage einig sind, wollen wir diese Geschlossenheit nach außen zum Ausdruck bringen. Nichts wäre verhängnisvoller, als mit halbem Herzen eine halbe Sache zu vertreten. Und wenn der einzelne da und dort Bedenken anzumelden hat, bei der Wahl hat er sie auf keinen Fall anzumelden. Wir müssen eine ganze Sache mit ganzem Herzen vertreten. Ich betone das, weil ich vielleicht hier im Geruch stehe, Fremdkörper in gewisser Hinsicht zu sein, und meine eigenen Vorstellungen von den Dingen hätte. Meine Linie ist die ihrige. Wenn es nicht der Fall wäre, dann wäre ich so ehrlich und würde nicht hier stehen.

Das Ende der Improvisationen

Tagesspiegel, 23. April 1949

Auf den ersten, mit der Währungs- und Wirtschaftsreform entstandenen Nachfrageboom folgte für die deutsche Wirtschaft ab 1949 zunächst eine Phase der Beruhigung und Festigung des wirtschaftlichen Ablaufs. Neben die teilweise noch fortwirkenden Auftriebskräfte traten Dämpfungsfaktoren, die allmählich den Preisauftrieb zum Stillstand brachten und in Verbindung mit Lohnerhöhungen eine fühlbare Verbesserung der Realeinkommen auslösten. In der öffentlichen Diskussion jener Monate ging das Wort von der »Depression« und »Deflation« um. Ludwig Erhards Analyse der Lage lautet:

Mit der im Juni 1948 vollzogenen Währungsreform ist die Zeit der wirtschaftspolitischen Improvisationen zu Ende gegangen. Der Übergang von einer auf inflationistischer Grundlage aufgebauten Zwangswirtschaft zu einer gleichgewichtigen Marktwirtschaft konnte sich nicht völlig spannungsfrei vollziehen, um so mehr die unorganische, weil nicht mit einer produktiven Leistung verknüpfte Geldschöpfung sehr bald ein erhebliches Mißverhältnis zwischen Geld- und Gütervolumen in Erscheinung treten ließ. Die mit Ende des Kalenderjahres 1948 erfolgreich abgeschlossene erste Phase der wirtschaftlichen Gesundung war durch das Bestreben gekennzeichnet, das überdosierte Konsumentengeld in Produzentengeld umzuwandeln oder – mit anderen Worten – die mit der Währungsreform geschaffene Kaufkraft durch eine kräftige Ausweitung unserer Wirtschaft als Betriebsmittel der Unternehmungen zu binden und damit marktwirtschaftlich zu neutralisieren. Soweit in dieser Entwicklung nicht allein aus dem Wegfall von Subventionen in der Binnen- und Außenwirtschaft zwangsläufig nominelle Preiserhöhungen resultierten, durften die zur Rückgewinnung eines wirtschaftlichen Gleichgewichts notwendigen Preissteigerungen mit planwirtschaftlich künstlichen Mitteln auch dann nicht unterbunden werden, wenn sie kostenmäßig nicht gerechtfertigt erschienen. Würde während dieser äußerlich stürmischen Entwicklung die Verwaltung für Wirtschaft den Verlockungen und Drohungen erlegen sein und die gewiß nicht zu leugnenden sozialen Spannungen zum Anlaß einer Wiedereinführung der Bewirtschaftung und der staatlichen Preisbindung genommen haben, dann wäre die deutsche Wirtschaft wieder in die Zustände der preisgestoppten Inflation zurückgefallen und das deutsche Volk in die Fron der Zwangswirtschaft zurückgeführt worden. Diesem politischen Druck hat die Verwaltung für Wirtschaft bekanntlich durch die Konstituierung des Jedermann-Programms ein Ventil geöffnet und in diesem Programm für alle Bezieher von fixem Nominaleinkommen, insbesondere aus Lohn und Gehalt, eine sozial geschützte Marktzone geschaffen, die der Dynamik der Preisangleichung stärker entrückt war. So ist es mehr und mehr gelungen, der Hysterie auf Produzenten- und Verbraucherseite Einhalt zu tun und an deren Stelle ökonomische Überlegungen zur Anwendung kommen zu lassen. Heute wollen es meine Kritiker nicht mehr wahrhaben, daß sie mich schmähten und verhöhnten, wenn ich im vergangenen Herbst und Winter mit immer größerer Bestimmtheit das Herannahen des preispolitischen Kulminationspunktes und damit einen gewissen Umbruch der wirtschaftlichen Entwicklung vorhersagte. Diesen Überlegungen lag ein durchaus nüchternes volkswirtschaftliches Kalkül zugrunde, und es zeugt nur für die Einsichtslosigkeit meiner Kritiker und nicht etwa für meine Prophetengabe, wenn mir die Entwicklung in fast drastischer Weise recht gab.

Obwohl das Geld- und Kreditvolumen heute nicht geringer ist als im Oktober und November 1948, bietet die Wirtschaft doch ein völlig anderes Bild. Seinerzeit war sie gekennzeichnet durch eine scheinbar ungeheure Liquidität und Geldflüssigkeit und eine schier unbegrenzte Kaufkraft; heute sind Klagen über mangelnde Liquidität, Kreditnot und Absatzstockung so ziemlich allgemein. Seinerzeit befanden sich die Preise auf der ganzen Linie im Anstieg; heute ist die abbröckelnde Tendenz ebensowenig zu verkennen. In der ersten Phase nach der Währungsreform konnten die Produktionsmittelindustrie und die Investitionswirtschaft durch die Gewinne und Übergewinne der Verbrauchsgüterwirtschaft mit jenem überschüssigen Geld finanziert und beschäftigt werden, während heute nach dem Dahinschmelzen jener bedenklichen Überliquidität der Kapitalmangel als eine Quelle ernster Sorge, aber doch auch als ein Zeichen der inneren Gesundung nur zu deutlich in Erscheinung tritt. Diese Wandlung, die sich in so kurzer Zeit vollzog, stellt einen Erfolg der marktwirtschaftlichen Politik, im besonderen als eine Folgewirkung der ständigen Produktionsausweitung, bei gleichzeitig restriktiver Kreditpolitik dar.

Diese Umkehrung der ökonomischen Erscheinung hat vielfach zu konjunkturpolitischen Spekulationen geführt, die höchst bedenklich und objektiv falsch sind. Sowenig die Produktionsausweitung und die Preissteigerungen im zweiten Halbjahr 1948 als Zeichen einer Hochkonjunktur gedeutet werden dürfen, so abwegig es ist, die sich seit Beginn dieses Jahres abzeichnende Entwicklung als eine Depression oder – wie fast allgemein üblich – als eine Deflation zu betrachten. Diese Entwicklungen haben mit Konjunkturen im zyklischen Sinne nach Art der klassischen

145

liberalen Theorie gar nichts zu tun, sondern sind nur als Anpassungsvorgänge zu begreifen. In jener ersten Phase nach der Währungsreform handelte es sich darum, in der Auffindung eines neuen Preisstandards den Ausgleich zwischen Geld- und Gütervolumen herzustellen, während es jetzt nach der Bereinigung jener Störung darum geht, durch den neu entfachten Leistungswettbewerb das Preisniveau der Kostenlage anzupassen.

Nachdem seit der Währungsreform die individuelle Arbeitsleistung um 20 bis 30 % zugenommen und die Ausnutzung der industriellen Kapazitäten im Durchschnitt eine Verdoppelung erfahren hat, muß das Gesetz der Kostendegression in so hohem Maße wirksam geworden sein, daß seit Beginn dieses Jahres für beträchtliche Preissenkungen Raum war und zum Teil wohl auch noch ist. Bei allen Sorgen, die uns die hinter uns liegende Entwicklung bot, können wir es heute doch als einen günstigen Umstand bezeichnen, daß infolge der konstruktiven Fehler der Währungsreform der unerläßlich notwendige Reinigungsprozeß nicht schon unmittelbar nach der Reform bei einem Beschäftigungsstand von 40 % von 1936 eingesetzt hat, sondern erst heute bei einem Stand von 85 % wirksam wird. Wenn unsere Wirtschaft heute gegenüber äußeren Störungen auch noch sehr anfällig und auf psychologische Reaktionen besonders reagibel ist, so sind doch die mit der Bereinigung verbundenen sozialen Gefahren wesentlich geringer geworden. Es konnte zwar nicht ausbleiben, daß die dogmatischen Gegner der Marktwirtschaft die Zunahme der Arbeitslosigkeit als eine Sünde des freieren Wirtschaftssystems hinstellten, obwohl gerade die arbeitsmarktpolitische Entwicklung den Übergang zur Marktwirtschaft in besonderem Maße rechtfertigt. Wenn seit der Währungsreform nicht nur alle Scheinarbeitsverhältnisse in echte Arbeitsverträge umgewandelt werden mußten, sondern rund 800 000 Erwerbstätige neu in der Statistik auftauchten, dann liegt darin der Beweis, daß die Marktwirtschaft mit mancher volkswirtschaftlich unnützen Betätigung aufgeräumt hat. Die Unterbindung des Schwarzmarktes, des Zwischen- und Kettenhandels bleibt auch dann ein Erfolg, wenn die gewerbliche Wirtschaft von den zum Arbeitsmarkt strömenden Erwerbsfähigen bisher nur zusätzlich 500 000 Kräfte produktiv aufnehmen konnte. Daß sich im Zuge der Strukturbereinigung auch Umgruppierungen arbeitsmarktpolitischer Art vollziehen müssen und dabei vorübergehend höhere Arbeitslosenziffern auftauchen können, besagt nichts gegen die Richtigkeit und Zweckmäßigkeit unserer Wirtschaftspolitik. Durch welches Wunder sollte es denn auch möglich sein, daß eine durch fünfzehn Jahre entartete und wirtschaftsfremden Zielen zugewandte Volkswirtschaft keiner strukturellen Änderungen bedürfte, um zur Erfüllung ihrer an friedlichen und sozialen Zwecken ausgerichteten Funktionen befähigt zu sein.

Nur ein echter Leistungswettbewerb kann dieses Problem in gerechter Weise lösen, und nur der Wettbewerb erfüllt dabei die soziale Aufgabe, Preise und Einkommen, und im besonderen wieder Preise und Löhne, zu jener optimalen Entsprechung zu bringen, die einerseits den Lebensstandard unseres Volkes fortlaufend verbessert und zum anderen die Verteilung des Sozialproduktes sicherstellt. Die Planwirtschaft müßte vor einer solchen Aufgabe völlig versagen, denn entweder läßt sie diese Strukturfehler, die zu Lasten des Volkes ein unternehmerisches Rentnertum großgezüchtet haben, fortbestehen, oder aber sie muß den Ausleseprozeß mittels behördlicher Verwaltungsakte bewerkstelligen. Man muß diesen Gedanken nur zu Ende denken und sich des Ausmaßes der fast unvermeidlichen Willkür, Korruption und Fehler bewußt werden, um sich mit Schaudern von solchen Möglichkeiten abzuwenden.

Die tragende und treibende Kraft der Marktwirtschaft ist und bleibt der Wettbewerb, aber es gilt endlich und vor allen Dingen auch in den Kreisen unserer Arbeiterschaft einzusehen, daß dieser Wettbewerb nicht das böse, sondern das wohltätige, segensreiche Prinzip ist und daß die Früchte vermehrter und rationellerer Arbeit nicht unternehmerischen Interessengruppen, sondern dem Volke in seiner Gesamtheit zugute kommen. Damit ist zugleich ausgedrückt, daß die soziale Marktwirtschaft die unternehmerische Planwirtschaft in gleich entschiedenem Maße wie die staatliche Zwangswirtschaft ablehnt, weil beide von der Absicht der Ausschaltung des Wettbewerbs getragen sind und unsoziale Machtstellungen begründen sollen.

Wenn die wirtschaftspolitische Zielsetzung von heute auf den ökonomischen Reinigungsprozeß nicht verzichten will und wenn zu diesem Zweck durch die grundsätzliche Beibehaltung der restriktiven Kreditpolitik auch der Druck auf der Wirtschaft belassen wird, so muß dieser Kurs aus wirtschaftlichen und sozialen Überlegungen heraus von allen begrüßt und unterstützt werden, die eine gesunde und sozial befriedete Gesellschaftswirtschaft anstreben und sich stark genug fühlen, sich im Rahmen dieser neuen Ordnung zu behaupten. Diejenigen aber, die an den bestehenden krankhaften Zuständen haften, erscheinen vom gesamtwirtschaftlichen Gesichtspunkt aus nicht schutzwürdig, weil ihre künstliche Fortexistenz nur durch Opfer der produktiven Elemente erkauft werden kann. Niemand trage vor allen Dingen Sorge, daß der Weg zur Gesundung durch das tiefe Tal einer strukturellen Krise führen müsse oder nur über eine echte Deflation gangbar sei. Es wird vielmehr alles darauf ankommen – und damit ist zugleich der wirtschaftspolitische Weg gekennzeichnet –, den Druck auf die Wirtschaft so zu dosieren und die Dauer des Bereinigungsprozesses so zu bemessen, daß auf der einen Seite zwar das Ziel der Leistungssteigerung und Leistungsverbesserung sowie der Erhöhung des

Lebensstandards erreicht wird, auf der anderen Seite aber nicht durch eine Lähmung der Energie eine echte Schrumpfung mit Beschäftigungseinbrüchen und Freisetzungen von Arbeitskräften Platz greift. Es ist meine feste Überzeugung, daß durch eine sinnvolle Dosierung und Kombination der mannigfachen wirtschaftspolitischen Mittel dieser »mittlere Weg« erfolgreich beschritten werden kann, der auf einem schmalen Grat zwischen den Gefahren und den Verlockungen einer Reinigungskur glücklich hindurchführt. Wie bekannt, geht meine Auffassung dahin, daß wir entgegen aller konjunkturtheoretischen Orthodoxie eine Ausweitung unserer gewerblichen Produktion bei gleichzeitig tendenziell leicht absinkenden Preisen erstreben müssen und auch verwirklichen können. Denn eine Produktionsausweitung hat nicht nur Kostensenkungen zur Folge, der zunehmende Wettbewerb wird mit manchen verbildeten Vorstellungen über Gewinnmargen und Handelsspannen aufräumen, die in der Zwangswirtschaft üblich gewesen sein mögen, in der Marktwirtschaft sich aber von selbst verbieten. Je eher die gewerbliche Wirtschaft sich von solchen Vorstellungen einer ungesunden Tradition befreit, desto eher wird Raum für einen neuen Aufstieg und eine wirkliche Gesundung sein. Je mehr diese Gesinnung in einer leistungskräftigen Unternehmerschaft Platz greift, desto eher wird das unsinnige Geschwätz über die Gefahr einer drohenden oder einer gar schon bestehenden Deflation verstummen. Wenn nicht jede Ware zu jedem Preise absetzbar ist und wenn nicht mehr der Käufer um Ware bettelt, sondern wenn umgekehrt die Ware ihren Käufer suchen muß und es Anstrengungen bedarf, sich im Markte zu behaupten, dann sind es noch lange nicht Zeichen einer beginnenden Deflation, sondern in sehr positiver Weise Merkmale der inneren Konsolidierung und Gesundung unserer Volkswirtschaft. Wenn ich unter dem sozialen Druck des vergangenen Jahres die Nerven behalten mußte, um nicht wieder die Zwangswirtschaft herbeizuführen, so kann füglich niemand erwarten, daß ich an der Richtigkeit des Weges dann irre werde, wenn heute in gewisser Umkehrung der Verhältnisse die Last sich nach der Unternehmungsseite zu verlagert. Das Ziel der sozialen Marktwirtschaft ist abseits von Interessenten- und Gruppenwünschen aller Art die gesunde Wirtschaft, die die Existenz des gesamten Volkes sichert und jeden nach Maßgabe seiner Zuleistung am Sozialprodukt der Nation teilhaben läßt.

Zum Problem der Arbeitslosigkeit

Rundfunkansprache, 6. Juni 1949

Trotz der Unruhe in der Welt bringt das erste Halbjahr 1949 weitere Konsolidierungsfortschritte in den deutschen Westzonen, darunter das Besatzungsstatut mit dem Versprechen der Alliierten, ein in einem demokratischen Bundesstaat lebendes deutsches Volk in eine europäische Vereinigung aufs engste einzubeziehen. Die Demontagen werden reduziert, die Produktionsbeschränkungen gemildert. Am 8. Mai beschließt der Parlamentarische Rat das Grundgesetz. Am 12. Mai wird als Erfolg einjährigen Widerstands die Berlin-Blockade aufgehoben. Aber der immer weitergehende Zustrom von Flüchtlingen aus dem Osten, die Heimkehr der Kriegsgefangenen sowie Rationalisierungsmaßnahmen in den Betrieben lassen die Arbeitslosenzahl mit 1,2 Millionen in der Bizone bedrohlich ansteigen.

Mannigfache einseitig oder sogar entstellt wiedergegebene Pressekommentare über von mir in letzter Zeit gehaltene Vorträge lassen es mir um der Wahrheit und Gerechtigkeit willen geboten erscheinen, mich unmittelbar an die deutsche Öffentlichkeit zu wenden, um so mehr, als diese gerade in der gegenwärtigen Situation wirtschaftlicher Unsicherheit und Beengung Anspruch auf Unterrichtung und Aufklärung erheben darf. Es ist selbstverständlich, daß das Problem der Arbeitslosigkeit als die Geißel der modernen Volkswirtschaften heute im Mittelpunkt der Diskussion steht, und ich begreife nur zu gut die Sorge, die viele unserer Mitbürger unmittelbar bedrückt oder doch bedroht. Wenn ich gleichwohl erklärt habe, daß die Arbeitslosigkeit in konjunkturpolitischer Betrachtung bis heute keine bedrohlichen Züge angenommen habe und auch gemeistert werden könne, so habe ich doch gleichzeitig mit dem größten Ernst betont, daß mir die Rückführung dieser Menschen in wirklich produktive Arbeit eine vordringliche Verpflichtung bedeutet. Die Beurteilung dieses sozialen Phänomens verliert nur eben an Schärfe, wenn man sich der grundlegenden strukturellen Umschichtung bewußt wird, die sich hinter der Arbeitsmarktstatistik verbirgt. Wer da weiß, daß seit der Währungsreform nahezu eine Million Menschen zusätzlich als Arbeitsuchende in Erscheinung traten, daß es vornehmlich auch im Interesse der Erhöhung des Lebensstandards unseres Volkes unerläßlich war, die öffentlichen Verwaltungen aller Stufen abzubauen, und wer aus den gleichen Erwägungen einzusehen

149

bereit ist, daß mit der Ausschaltung des Zwischen- und Kettenhandels oder etwa der Ausmerzung sogenannter kunstgewerblicher Fertigungen und schließlich mit der zwangsläufigen Auflösung von bis dahin massenhaft bestehenden Scheinarbeitsverhältnissen Fluktuationen auf dem Arbeitsmarkt verbunden sein müssen, der wird die endlich ehrlich ausgewiesenen Arbeitslosenziffern schon als weniger katastrophal ansehen. Vielleicht wird er mir sogar zustimmen, wenn ich sage und gesagt habe, daß sich in dieser Dynamik auch etwas von der inneren Konsolidierung und Gesundung unserer Wirtschaft widerspiegelt. Das wird noch deutlicher, wenn gleichzeitig festzustellen ist, daß im Zuge dieser weitgreifenden Umschichtung der Beschäftigung trotz der gestiegenen Arbeitslosenzahl die deutsche Industrie heute über eine halbe Million Menschen mehr beschäftigt als zur Zeit der Währungsreform. Die Menschen aus unproduktiver und nur die Gesamtheit belastender Beschäftigung in wirklich produktive, d. h. Güter schaffende Arbeit überzuführen, das ist das eigentliche volkswirtschaftliche und zugleich soziale Problem, weil nur dadurch allein dem einzelnen wie auch unserem Volke im ganzen gedient und genützt sein kann.

Nun wird man mir entgegenhalten, daß es angesichts des schier unbegrenzten Bedarfes an Wohnraum, Hausrat und anderen lebenswichtigen Gütern an solchen Aufgaben ja nicht mangeln und es folglich nur darauf ankommen kann, die menschlichen und sachlichen Produktivkräfte richtig zum Einsatz zu bringen. Das ist zweifellos richtig, aber leider ist damit die Problematik nicht erschöpft. Millionen von Arbeitskräften sind gemäß der deutschen Wirtschaftsstruktur und überhaupt in jeder modernen Volkswirtschaft in der Produktionsmittelindustrie, der Bau- und anderen Zweigen der Investitionswirtschaft tätig, deren Beschäftigung – sollen nicht finanzpolitische Experimente nach Art der nationalsozialistischen Mefo-Wechsel zur Inflation treiben – auf der Verfügung oder Bereitstellung von Kapital im Sinne echter Wirtschaftserträge oder privater Spartätigkeit beruht. Das macht ja gerade die Problematik unserer gesellschaftswirtschaftlichen Lage aus, daß als Folge der Kapitalvernichtung und -verschleuderung in der Vergangenheit im Zuge der Währungsreform nahezu das gesamte deutsche Nominalvermögen abgeschrieben werden mußte und der Anreicherung neuen Kapitals unter einer völlig unsinnigen und mehr als reformbedürftigen Steuerpolitik, für die deutsche Stellen heute keine Verantwortung trifft, nahezu unüberwindliche Hindernisse entgegenstehen. Meinen Kritikern und Gegnern, die sich heute teilweise wohl auch im Hinblick auf die kommenden Wahlen über die 1,2 Millionen Arbeitslosen ereifern, waren diese Zusammenhänge sehr wohl bewußt, wenn sie nach der Währungsreform mit Arbeitslosenheeren von 4 bis 5 Millionen Menschen rechneten, sich aber heute dieser ihrer Aussage nicht mehr gern erinnern. Durch die konstruktiven Mängel der Währungsreform, die es durch eine Übergangszeit gestatteten, die Finanzierung der vorerwähnten Wirtschaftszweige mit überschüssigem, krankem Geld zu besorgen, wurde die Offenlegung des Kapitalmangels noch auf kurze Zeit vertagt, aber da auf die Dauer nicht in Erscheinung treten kann, was einfach nicht da ist, kann und darf auch diese Sorge des Kapitalmangels wieder als ein Symptom der inneren Konsolidierung unserer Wirtschaft gewertet werden, ohne daß dieser scheinbare Gegensatz als ein Widerspruch gelten könnte. Wir müssen den Mut – und das heißt dann auch die Kraft – aufbringen, die Realitäten ungeschminkt zu sehen, und nicht wieder, wie so manche Vorschläge lauten, durch fragwürdige finanzpolitische Experimente die Flucht in die Unwirklichkeit, nein in das Chaos antreten.

Die 1,2 Millionen Arbeitslosen in 14 Tagen restlos zu beseitigen, wäre kein Kunststück, wenn sich ein verantwortungslos verbrecherischer Politiker bereit fände, unser Volk in inflationistische Zustände zurückzuführen, die über eine Scheinblüte immer zur wirtschaftlichen und sozialen Auflösung treiben. Wir dürfen vielmehr nur organische Mittel der Kapitalbildung zur Anwendung bringen, aber wir verfügen auch über Chancen und Möglichkeiten, um – über allzu enge orthodoxe Bindungen hinweg in den Grenzen der absoluten Währungssicherung – durch die Ausnutzung aller erreichbaren Quellen und deren finanztechnisch sofortige Mobilisierung in kurzer Frist mittel- und langfristiges Kapital in Höhe von nahezu 2 Milliarden Mark zum Einsatz zu bringen.

Seit ich aus den Staaten zurückgekehrt bin und wieder die Hand an den mittlerweile schwächer gewordenen Puls unserer Wirtschaft legen konnte, habe ich mich auch ohne ressortmäßige Zuständigkeit ausschließlich um die Eröffnung jener Kapitalquellen wie auch um eine Änderung der Kreditpolitik bemüht und bei allen beteiligten Instanzen volles Verständnis für die von mir geschilderte wirtschaftliche Lage und die sich daraus ergebenden Notwendigkeiten gefunden. Wenn als Ausfluß dieses gemeinsamen Strebens nach Überwindung der psychologischen und materiellen Störungen durch die Eröffnung erweiterter Diskontmöglichkeiten für Bankakzepte sowie durch die Ermäßigung des Diskontsatzes und der Mindestreserven die Kreditpolitik der Bank deutscher Länder eine weitgehende Auflockerung erfuhr und damit die Bankinstitute über eine erheblich größere kreditpolitische Freizügigkeit verfügen, so ist doch um der Wahrheit willen und zugleich um allgemein verbreitete falsche Auffassungen zu zerstreuen, ausdrücklich zu vermerken, daß von der Geldseite her und aus der Richtung des kurzfristigen Kredits das tiefer wurzelnde Übel des Kapitalmangels im Grunde nicht beseitigt werden kann. Immerhin ist zur Kennzeichnung der Lage und der sich daraus ergebenden Folgen festzuhalten, daß heute praktisch jedes legitime Bedürfnis nach

Krediten für Zwecke der laufenden Güterproduktion und des Warenumschlags sowie jede Anforderung nach Importkrediten ohne weiteres befriedigt werden kann. Darüber hinaus wird – wie schon vorher erwähnt – ein immerhin beträchtlicher Kapitaleinstrom der Kapitalgüterindustrie und der Investitionswirtschaft und über die dort neu entstehenden Einkommen indirekt auch unserer Konsumgüterwirtschaft frisches Blut und neue Impulse zuführen.

Niemand – und vor allem nicht die Lohn- und Gehaltsempfänger – sollte entgegen der primitiven parteipolitischen Zweckpropaganda vergessen, daß es unserer bis in die jüngste Zeit hinein verfolgten Wirtschafts- und Kreditpolitik zu verdanken war, wenn über den dadurch ausgelösten Zwang zu höherer Wirtschaftlichkeit und die auf diese Weise erreichten Preissenkungen die Realkaufkraft gerade der breiten Schichten unseres Volkes eine fortlaufende Verbesserung erfahren hat und im ganzen auch eine sozial gerechtere Verteilung des Sozialprodukts bewirkt wurde. Die Wandlung des äußeren Wirtschaftsbildes, der Übergang von einer falschverstandenen Hochkonjunktur in eine Phase wirtschafts- und kreditpolitischer Beengung hat allein aus dem Kontrast heraus psychologische Wirkungen gezeitigt, die über die materiellen Gegebenheiten hinaus allenthalben zu einer gewissen Lähmung und Stagnation und im ganzen zu einer falschen Beurteilung unserer wirtschaftlichen Situation geführt haben. Diese Erstarrung gilt es heute aufzulösen. Die Voraussetzungen hierzu sind bereits geschaffen, und wir treten damit wieder in einen neuen Abschnitt unserer wirtschaftlichen Entwicklung ein, der äußerlich durch eine Linderung des ökonomischen Drucks und durch die Mobilisierung neuer Kaufkraftströme gekennzeichnet ist. Damit wird die Liquiditätsangst beseitigt und die trotz teilweiser Kreditnot dennoch feststellbare Liquiditätshortung sowohl in der privaten wie auch in der öffentlichen Sphäre aufgelöst werden. Denn ohne das Ziel der Verbesserung des Lebensstandards über vermehrte und ergiebigere Arbeit auch nur einen Augenblick aus den Augen zu lassen, wird diese Wendung unserer Wirtschaftspolitik zwangsläufig zur Folge haben, daß alle Spekulationen auf weitere, konjunkturell bedingte Preissenkungen oder gar Preiseinbrüche künftighin der materiellen Voraussetzung entbehren und sich deshalb als wirtschaftliche Fehlleitungen erweisen müßten. Hatten wir es bisher mit relativ kurzfristigen Anpassungsvorgängen zu tun, wie zuerst der Angleichung der Gütermengen und Güterpreise an das Geldvolumen und nach erreichtem Gleichgewicht der Anpassung an die veränderte Kostenlage, so wird nunmehr die weitere Entwicklung durch ein ungleich höheres Maß von Stabilität gekennzeichnet sein, die die wirtschaftlichen Entscheidungen auf eine wieder viel sicherere Grundlage stellt. Durch keine Verlockung und keine Drohung werden sich die verantwortlichen Männer von einer Politik abbringen lassen, die die Sicherheit der Währung auch nur im geringsten zu erschüttern geeignet ist. Aber gerade auf dieser Grundlage eines stabilen, wertbeständigen Geldes wird das Schicksal jedes Unternehmers um so mehr auf der Hervorbringung einer volkswirtschaftlich nützlichen, sozial anerkannten Leistung beruhen. So werden von Tag zu Tag mehr die Gründe in Wegfall kommen, die heute jede über den Tag hinausreichende Disposition mit erheblichem Risiko belasten und die jene psychologischen Hemmungen und Verirrungen hervorgerufen haben, die dann erst zur wahren Ursache der Stockung des Kaufkraft- und Güterflusses geworden sind.

Ich glaube für mich in Anspruch nehmen zu können, die wirtschaftliche Entwicklung jeweils zutreffend und ehrlich vorausgesehen zu haben, und ich werde auch in der Beurteilung unserer jetzigen Situation recht behalten. Unser wirtschaftliches Schicksal schwebt nicht über uns als eine freundliche Verheißung oder als düstere Drohung, der wir nur entgegenzuharren oder entgegenzubangen brauchten; nein – die Wirtschaft gestalten wir selbst nach unserem freien, eigenen Willen, und mit der Auflösung der Zwangswirtschaft ist sogar das Volk selbst wieder zum Herrn seines Schicksals erhoben worden. Die gleichen Leute, die mich nach meiner Amtsübernahme einen weltfremden, dogmatisch gebundenen Professor schalten, wissen gar nicht, wie sehr sie sich entblößen, wenn sie in ihrem eigenen, parteipolitisch sturen Festhalten an der planwirtschaftlichen Verkrampfung mir die Beweglichkeit und Wendigkeit der wirtschaftspolitischen Führung zum Vorwurf machen und mich damit gewissermaßen der Inkonsequenz zeihen zu können glauben. Dabei ist es so offensichtlich, daß eine Wirtschaft, die durch tausend äußere und innere Ereignisse in den Bedingungen, Verfahren und Zielsetzungen ständigen Wandlungen unterliegt, nicht aus einem vorgefaßten Rezept heraus selig zu machen ist. Nachdem meine politischen Gegner die erzielten Fortschritte nicht mehr leugnen können, wollen sie alle Erfolge als mein unverdientes Glück hinstellen, alles aber, was noch unvollkommen ist und der Lösung harrt, mir als Schuld anlasten. Mögen sie diese Unehrlichkeit und Scheinheiligkeit immer für richtig erachten, das soll mich nicht bekümmern. Ich bin allerdings der Meinung, daß nicht ich, sondern das deutsche Volk von Glück sagen kann, wenn die dauernd das öffentliche Wohl im Munde führenden Planungsbürokraten ihre verderbliche, seelenlose Macht über das von ihnen unwürdig bevormundete deutsche Volk nicht noch länger ausüben konnten. Ich appelliere nicht an Parteien und Gruppen, sondern an den ehrlichen und rechtschaffenen Sinn unseres Volkes, das in Erkenntnis unseres harten wirtschaftlichen und politischen Schicksals – auch ohne nationalökonomische Bildung – aus gesundem Menschenverstand heraus nur zu gut zu beurteilen vermag, daß die über

15 Jahre währende Verzerrung und Fehlleitung unserer Wirtschaft mitsamt der über sie hereingebrochenen Vernichtung, daß die Aufsaugung und produktive Eingliederung von 8 Millionen Flüchtlingen unter politisch sehr begrenzter Freizügigkeit in einer noch immer nicht befriedeten Welt Probleme aufwirft, die nicht alle schon in einem knappen Jahr ohne Störungen und Spannungen gelöst werden können. Meinen politischen Gegnern, die das alles nicht sehen wollen, fehlt es entweder an Verstand oder an Ehrlichkeit der Gesinnung: Jeder mag selbst wählen, was ihm mehr behagt.

Ich weiß, daß wir keinen Grund haben, auf Lorbeeren auszuruhen, sondern daß die Fülle ernster Sorgen und schwerer Aufgaben uns handeln heißt. Ich weiß auch, daß viele Millionen Menschen noch um die Erhaltung ihrer Existenz ringen und am Leben und Schicksal verzweifeln müssen, wenn ihnen keine Hoffnung und schnelle Rettung winkt. Das aber, was seit einem Jahr immerhin am Wiederaufbau unserer Wirtschaft und an Verbesserung der sozialen Lage unseres Volkes erreicht wurde, das hat allein der entschlossene Übergang von der Zwangswirtschaft zur Marktwirtschaft bewirkt, während die destruktive, phantasielose Kritik und die dogmatische Feindschaft jener wildgewordenen Planungsbürokraten die Entfaltung der lebendigen Kräfte nur zu hemmen geeignet waren. Die Opposition greift unsere Wirtschaftspolitik nicht an, weil sie schlecht, sondern weil sie gut ist, weil sie unserem Volke nützt, ihrer Partei aber vielleicht schadet. In dieser Stunde bitte ich daher erneut um Ihrer aller Vertrauen, und ich gebe Ihnen die feierlich feste Versicherung, daß ich alles, aber auch alles daransetzen werde, um über Parteien, Gruppen und Interessenstandpunkte hinweg der Gesamtheit unseres Volkes den Weg in eine ruhigere und glückliche Zukunft zu ebnen.

Keine Beschränkung des Leistungswettbewerbs

Die Welt, 29. Juli 1949

Mit diesem Text versucht Ludwig Erhard zu erklären, warum das ursprünglich von den Alliierten geforderte Monopolgesetz nicht mehr vom Wirtschaftsrat verabschiedet wurde. Von seiten der Opposition war behauptet worden, die Rücknahme des Gesetzes sei mit Wahlkampfspenden der Wirtschaft erkauft worden. Erhard begründet die Nichtverabschiedung mit der Schwierigkeit der zu regelnden Materie, die sorgfältiger Erörterungen in den Gremien der Wissenschaft, Wirtschaft und der Verbände bedürfe.

In der politischen Propaganda ist seitens der SPD mit allzu durchsichtiger Zielsetzung die Auffassung verbreitet worden, daß die Verwaltung für Wirtschaft unter dem Druck industrieller Interessenverbände das sogenannte Monopolgesetz zurückgezogen habe. Die Verleumdung ist sogar so weit gegangen, daß man zu behaupten wagte, die Zurücknahme sei mit finanziellen Wahlunterstützungen erkauft worden.

Ich glaube, daß es angesichts der von mir vertretenen klaren Wirtschaftspolitik und der immer wieder herausgestellten Grundsätze überflüssig erscheint, eine derartig lächerlich groteske Behauptung mit feierlichen Beteuerungen widerlegen zu müssen. In vielen Vorträgen habe ich immer wieder ausdrücklich betont, daß ich mit der Bekämpfung der staatlichen Zwangswirtschaft ebenso entschieden alle Formen einer unternehmerischen Zwangswirtschaft ablehne und gerade in der völlig ungehemmten Entfaltung des freien Leistungswettbewerbs das Kernstück der sozialen Marktwirtschaft erblicke. Wenn das sogenannte Monopolgesetz nicht noch in letzter Stunde dem Wirtschaftsrat vorgelegt wurde, so war dafür die Überlegung maßgebend, daß eine so einschneidende gesetzgeberische Maßnahme der sorgfältigsten Überprüfung und Beratung in Gremien der Wissenschaft, der Wirtschaft und der Gewerkschaften bedarf.

Ich bin mir bewußt, daß die Funktionsfähigkeit der freien Marktwirtschaft und die mit ihr angestrebten sozialen Ziele erst dann voll gewährleistet sind, wenn die Sicherung des Leistungswettbewerbs gegenüber jedweden Interessenstandpunkten ihre gesetzliche Verankerung erfährt. Nur auf diese Weise wird durch die Ausschaltung von Differential- und Monopolgewinnen, von wirtschaftlichen Machtpositionen und gesellschaftlichen Privilegien eine gerechte Verteilung des Volkseinkommens und des

Sozialprodukts sichergestellt. Nur auf diese Weise kann eine optimale Gestaltung der Realkaufkraft der breiten Massen unseres Volkes und damit ein gesicherter Absatz und eine reibungslose Produktion erreicht werden. Wenn deshalb von sozialdemokratischer Seite aus dem Munde von Herrn Minister Kubel die Behauptung aufgestellt wurde, unsere Wirtschafts- und Preispolitik strebe die höchstmöglichen Preise an, so ist eine solche Erklärung nur als grober Unfug zu bezeichnen, die aus dem Munde eines Ministers auch nicht mit unzureichender Erkenntnisfähigkeit entschuldigt werden kann. Dieses Wahlmanöver der SPD verdient aus diesem Grunde niedriger gehängt zu werden.

Wahlaufruf zur ersten Bundestagswahl 1949

Heidenheimer Zeitung, 29. Juli 1949

*Erhard war im Wahlkreis Ulm-Heidenheim als Kandidat der CDU für die
ersten Bundestagswahlen aufgestellt worden und führte die Landesliste der
Union für Württemberg-Baden als Spitzenkandidat an, obwohl er der CDU
als Partei noch nicht als Mitglied beigetreten war. Auch dieser Aufruf an die
Wähler seines Wahlkreises verzichtet nicht auf sehr grundsätzliche ord-
nungspolitische Gedanken und das Werben für die Soziale Marktwirtschaft.*

Am 14. August trifft das deutsche Volk die große historische Entscheidung, die es entweder wieder zurückfallen läßt in die menschenfeindliche
Diktatur einer Bürokratie oder aber den Weg frei macht zu wirtschaftlichem Aufstieg, sozialer Wohlfahrt und menschlicher Freiheit. Das
wirtschaftspolitische Programm ist klar: Wir vervollkommnen und vollenden das System der sozialen Marktwirtschaft, dessen Motor, der Wettbewerb, durch die Ausschaltung schmarotzerhafter Einkommen aller Art,
durch die Unterbindung von Differential- und Monopolgewinnen, die
Ausmerzung aller volkswirtschaftlich und sozial unnützen und sogar schäd-
lichen Verrichtungen die Ergiebigkeit der gesellschaftlichen Arbeit und
damit zugleich den Lebensstandard des deutschen Volkes in seiner Gesamtheit erhöht. Die soziale Marktwirtschaft gewährleistet damit eine
gerechte Verteilung des Volkseinkommens und des Sozialprodukts nach
dem einzig sinnvollen Maßstab der Leistung.

Aus wissenschaftlicher Erkenntnis und praktischer, historischer Erfahrung lehnen wir jegliche Formen einer staatlich zentralistischen, bürokratischen Planwirtschaft ab, da diese zu einer Verkümmerung der Produktivität, zu einer Willkür der Verteilung und zuletzt zur Aufhebung der
freien Berufs- und Konsumwahl als der unantastbaren Grundrechte der
menschlichen Freiheit in einer echten Demokratie führen muß. Die staatliche Planwirtschaft erweist sich, sofern sie nicht zum brutalen Zwange
führen soll, als eine das eigene System sprengende Fehlkonstruktion. Die
soziale Marktwirtschaft ist nicht, wie unsere Widersacher behaupten wollen, eine planlose Wirtschaft. Ihr steht mit dem Instrument einer umfassenden Wirtschaftspolitik ein ganzes Arsenal von Mitteln zur Verfügung,
um über eine sinnvolle Kombination und Dosierung von Steuer- und
Finanzpolitik, Geld-, Kredit- und Investitionspolitik, Handels- und Zoll-

politik, Arbeitsmarkt- und Sozialpolitik die Wirtschaft ohne Gängelung und Unterdrückung der Menschen den wirtschafts- oder sozialpolitisch angestrebten Zielen näherzubringen.

Mit der Ablehnung der staatlichen Planwirtschaft sind zugleich auch alle Formen einer offenen oder versteckten unternehmerischen Planwirtschaft in Kartellen und Monopolen aufzulösen, um einen von wirtschaftlichen Machtpositionen und gesellschaftlichen Privilegien ungehemmten Leistungswettbewerb sicherzustellen. Eine klare Wettbewerbsordnung und eine straffe Kartellaufsicht sind die tragenden Säulen der sozialen Marktwirtschaft.

Wir streben mit gleicher Entschiedenheit fort von dem sich immer mehr verfilzenden System einer staatlichen Subventionswirtschaft. Das verständliche, zum Teil berechtigte Verlangen der Landwirtschaft nach stabilen Verhältnissen auf dem Ernährungssektor kann und darf nicht zu einer agrarpolitischen Verselbständigung der Handels-, Zoll- und Preispolitik werden, für die gewerbliche Wirtschaft ist der Gedanke einer künstlichen Preisgestaltung und staatlicher Preiskorrekturen nach Art einer Import-Ausgleichsstelle mit Entschiedenheit abzulehnen.

Wir streben im Außenhandel die größtmögliche Freiheit an, um in ihm den allen Völkern zum Segen gereichenden Grundsatz der internationalen Arbeitsteilung wieder zur Geltung zu bringen. Wir schwören ab allen offenen oder versteckten Mitteln eines Dumpings, dem Mißbrauch der Handels-, Zoll- und Währungspolitik zur Erschleichung außenhandelspolitischer Vorzugspositionen und setzen als Ziel die Überwindung des bilateralen Warenverkehrs, freie Konvertierbarkeit der Währung und die freie Devisenwirtschaft. Es ist dringend notwendig, daß die Atmosphäre der zwischenstaatlichen Wirtschaftsbeziehungen durch die Ausschaltung nationalistischer Machtkämpfe entgiftet und anstelle von Nationalstaaten sozialistischen Gepräges freie Individuen nach kaufmännisch wirtschaftlichen Grundsätzen den Güteraustausch über die Grenzen besorgen.

Was uns not tut, ist nicht die sozialistische Religion einer Vergottung der Staatsgewalt, sondern die Wiedererweckung und das lebendige Erleben einer echten Staatsautorität. Wir verabscheuen jegliche Formen eines verlogenen, materiell ausgerichteten Nationalismus, der als eine Spielart kollektivistischer Denkweise den deutschen Menschen nur an der Ausprägung seiner Persönlichkeit, seines Stolzes, seiner Würde wie seiner demokratischen Rechte und Freiheiten hindert. Dieses nach unserem harten Schicksal anzustrebende höchste Ziel setzt voraus, daß ein machthungriger Staat nicht noch einmal in die privatesten Bereiche des menschlichen Lebens eindringt, sondern daß er sich auf seine arteigenen Aufgaben beschränkt und nur darin die sittliche Rechtfertigung finden kann, daß er sich als Diener und Helfer des Volkes erweist.

Wirtschaftliche Probleme der Wiedervereinigung

Bulletin, 12. September 1953

Nach der Tragödie des Aufstandes vom Juni 1953 entstanden gewisse Hoffnungen, Sowjetrußland werde den Mißerfolg des Ulbricht-Regimes erkennen und der von den Westmächten angestrebten Konferenz eine Chance geben. Bis zum September waren 1953 bereits mehr als 250000 Personen aus der Deutschen Demokratischen Republik geflüchtet. In West-Berlin lag der Produktionsindex im ersten Halbjahr 1953 um 17 Prozent höher als im Vorjahr. Erhard bezeichnete das Ergebnis der Bundestagswahl vom 6. September als überwältigende Vertrauenskundgebung für das Programm »Wohlstand aus eigener Kraft«. Im »Bulletin« schilderte er die Möglichkeiten, auch die Wirtschaftsprobleme der Wiedervereinigung mit einer freiheitlichen Politik, die sich im Westen Deutschlands eindeutig als erfolgreich erwiesen hatte, zu lösen:

Obwohl die Sehnsucht nach einer Wiedervereinigung des heute zerrissenen Deutschland allgemein ist, besteht in vielen Kreisen unseres Volkes, auch unter den Flüchtlingen, die Sorge, daß mit dem Zusammenschluß und den dann erforderlich werdenden großen wirtschaftlichen Anstrengungen eine unerträgliche Senkung des Lebensstandards verbunden sein würde und viele wirtschaftliche Existenzen sowohl von Flüchtlingen im Bundesgebiet als vor allem auch von Gewerbetreibenden in der Ostzone notleidend werden könnten. Es ist in jedem Fall deutlich zu erkennen, daß es dem Laien an Vorstellungsvermögen gebricht, die sich aus dem Zusammenschluß ergebenden wirtschaftlichen Konsequenzen rational abzuleiten, und so bleibt der Spekulation Tür und Tor geöffnet.

Ich möchte gleich vorausschicken, daß auch ich den Versuch für abwegig halten würde, die in solchem Fall sich vollziehende Entwicklung exakt vorherbestimmen und rechnerisch erfassen zu wollen. Ein solches planwirtschaftliches Unterfangen wäre sogar in höchstem Maße gefährlich, weil es in der verwaltungsmäßigen Handhabung des Zusammenschlusses die organische Entwicklung nur zu hemmen und die natürlichen Kräfte zu unterbinden geeignet wäre. Gleichwohl kann nicht geleugnet werden, daß die Vorstellung von einem so gearteten, vorgefaßten »Wiedereingliederungsplan« die Geister in weitem Umfang beherrscht. Ihnen allen ist eigen, daß sie in der Volkswirtschaft eine »Organisation« erblicken.

Insbesondere geht ihnen jedes Gefühl, jede Einsicht auf die in einem freien Markt zum Ausgleich und Gleichgewicht hindrängenden Kräfte und die damit entfesselte Dynamik völlig ab. Statt dessen glaubt man wieder einmal, soviel wie möglich »organisieren« zu müssen, obwohl gerade damit Verzerrungen und Diskrepanzen nicht beseitigt, sondern womöglich noch vermehrt und verschärft werden würden.

Bei der Beurteilung der sich aus der Aufgabe ergebenden Situation drängt sich geradezu ein Vergleich mit den Problemen auf, die im Jahre 1948 mit der Währungsreform und der gleichzeitigen wirtschaftspolitischen Umschaltung von der Plan- und Zwangswirtschaft zur Marktwirtschaft zu lösen waren. Gerade ich weiß ein Lied davon zu singen, wie man mir damals mit Hilfe von Statistiken, graphischen Darstellungen, Rohstoffbilanzen, Produktions- und Verbrauchszahlen, Außenhandelszahlen u.a.m. scheinbar schlüssig und rational die Unmöglichkeit der Aufhebung der Bewirtschaftung, der Rationierung und der Preisbindungen beweisen wollte. Von der Schau der Planwirtschaft aus waren diese Zahlen und die darauf gestützten Prognosen zweifellos auch nicht zu widerlegen; angreifbar war allein die geistige Grundlage dieser Konzeption, die den gesellschaftswirtschaftlichen Prozeß lediglich als das Ergebnis oder eigentlich nur als Addition von wirtschaftlichen Zahlen und materiellen Fakten begriff, ohne die hinter dem Geschehen wirksamen menschlichen Kräfte einzubeziehen.

Im Grunde genommen stehen wir bei der Wiedervereinigung Deutschlands vor ganz ähnlichen Fragen und Problemen, und wieder scheiden sich hier die Geister.

Ich stehe jedenfalls klar und eindeutig auf dem Standpunkt, daß die Wiedereingliederung des deutschen Ostens mit den Mitteln und nach den Grundsätzen der Marktwirtschaft erfolgen müsse. Man mag es mir darum auch nicht verdenken, wenn ich der Arbeit der verschiedenen Gremien, die sich vorausschauend mit den Eingliederungsaufgaben befaßten, allenthalben mit Mißtrauen, Skepsis und Sorge begegne. Wenn auch meine Bedenken im einzelnen zerstreut werden konnten, so bleibt doch bestehen, daß der Erkenntniswert des gewonnenen und erarbeiteten Materials für die praktische Politik zuletzt doch nur bescheiden sein kann.

Natürlich ist es von Wichtigkeit, zu wissen, wie z.B. zu dem gegebenen Zeitpunkt die Verkehrsverhältnisse geartet sein werden, welche Institutionen staatlicher und nichtstaatlicher Art für diese oder jene öffentlichen, wirtschaftlichen oder sozialen Aufgaben bis dahin zuständig sind, in welchem Umfang in das Eigentum eingegriffen wurde, welche neuen Formen der betrieblichen und überbetrieblichen Zusammenarbeit entwickelt worden sind und andere tatbestandliche Feststellungen organisatorischer und verwaltungstechnischer Art mehr. Fast ohne praktischen Erkenntniswert und nahezu uninteressant aber sind Angaben über die geleistete Produktion und vorhandene Kapazitäten, über Beschäftigung, Rohstofflage und Außenhandelsverhältnisse, weil die Fruchtbarmachung der menschlichen und sachlichen Produktivkräfte nach dem Zusammenschluß unter völlig anderen Markt- und Umweltbedingungen vor sich gehen wird und Schlüsse von der Gegenwart auf die Zukunft fast naturnotwendig zu krassen Fehlurteilen führen müssen.

Als erste Maßnahme wird sich eine Währungsneuordnung in der Sowjetzone, d. h. eine Einbeziehung in unser Währungssystem, als unerläßlich erweisen. Damit vollzieht sich dann zwangsläufig eine Angleichung des Preis- und Lohnniveaus an die in der Bundesrepublik herrschenden Verhältnisse. Man wird dabei auf die Erfahrungen der Währungsreform von 1948 zurückgreifen können und wie seinerzeit der Methode nach die Erstausstattung mit neuem Geld in Form von Kopf- und Betriebsquoten vornehmen. Inwieweit und in welchem Verhältnis im Zuge einer endgültigen Bereinigung die DM-Ost-Anrechnung in DM-West, die dann allgemein gültige Währung, erfolgen kann, bedarf dann noch gründlicherer Untersuchung. Angesichts der völlig verzerrten Zwangswirtschaft und des Wirtschaftsterrors in der Sowjetzone kann über die echte Kaufkraft der Ost-Mark vorläufig unmöglich etwas ausgesagt werden. Mit diesem Prozeß wird dann naturgemäß die wirtschaftliche Lage der Sowjetzone schonungslos offengelegt, und es kann kein Zweifel bestehen, daß das Resultat betrüblich, ja, vielfach sogar erschütternd sein wird. Das heißt mit anderen Worten, daß wir mit einem starken Leistungsgefälle zwischen Ost und West rechnen müssen und daß sich daraus schwerwiegende Konsequenzen für die sozialen Verhältnisse der Bevölkerung ergeben können. Dennoch müssen wir den Mut zur Klarheit und zur Wahrheit aufbringen, weil erst dann die Mittel der Heilung eingesetzt und wirksam werden können.

Das ist denn auch das eigentliche Problem, die Produktivität der Sowjetzonenwirtschaft so rasch und so energisch zu verbessern, daß der Prozeß der Leistungsangleichung auch zeitlich so kurz wie möglich bemessen werden kann. Gerade hinsichtlich der Bewältigung dieser Aufgabe sind charakteristische Unterschiede der Auffassungen zu verzeichnen. Die einen wollen die Sowjetzone gegenüber der Konkurrenz von außen zunächst abgeschirmt wissen, um der Ostwirtschaft nach einem vorgefaßten Plan in einer bestimmten Stufenfolge Zeit und Ruhe zu jener Leistungsangleichung zu geben, während andere – und zu dieser Gruppe zähle ich selbst – der Auffassung sind, daß dieser unumgänglich notwendige Angleichungsprozeß um so rascher und erfolgreicher vor sich gehen wird, je inniger von Anbeginn an die Verflechtung dieser beiden Wirtschaftsgebiete sein wird und je mehr private Initiative und Tatkraft sich entfalten können. Eine abgeschirmte Ostwirtschaft wird in der Enge des eigenen

161

Raumes niemals zu der notwendigen Kraftentfaltung kommen und wird zudem der Befruchtung aus der freien Beziehung zum Westen nicht teilhaftig werden können. Die staatlich manipulierte wirtschaftliche Verbindung zwischen Ost und West wird in einer solchen Zwischenzeit niemals die volle Freizügigkeit ersetzen können. Daraus erwächst die Gefahr, daß bei einer vorläufigen Sonderbehandlung ein Wirtschaftsgebilde ersteht, das in seiner Leistung wohl auch erstarken mag, in struktureller Hinsicht aber und in der Ausrichtung der Maßstäbe entbehren müßte, weil sich erst aus den gesamten und umfassenden Beziehungen innerhalb der gesamtdeutschen Wirtschaft die spezifische Stellung und Aufgabe der Sowjetzonenwirtschaft herauskristallisieren kann.

Auch 1948 stellte sich uns die Frage, ob wir aus einem Schutzbedürfnis heraus die Wiederverflechtung Deutschlands mit der Welt in allmählichen Übergängen vollziehen oder ob wir durch eine freizügigere Handelspolitik von Anbeginn an versuchen sollten, uns dennoch im internationalen Wettbewerb durchzusetzen. Bei der Entscheidung mußte einerseits geprüft werden, ob eine echte Chance gegeben war, unter dem Druck dieses Wettbewerbs schnell zu einer Leistungsangleichung der deutschen Wirtschaft zu kommen, aber andererseits mußte berücksichtigt werden, daß die Wiederingangsetzung der deutschen Wirtschaft und eine ausreichende Beschäftigung in unserem Land nur dann zu bewerkstelligen war, wenn wir durch ausreichende Exporte unseren Importbedarf an Nahrungsmitteln und Rohstoffen decken konnten. Mit der »Liberalisierung« haben wir uns zu dieser kühneren Politik bekannt, und niemand kann mehr leugnen, daß dieser Schritt zu einem geradezu überraschenden Erfolg führte.

Die Sorge, daß die Sowjetzonenwirtschaft mit der Umorientierung nach dem Westen wegen unzureichender Rohstoffversorgung in ihrer Intensität gehemmt sein könnte, ist unbegründet. Wir sind heute auf Grund der Devisensituation und unserer Guthaben aus Ausfuhrüberschüssen durchaus in der Lage, einen zusätzlichen Import von drei bis vier Milliarden DM zu bewerkstelligen, wobei noch erleichternd hinzukommt, daß uns die Wiedervereinigung ja auch zu Deviseneinsparungen verhelfen wird. Des weiteren darf nicht vergessen werden, daß nach diesem erlösenden Schritt auch die Menschen sich wieder frei bewegen dürfen und daß Unternehmer und Gewerbetreibende aller Art das mittel- und ostdeutsche Wirtschaftsgebiet dann nicht nur als neue Absatzmärkte betrachten, sondern sich dort auch in der Produktionssphäre betätigen werden. Es ist wohl kaum zuviel gesagt, daß die ganze Wirtschaft der Bundesrepublik mit Rat und Tat bereitsteht, um der rückgegliederten Ostwirtschaft die Aufgabe der Leistungsangleichung zu erleichtern. Privates und öffentliches Kapital dürfte in ausreichendem Maße mobilisiert werden können, um zur Erreichung dieses Zieles beizutragen, zumal die Wiedervereinigung Deutschlands ohnedies nur in einer weltpolitisch befriedeten Atmosphäre denkbar ist und ohne übertriebenen Optimismus angenommen werden kann, daß dann im Haushalt der Bundesrepublik Mittel für die Verteidigungsleistungen freigesetzt und für den wirtschaftlichen und sozialen Aufbau der Sowjetzone eingesetzt werden können. Das bedeutet mit anderen Worten, daß für eine Übergangszeit der Westen mit güterwirtschaftlichen Leistungen der Wirtschaft, d. h. der Bevölkerung der Sowjetzone helfend zur Seite steht, und es kann da gar kein Zweifel sein, daß die in der Bundesrepublik vorhandenen Kapazitäten zu solcher Leistung auch ausreichen.

Wie aber steht es mit der künftigen Beschäftigung der Bevölkerung der Sowjetzone? Wird da nicht bis zur Aufholung des Leistungsrückstands eine große Arbeitslosigkeit Platz greifen müssen, und besteht dann überhaupt die Aussicht, das Leistungsgefälle jemals auszugleichen? Gewiß wird es auch jetzt wieder Leute geben, die genau wie vor der Währungsreform auf Grund mechanistischer Verfahren zu erschütternden Prognosen kommen werden. Bekanntlich hat ein wissenschaftliches Institut in Deutschland seinerzeit ein Arbeitslosenheer von fünf bis sechs Millionen Menschen vorausgesagt. Wir können also schon mit einiger Gelassenheit den trüben Prophezeiungen derer entgegensehen, die in ihrer rationalen »Vollkommenheit« wieder einmal die menschlichen und soziologischen Imponderabilien, die Impulse und Energien vergessen werden, die sich eben nicht auf eine rechenhafte Formel bringen lassen. Gerade die Not der noch unter der Tyrannei lebenden Menschen, ihr Hunger und ihr Mangel an allem, was das Leben lebenswert macht, werden sich aber als eine mächtige, vorwärtsdrängende Kraft erweisen und der menschlichen Arbeit fast ungeahnte Anwendungsmöglichkeiten bieten.

Wenn ich mit aller Entschiedenheit der Überzeugung bin, daß der Wirtschaft und der Bevölkerung der Sowjetzone mit einer vermeintlichen Schutzpolitik ein schlechter Dienst erwiesen werden würde, ja, eine möglichst rasche und erfolgreiche Wiedereingliederung auf solche Weise sogar gefährdet erschiene, so verkenne ich doch nicht, daß der Wirtschaft des Ostens vom Staate Hilfestellung geboten werden muß. Viel besser aber als leistungshemmende Schutzmaßnahmen erweisen sich produktionsfördernde steuerliche Erleichterungen und Befreiungen. Bei der Höhe der heute auf unserer Wirtschaft ruhenden Steuerlast sind alle und ausreichende Voraussetzungen gegeben, um durch Steuerentlastung, trotz der Leistungsdifferenz zwischen Ost und West, den Unternehmungen der Sowjetzone zu betriebs-, kosten- und ertragswirtschaftlich gleichartigen Startbedingungen im Wettbewerb zu verhelfen. Nicht zuletzt ist es gerade diese Überlegung, die mich für freiheitliche marktwirtschaftliche Grundsätze und Methoden der Rückgliederung der Sowjetzone eintreten läßt.

So kommen wir im ganzen zu dem Schluß, daß die allerorts vorherrschenden Befürchtungen hinsichtlich tragischer materieller Rückwirkungen auf menschliche Eigenschicksale hüben und drüben als unbegründet angesehen werden müssen. Weder wird für die heutige Bevölkerung des Bundesgebietes durch den Zusammenschluß eine steuerliche Belastung eintreten noch etwa dadurch die Existenz von Betrieben gefährdet werden. Der Kapazitätszuwachs durch die gesamtwirtschaftliche Einbeziehung der Sowjetzone wird im Durchschnitt noch nicht einmal dem steigenden Bedarf der Sowjetzonenbevölkerung entsprechen, so daß sogar für weitere wirtschaftliche Expansion Raum bleiben dürfte. Die Arbeitsmarktlage im seitherigen Bundesgebiet wird durch ein solches Ereignis nicht oder wenn überhaupt, dann nur nach der positiven Seite hin berührt. Aber auch in der Sowjetzone selbst ist mit einer stärker zunehmenden Arbeitslosigkeit nicht zu rechnen. Die Betriebe und Unternehmungen im Osten werden durch den Wettbewerb nicht erdrückt werden, sondern umgekehrt gerade durch den Wettbewerb rascher und erfolgreicher zu höherer Leistungsergiebigkeit gelangen. In politischer, wirtschaftlicher und menschlicher Beziehung wird die Wiedervereinigung Deutschlands Kräfte freimachen, von deren Stärke und Macht sich die Schulweisheit der Planwirtschaftler nichts träumen läßt.